◎彩图◎

国学典故

任犀然　主编

中国华侨出版社
·北京·

图书在版编目（CIP）数据

彩图国学典故 / 任犀然主编 . — 北京 : 中国华侨出版社，2016.2（2023.7 重印）
ISBN 978-7-5113-5971-1

Ⅰ . ①彩… Ⅱ . ①任… Ⅲ . ①国学—通俗读物 Ⅳ . ① Z126-49

中国版本图书馆 CIP 数据核字（2016）第 031994 号

彩图国学典故

主　　编：任犀然
责任编辑：姜　婷
封面设计：冬　凡
文字编辑：杨　君
插图绘制：陈来彦　陈福平
美术编辑：汪　华
经　　销：新华书店
开　　本：720mm×1020mm　1/16开　印张：18　字数：415千字
印　　刷：三河市万龙印装有限公司
版　　次：2016 年 4 月第 1 版
印　　次：2023 年 7 月第 2 次印刷
书　　号：ISBN 978-7-5113-5971-1
定　　价：78.00 元

中国华侨出版社　北京市朝阳区西坝河东里 77 号楼底商 5 号　邮编：100028
发 行 部：（010）88893001　　传　　真：（010）62707370

前言

典故一说由来已久，最早可追溯到汉朝。据《后汉书·东平宪王苍传》载：“亲屈至尊，降礼下臣，每赐宴见，辄兴席改容，中宫亲拜，事过典故。”典故，依据《辞海》解释有两种含义，一是指典制和掌故；二是指诗文中引用的古代故事和有来历的词语。这样看来，典故的释义要比掌故宽泛得多。一般来说，掌故要比典故更民间化、俚俗化、口语化；典故则更书面化、正规化，是正统文学的一个分支。

典故有很多种，具体地说，包括历史记载的神话传说、历史故事、民俗掌故、宗教故事或人物、寓言逸闻、成语故事以及流传下来的古书成句等。大到治国安邦，小到处世为人，中华五千年的历史文化，在一个个简短的典故中得到了充分体现。“项庄舞剑，意在沛公”让我们了解到楚汉争霸时的一段历史；“卧榻之侧，岂容他人鼾睡”让我们知道了李后主被杀的真正原因；“苛政猛于虎”揭露了反动统治者暴政的可怕；“牛角挂书”堪称历代读书人的榜样；“郑人买履”告诉我们遇事要会灵活变通的道理……

典故是中国文化中的一朵奇葩，是浓缩的历史，是语言的精华。人们在日常交往中，如果能恰当地运用典故，就会使语言变得精辟、凝练，谈话更富于感染力。和用“一石二鸟”相比，一个人如果拙嘴笨舌地说“用一块石头打下了两只鸟”就会是截然不同的境界。过去的文人提起某人有学问，常常说他“满嘴出典”，就是这个意思。如果在行文写作时适当运用典故，则可以增大文章表现力，用有限的词语展现更为丰富的内涵，收到言简意赅、画龙点睛之功效。

典故在我们的日常生活中也是司空见惯的，但若要深究一下某个典故的出处、背后的历史故事以及准确含义，则是很多人不能回答的。为了让人们更加深入地了解典故的含义，掌握典故的用法，我们编写了《彩图国学典故》。全书精选了数百则典故，分为言志、情感、言语、形貌、世态、国家、勤政、暴政、司法、军事、经济、哲理、品行、学问、技艺、谋略、功业、人伦、闲趣、境遇、交往等篇。编者不仅对典故进行了解释，还点明了它的出处，并以通俗易懂的语言将每一个典故背后的人物和故事娓娓道来。阅读典故最原始的故事，了解它们的来龙去脉，不仅可以培养、提高阅读能力，更有助于加深对历史知识的理解，增强学习的趣味。此外，书中还收录了部分不常用的成语或典故，以拓宽读者的知识面。需要说明的是，有些典故在演变过程中，其原有含义已发生了变化，因此我们在分类时难免有不妥之处，读者阅读时如了解了一个个典故，进行了一次语言和历史旅行，那我们的目的也就达到了。

往事越千年，如能追溯、穷究其出处，可得探源寻根之趣，还可增加文史知识，丰富活跃我们的语言。让我们翻开书，一起走进中华典故的世界，一起去品味中华语言文化的博大精深。

目录

言志篇

情感篇

言语篇

形貌篇

世态篇

国家篇

勤政篇

暴政篇

司法篇

军事篇

经济篇

哲理篇

品行篇

学问篇

技艺篇

谋略篇

功业篇

人伦篇

闲趣篇

境遇篇

交往篇

言志篇

版筑饭牛

典出《史记·殷本纪》。

殷代盘庚中兴之后，小辛、小乙继位，殷朝重又中落。武丁即位之后，想复兴殷国大业，可就是找不到好臣子来辅佐朝政。

有一天，武丁做了个好梦，梦见自己遇到一个身高肤黑、两目炯炯有神、名叫"说"的圣人。第二天，武丁遍视群臣百官，其中没有一个像梦中圣人的。武丁跑遍全国寻找圣人，来到了傅岩。傅岩下有一条重要道路，常被大水冲垮，官员们调来一批囚徒，修筑大墙，堵截山洪，保护道路。在修路工中，武丁发现一个身材很高、皮肤黝黑、目光如电的，就是自己梦中见到的圣人。他是个隐士，混杂在囚徒中一起筑墙护路。武丁跟他交谈后，大喜说："你就是我梦中见到的圣人。"并立即任他为国相，殷国从此大治。隐士没有名姓，就以傅岩为姓，称为"傅说"。"版筑"就是用版作范，中间实土石筑墙的意思。

而"饭牛"讲的则是春秋时的故事。齐桓公要迎接周天子派来的使臣，天未亮就带领仪仗队开门出城，等候贵宾。城河边，有一队商旅驾着牛车，点着火把，等候天亮开关入城做买卖。桓公驱车上前，私察民情，他见到有个人弯着身子，手捧青草喂牛，边喂边以手拍打牛角，用悠长的声调唱着歌：

从昏饭牛至夜半，
长夜漫漫何时旦？
黄犊上坂且休息，
吾将舍汝相齐国！

桓公想："好大的口气，一个穷喂牛的，竟想当齐国的宰相……不过嘛，奇人好发奇论，说不定他真的有本事。"

迎宾结束，桓公带着歌者回宫，发现对方果真是个怀大志、有奇才的人物，就毫不犹豫地将国政交给他管理。这个人名叫宁戚。

由以上两则故事形成了"版筑饭牛"的成语。版筑：造土墙。饭牛：喂牛。造土墙和喂牛的人后来做了大官。指出身贫贱，胸怀大志，有奇才的人物。

背水一战

典出《史记·淮阴侯列传》。

汉将韩信卒兵攻赵，出井陉口，令万人背水列阵，大败赵军。诸将问背水之故，韩信曰："兵法不曰：'陷之死口而后生，置之亡地而后存？'"

韩信进攻赵地，派一万士兵首先出发，直抵黄河边，然后回过头来对付赵军。赵军见他如此用兵，都大笑起来："天下哪有这样用兵的？背靠河水，面对敌军，万一打败了，只能跳河。"第二天，经过激烈的战斗，韩信大获全胜。手下的将领问他说："如此背水一战，我们连想都不敢想，而将军却以此获胜，这是什么原因呢？"韩信说："兵法说，把士兵放在没有退路的地方，他们都会拼命去争取生存。我正是用的这种战术。我们的士兵，很多都是新投降过来的，不把他们放在危险的处境中，他们是不会努力作战的。"

后人用"背水一战"的典故比喻后无退路，只能决一死战。

不因人热

典出《东观汉记·梁鸿传》。

梁鸿省孤，以童幼诣太学受世，治《礼》《诗》《春秋》。常独坐止，不与人同食，比舍先炊已，呼鸿及热釜炊。鸿曰："童子鸿，不因人热者也。"灭灶更燃火，鸿家贫而尚节，博览无不通。

东汉时，文学家梁鸿为人孤傲，清贫自守。他同妻子孟光一起隐居在吴地，替别人当佣工。由于生活困难，常常寄居在

别人家里。

有一次，梁鸿夫妇寄住在一户当地人家里，这家人做完饭后，见梁鸿还没有生火做饭，就关心地说："我的饭已经好了，灶里的火还燃着，你何不趁着余火，接着做饭呢？"梁鸿听后，就像受到了羞辱一样，正色说："你的好意，我们心里是知道的，但一个人处世，怎么能利用别人的余火来为自己加热呢？"梁鸿说完，舀来水灭掉灶中的火，重新升起火做饭。

后人用"不因人热"比喻性情孤傲、不依赖别人。

拆城记

典出《史记·孔子世家》。

孔子言于定公曰："臣无藏甲，大夫毋百雉之城。使仲由为季氏宰，将堕三都……"孔子年五十六，由大司寇行摄相事……诛鲁大夫乱政者少正卯。与闻国政三月，粥羔豚者弗饰贾；男女行者别于涂；涂不拾遗；四方之客至乎邑者不求有司，皆予之以归。

鲁定公收回了失地，为什么反倒不怎么高兴呢？原来这几个地方是当初鲁僖公封给季友的。如今虽说名义上退还给鲁国，实际上只是给季孙斯多加了些土地。季孙斯多了土地，王侯家的势力就更小了。季孙斯却相当感激孔子，准备格外重用他和他的门生。

季孙斯收孔子的门生子路和冉有当家臣。季孙斯的势力越来越大了。有一天，季孙斯问孔子说："阳虎是跑了，可是公山不狃（季孙氏的家臣）的势力眼看着又起来了，怎么办？"孔子说："家臣的势力一大，大夫反倒受了他们的压制。必须把他们的城墙再改矮了，家臣们才不敢随便背叛大夫。"

那时候，不必说一般的诸侯失去了势力，就是掌握在大夫手里的大权也跑到家臣们的手里去了。鲁国在外表上是被"三桓"占了，其实这三家的土地又被他们的家臣占了。那时候，诸侯和大夫只是政治上的贵族，家臣们倒很实际地做了地主。比方说，季孙斯的老家那个地方叫费城（在山东省临沂县西北），由他的家臣公山不狃掌握着。孟孙何忌的老家叫成城（在山东省宁阳县东北），由他的家臣公敛阳掌管着。叔孙州仇的老家叫礵城（在山东省东平县东），由公若貌掌管着。这三家大夫就知道拼命地扩充自己的势力，不受国君管束。可是他们三家的家臣也一样都扩充自己的势力，也照样不受大夫管束。这三个家臣把那三座城墙修得又高又厚实，跟鲁国的国都曲阜一样。因此，孔子主张把城墙改矮了。

季孙斯把孔子的意思告诉了孟孙何忌和叔孙州仇。他们都相当赞成。三个大夫就通知三个家臣，叫他们赶紧把城墙削矮三尺。那三个家臣没想到会发生这种事，一时都没有了主意，费城的公山不狃想起一个人来，要跟他去商量一下。他就是那时候鲁国颇有名气的少正卯。公山不狃请他出个主意。少正卯反对孔子。他说：“为了保卫国家才把城墙砌得又高又结实。要是怕掌管这城的臣下造反就把城墙改矮，那倒不如把城墙都拆去，那样不是更干脆吗？可是有一点，遇到别国打过来，这儿一点防御工事都没有，那又怎么办呢？那位孔先生是打算把国君的势力把持到他的手里去，才出这个主意来拆散家臣的势力。他哪儿知道大夫失去势力另有缘由。再说，有这些家臣们牵制着大夫，大夫才不敢过分地为难国君。要是把家臣的势力拆散了，那不是给大夫增加势力了吗？大夫的势力一大，国君的势力就更小，君位就更不牢靠了。为了保卫国家，城墙应当往高修，不应当改矮。孔先生这种办法恐怕不太合适吧！”

三家的家臣本来就恨不得把自己的地盘巩固起来，如今听了少正卯这番话，大伙儿就把主人的命令抛到脑后了。三家大夫一见家臣们还没把城墙改矮，就带着士兵把城围住。费城的公山不狃首先叛变，又去约会成城的公敛阳和郈城的公若貌一起反抗。公若貌胆子小，不敢跟他们一起干，就被他的一个手下侯犯杀了。侯犯代替了公若貌，跟公山不狃联合在一起。公敛阳可没动手。三家大夫有孔子出主意帮忙，大伙儿联合起来对付这两个家臣，可就好办多了。公山不狃和侯犯打了败仗，跑到别国躲起来了。

叔孙州仇把郈城的城墙削去三尺。季孙斯也把费城照样改了。孟孙何忌也叫公

敛阳把城墙拆掉三尺。公敛阳找少正卯想法子。少正卯说："確城和费城是因为公山不狃和侯犯背叛过，才把城墙改矮了。您要是也把城墙改矮了，不是自己承认跟他们一块儿背叛主人了吗？再说，成城是鲁国北面最重要的一座城，要是城墙不高、不结实，万一齐国打过来，那可就守不住了！"公敛阳就回复孟孙何忌说："我把守成城，不光是为了孟孙一家，也是为了整个鲁国！万一齐国打过来，城墙改矮了，怎么守呢？我为了鲁国的安全，宁可把自己的命丢了，也不能听别人的话拆去一块砖！"

孔子听见这话，就对孟孙何忌说："这话一定是别人要公敛阳这么说的。"他叫孟孙何忌和季孙斯把这件事告诉鲁定公，叫鲁定公召集大臣们商量一下，这城墙到底应不应该拆。鲁定公就召集大臣们商量这件事，叫孔子判断。大伙儿一讨论，有的主张应该拆，有的主张不应该拆，各有各的理由。少正卯一向是反对孔子的，这会儿反倒故意随着孔子心意，说："我赞成孔司寇的主张，应该把城墙拆掉三尺。因为这么一来，至少有六种好处：第一，尊重了国君；第二，巩固了国都的形势；第三，可以减少私人的势力；第四，让那些反叛的家臣没有依靠；第五，能叫三家大夫心平气和；第六，能叫各国诸侯也照样做。"孔子看出了少正卯的奸诈，当时就站起来反驳他，说："这太不像话了！三家大夫都是鲁国的左右手，难道他们是培养私人势力的吗？公敛阳忠心为国，他难道是反叛的家臣吗？少正卯明明是挑拨是非，叫君臣上下彼此猜疑怨恨。这种挑拨是非、扰乱国家大事的人应当判死罪！"大臣们觉得孔子这么说有点过分，都为少正卯辩解。有人说："少正卯是鲁国有名望的人，就算是他说错了话，也不至于就有死罪。"孔子说："你们哪儿知道少正卯的奸诈？他的话，听起来好像挺有理，其实都是些坏主意；他的举动，看着好像叫人挺佩服，其实，都是假装出来的。像他这种心术不正，假充好人的小人最能够颠倒是非地诱惑人，非把他杀了不可。"少正卯终于被杀了。

这个故事告诉我们：那种道貌岸然、左右逢源的人，会不择手段地要弄阴谋诡计，以达到其不可告人的目的，要善于辨别这种人，并义正词严地指责这种人。

乘风破浪

典出《宋书·宗悫传》。

悫年少时，炳问其志，悫曰："愿乘长风破万里浪！"

宗悫，字元干，南北朝宋时人。他在年纪小的时候，就已抱有远大的志愿，并

且学得一身好武艺，又非常勇敢。他哥哥宗泌结婚的那天，来的客人很多。有十几个强盗趁他家忙着办喜事，夜里去抢劫。这时，宗悫挺身而出，奋力抗拒，最终把强盗赶跑了。他的叔叔宗少文问他的志向，他仰起头来激昂地说："愿乘长风破万里浪！"意思是要利用和创造一切有利的条件，冲破面前有如万里波浪的困难，干一番伟大的事业。后来宗悫果然替国家打了不少胜仗，立下了许多汗马功劳。皇帝让他做了左卫将军，封他为洮阳侯。

后来的人就将宗悫所说的那句话简化为"乘风破浪"这个成语，来说明人有远大而崇高的理想；也用以形容人刻苦勤劳，努力向上，冲破重重困难，去创立伟大事业的精神。

初生之犊不畏虎

典出《三国演义》。

东汉末年，刘备占领汉中，自称汉中王，准备进攻中原。这时，曹操与孙权之间发生了冲突，于是刘备命令镇守荆州的关羽率兵北上，进攻襄阳与樊城。曹操部将曹仁领兵抵抗，被关羽部将廖化、关平打败。曹操接到战报，立即派大将于禁和先锋庞德统领 7 支人马，前去增援。

庞德率领先锋部队来到樊城，为了表示与关羽决一死战的决心，他让士兵抬着一口棺材，走在队伍前面。两军对阵，庞德耀武扬威，指名道姓要关羽出战。关羽欣然出阵，与庞德大战百余回合，不分胜负。

关羽回到营寨，对众将说："初生之犊不畏虎，我看庞德年轻气盛，只可以用计赚他，不可凭恃武力取胜啊！"

这时正是秋季，樊城地区秋雨连绵，汉水漫上堤岸，樊城被围于大水中。关羽派人堵在水口，等到江水暴涨，扒开水口，洪水漫天遍地，汹涌而下，淹没了于禁率领的 7 支人马。关羽命令将士登上预先造好的船筏，向敌军发起猛攻。庞德率领部下奋勇抵抗，从早晨一直战斗到中午，最后落水被俘，因不肯投降被关羽所杀。

犊：小牛。初生之犊不畏虎即刚生下的小牛不害怕老虎。原比喻年轻人大胆勇敢，缺少经验。现比喻青年大胆勇敢，敢于创新。

气壮山河

典出《老学庵笔记》。

身骑箕尾归天上，气作山河壮本朝。

南宋大臣赵鼎 21 岁考中进士，受到宰相吴敏赏识，被调到开封任职。

1125 年冬，金国出兵南侵。次年秋攻陷太原，宋钦宗惊慌失措，赶紧召集文武大臣商议对策。一些贪生怕死的大臣主张割让土地向金国求和。赵鼎却说："祖先留下来的国土，怎能拱手送给别人？望陛下千万不要考虑这种意见！"

可是，钦宗非常惧怕金兵。金军要求把黄河以北的土地全部割让给金国，钦宗竟答应了。但是，金军继续南下。这年底，抵达开封城下。钦宗不等金军攻破就亲自到金军营中乞求投降。不久，金兵统帅扣留了钦宗，让部下进城掠夺，钦宗和他的父亲徽宗沦为俘虏，连同搜刮到的大量金银财宝，一起被押至金国。北宋王朝就此灭亡。

钦宗的弟弟康王赵构在南京（今河南省商丘市）建立了南宋王朝，史称宋高宗。即位初期，起用了一批主战派大臣，赵鼎也在其中，后来还当了宰相。在金兵不断的南侵下，高宗被迫撤退到会稽（今浙江绍兴市）。后来，宰相秦桧知道高宗只想偏安江南，而不真心抗金，便竭力唆使他与金国讲和。赵鼎对他自然反对。于是，秦桧经常在高宗面前说赵鼎的坏话。后来，高宗终于将赵鼎贬到外地去当官。

赵鼎在朱崖住了3年，生活非常困苦。秦桧知道他的处境后，认为他活得不可能长久，便叮嘱地方官每月向自己呈报他是否还活着。

赵鼎62岁那年，终于患了重病。临死前，对儿子悲愤地说道："秦桧非要置我于死地不可。我不死，他可能会对你们下毒手；我死了，才可不再连累你们。"说罢，他叫儿子取来一面铭旌（竖在灵柩前标志死者官衔和姓名的长觍），在上面书写了一行字："身骑箕尾归天上，气作山河壮本朝。"意思是说："我身骑箕、尾两座星宿回归上天，我的气概像高山大河那样雄壮豪迈地存在于本朝。"几天后，赵鼎不食而死。

"气壮山河"比喻人的豪迈之气好像高山大河那样雄伟壮观。

人鼠之叹

典出《史记·李斯列传》。

秦朝的大臣李斯年轻时做过郡里的小官吏。一天，李斯去厕所里解便。当他跨进厕所时，不禁大吃一惊。原来，一群老鼠正在厕所里抓蛆吃，见有人来，就四下里惊惶逃窜。过后，李斯想，这老鼠抓蛆吃又何必这样诚惶诚恐呢？

又一天，李斯去郡里的仓库里，发现粮食堆里有几只大老鼠正在细嚼慢吞，安安稳稳地吃着粮食。李斯去赶它们，老鼠毫不理会。原来仓库里很少有人进来，所以老鼠没有半点儿恐惧感。看到仓库里的老鼠养尊处优，长得又肥又大，李斯联想到厕所里的老鼠，不由得感慨万分：同是老鼠，由于所处的环境不同，其生活竟有天壤之别！人不也是一样的吗？同样的人，爬上去了就是贤者、君子，沦落下层就是愚民、小人！

从这以后，李斯发誓要做人上人。经过多年的努力，他获得了成功，受到秦始皇的重用,对秦国统一六国起了很大作用。

“人鼠之叹”多用来感叹世道之不公平，人与人之间的地位悬殊。

听人穿鼻

典出《南史·张宏策传》。

徐孝嗣才非柱石，听人穿鼻。

南朝齐武帝当政时，有个贵族叫徐孝嗣，他做事没有什么主见，一直听命于齐武帝的差遣，武帝把他作为忠臣看待。

公元 493 年，齐武帝去世，由皇太孙萧昭业继位。武帝临终时，相信徐孝嗣的忠心，嘱托他辅佐嗣主。第二年，皇族西昌侯萧鸾企图谋夺帝位，他得知徐孝嗣受了托孤之命，而且了解到徐孝嗣为人没有主见，胆小怕事，便想依靠徐孝嗣的作用实现他的野心。为了试探一下徐的反应，萧鸾便派心腹暗地里告知徐孝嗣自己的阴谋，以讨取意见，徐孝嗣得知西昌侯生性残暴，不敢得罪，也不加反对。

徐孝嗣的好友乐豫知道了这件事，对他说：“当年齐武帝待你不薄，将托孤之

重任交于你，你怎么可以默许萧鸾谋反，这不是有负于当年武帝对你的信任吗！”

徐孝嗣不言，他明知乐豫讲得有理，却又害怕萧鸾。乐豫走后，他一个人在屋里徘徊。

这时，正好萧鸾驾到，徐孝嗣不敢怠慢，忙起身迎接。萧鸾把篡夺帝位的具体步骤告知了徐孝嗣，并要他一起协助完成篡位之事，徐孝嗣思考再三，还是答应了。在他的帮助下，萧鸾派人杀死了皇帝。

皇帝死后，国不可一日无君，萧鸾怕自己现在篡位会引起公愤，便想借用太后名义立十五岁的新安王萧昭文为帝，自己可在暗地里操纵新帝。徐孝嗣便取出早就拟好的太后诏令，满足了萧鸾的心愿。

同年，萧鸾又相继诛杀了齐高帝、齐武帝的子孙，借皇太后的名义再次废去萧昭文的帝位，自己称帝，史称齐明帝。

4年后，齐明帝去世，他的二儿子萧宝卷继承皇位。萧宝卷比其父萧鸾更加残暴专横，整天吃喝玩乐，不理朝政，一不称心就要杀人。朝廷大臣谁也不敢多言。徐孝嗣本性怕事，他虽已担任尚书令，但仍不敢进谏，听任暴君胡作非为。

后人把徐孝嗣的软弱无能的行为称为“听人穿鼻”，指听候别人的摆弄。

行百里者半九十

典出《战国策·秦策五》。

秦王依靠秦国强大的实力、有利的地形，成功地实行了“远交近攻”的“连横”政策。几年来，六国或被攻破，或被削弱，眼看着大局已定，为此秦王逐渐放松了努力，把政事交给相国，自己在宫中饮酒作乐，恣意享受起来。

一天，侍卫向秦王报告说，有一个年近90岁的老人，刚从百里路外赶到京城，一定要进宫求见秦王。秦王亲自接见了他。

秦王说：“老人家，你刚从远地赶来，路上一定很辛苦吧！”

老人说：“是啊！老臣从家乡出发，赶了10天，行了九十里；又走了10天，行了十里，好不容易赶到京城。”

秦王笑道：“老人家，你算错了吧？开头10天走了九十里，后来的10天怎么只走了十里呢？”

老人回答说：“开始的10天，我一心赶路，全力以赴。待走了九十里以后，实在觉得很累，那剩下的十里，似乎越走越长，每走一步都要花出许多力气，所以走了10天才到了咸阳。回头一想，前面的九十里，只能算是路程的一半。”

秦王点点头，说：“老人家赶了那么多的路来见我,可有什么话要对我说呢？”

老人回答说：“我就是要把这走路的道理禀告大王。我们秦国统一的大业眼看就要完成，就像老臣百里路已经走了九十里一样。不过我希望大王把以往的成功只看作事业的一半，还有一半更需要去努力完成。如果现在懈怠起来，那以后的路就会特别难走，甚至会半途而废，走不到终点呢！”

秦王谢过老人的忠告，再也不敢懈怠，而是把全部精力都放到统一六国的大业上去了。

行百里者半九十指一百里路走了九十里，只能算是走完了一半路程。比喻越接近成功，越不能松懈，要坚持到底，去争取最后的胜利。

一日千里

典出《荀子·修身》。

夫骥一日而千里，驽马十驾，则亦及之矣。

在一个晴朗的日子，周穆王把朝政交给几个亲信大臣，只带了几个贴身侍卫，坐上由造父驾驶的马车，向西方进发。造父驾着马车行了一程后，猛一松缰绳，口中一声轻呼，那八匹骏马便撒开四蹄欢快地跑了起来。穆王见此情景，不由得露出了满意的笑容。

他们一直跑啊跑，最后来到了昆仑山下的西王母国。西王母国建立在一片绿洲之中，仿佛世外桃源一般。

年轻美貌的西王母热情接待了穆王，亲自为他接风洗尘，穆王也送给她许多珍贵礼物，表示答谢。穆王沉浸在欢乐之中。转眼一个月过去了，穆王几乎已经忘了他远在东方的国家。造父见此情景，焦虑万分，多次劝穆王回国，穆王却始终不肯。

一天傍晚，穆王与西王母正在纳凉闲坐，突然，造父带着一个满头大汗的武士送来密封文书。原来，东方的徐堰王知道天子久离镐京，便乘机起兵造反。穆王恍如从睡梦中惊醒，立即命造父备车，启程东归。

造父知道时间刻不容缓，就举起鞭子猛力一抽，八匹骏马顿时撒蹄飞奔。造父施展全身的本领，一日千里地向东飞奔，只用三天三夜便赶回了镐京。

回京后，穆王调兵遣将，亲率精锐部队与徐堰王决战。徐堰王被打得落花流水，自己也死于乱军之中。徐国从此灭亡。

后人由此而逐步演化为成语“一日千里”，原指速度快，现用以形容进步神速。

义无反顾

典出《史记·司马相如列传》。

夫边郡之士，闻烽举燧燔，皆摄弓而驰，荷兵而走，流汗相属，唯恐居后，触白刃，冒流矢，义不反顾，计不旋踵，人怀怒心，如报私仇。

汉武帝很赏识司马相如的才学，让他在自己身边做官。

这时正赶上唐蒙在修治通往夜郎、僰中的西南夷道。由于他征集民工过多，又是采取高压手段，引起了巴蜀人民的不满，发生了骚乱。汉武帝便派司马相如去责备唐蒙，并让他写一篇文告，向巴蜀人民作一番解释。

这段文告的大意是：有人不晓得国家的法令制度，惊恐逃亡或自相残杀是不对的。士兵作战的时候，应该迎着刀刃和箭镝而上，绝不容许回头看，宁可战死也不能转过脚跟逃跑。你们应该从长计议，急国家之难，尽人臣之道。

“义无反顾”就是从司马相如的文告中“义不反顾”一句中引申出来的，指为正义的事业而勇往直前。

众志成城

典出《国语·周语下》。

春秋末年，周景王打算铸一口巨大的钟，好享受从未有过的乐声。单穆公劝阻说："这么大的钟，声音一定非常响，敲起来震耳欲聋，哪里还有音乐的美感呢？再说，造大钟要耗费许多钱财，要征集许多工匠，大大加重了老百姓的负担。得罪了老百姓，国家就有危险了呀！请大王谨慎从事！"

周景王想取得司乐官州鸠的支持，谁知州鸠说："音乐的声音有大小、轻重之分，各有各的界限，超过了界限，金石丝竹的声音就不和谐。以音乐的标准来衡量，您铸造大钟是不合适的；以国家和百姓的利益来衡量，您的做法就更不合适。"

周景王却一意孤行。第二年，大钟造成了，乐人纷纷夸大钟的声音很和谐很好听。周景王叫来司乐官州鸠说："你不是说大钟的声音不会好听吗？可是，现在它的声音却很和谐啊！"

州鸠严肃地答道："不，陛下，您错了，造大钟，要老百姓都拥护都欢迎，才叫和谐。现在，国家花费了巨资，老百姓也怨声载道，这能算和谐吗？办任何一件事，凡是百姓赞成了的，就一定能成功，凡是百姓反对的，就一定要失败。这叫作'众志成城，众口铄金'！"两年后，周景王死了，老百姓都说这是他违背民意而受到的惩罚。

"众志成城"意思是说万众一心，坚如城墙。形容团结一致就能克服困难。

情感篇

爱屋及乌

典出《说苑·贵德》。

“臣闻爱其人者，兼爱屋及上之乌；憎其人者，恶其余胥。”

周武王在姜太公、周公、召公的辅助下，宣布出兵讨伐商纣王。因为纣王早已失去人心，周武王的军队势如破竹，很快便攻克了京城朝歌，商纣王自焚而死。商纣王死后，武王认为天下尚未安定，心里很是不安。如何对待商朝遗留下的人员，也是一个很难处理的问题。为此，武王向姜太公讨教。

姜太公说：“我听说，如果喜欢一个人，就会连他屋上的乌鸦也会爱惜；如果憎恶一个人，就会对他的仆从家人也感到讨厌，照这样来对待商朝的臣民，怎么样？”

周武王善待商朝的官吏与百姓，国家很快便安定下来。

“爱屋及乌”是说喜爱那座房屋，连房屋上的乌鸦也一并喜爱。比喻由于深爱一个人，从而连带喜欢他的亲属朋友或其他东西。

不堪回首

典出《虞美人》。

春花秋月何时了，往事知多少！小楼昨夜又东风，故国不堪回首月明中。

李煜是五代南唐的国君。宋灭唐后，他便成了俘虏。李煜既好书画，又长音乐，能诗善文，尤其擅长填词。他前期的作品大都为描写宫廷的享乐生活之作，风格柔靡；后期的词，表达了他怀古伤今、感叹身世和亡国隐痛的复杂情绪。《虞美人》就是他亡国后身为宋俘时的佳作。他身怀亡国的隐痛，面对冬去春来，感慨不禁油然而生，于是写下了《虞美人》以抒情怀。词的开头就说：“春花秋月何时了，往事知多少！小楼昨夜又东风，故国不堪回首月明中。”意思是说，春天的花，秋天的月是没完没了的啊，美好的往事，又涌上了心头。一年一度的春天，又来到了人间；那和暖的春风，昨夜又一阵阵地吹拂着我的小楼；见到那皎洁的月光，不禁想起了我南唐故国。唉，我精神上的痛苦啊，哪里忍受得住。

后人用“不堪回首”（堪：可以忍受。回首：回顾，回忆）来表示回忆过去的情况叫人难以忍受，泛指不忍回忆过去的惨痛经历或情景。

不求同日生，但求同日死

典出《单刀会》。

俺弟兄三人在桃园中结义，宰白马祭天，宰乌牛祭地，不求同日生，但愿同日死。

汉末，天下大乱，刘备是汉王室的远房子孙，这年他28岁，恰逢幽州太守刘焉召募义兵。他遇到志同道合的关羽、张飞两人，大家决心集合乡里勇猛的人共同应征，为国家出力。张飞说："我庄上有一个桃园，花开正盛。明日就在园中祭告天地，我三人结为兄弟，协力同心，然后才可以图谋大事。"刘备、关羽齐声回答说："这样非常好。"次日，于桃园中备下乌牛、白马、祭品等项，三人焚香再拜而发誓："念刘备、关羽、张飞，虽然异姓，既结为兄弟，则同心协力，救困扶危；上报国家，下安黎庶；不求同年同月同日生，只愿同年同月同日死。皇天后土，实鉴此心。背义忘恩，天人共戮。"誓毕，

拜刘备为兄，关羽次之，张飞为弟。这就是有名的"桃园三结义"的故事。从此，三人忠实于誓言，忠实于兄弟之情，确实做到了同甘苦、共患难。成为历代结义兄弟的榜样。

誓词中"不求同年同月同日生，但愿同年同月同日死"在关汉卿《单刀会》中，简化为"不求同日生，但愿同日死"，也成为结拜兄弟誓词中的必有之言。

后人用"不求同日生，但求同日死"这个典故表达同生共死的意愿和深情。

长歌当哭

典出《亡儿阿寿圹志》。

儿卒于乙未之除夕，长歌当哭，遂以哭儿者为之铭。

又见《红楼梦》。

"妹生辰不偶，家运多艰，姊妹伶仃，萱亲衰迈。……感怀触绪，聊赋四章，匪曰无故呻吟，亦长歌当哭之意耳……"

宝玉与黛玉论琴。黛玉说："高山流水，得遇知音……古人说，'知音难遇'。若无知音，宁可独对着那清风明月，苍松怪石，野猿老鹤，抚弄一番，以寄兴趣，方为不负这琴……"当他们边谈边往外走时，只见秋纹带着小丫头捧着一小盆兰花来。她说："太太那边有人送了盆兰花来，因里头有事，没有空儿玩他，叫给二爷一盆，林姑娘一盆。"黛玉看时，却有几枝双朵儿的，心中忽然一动，不知是喜是悲，便呆呆地傻看。宝玉走后，黛玉回到房中，看着花，心想："草木当春，花鲜叶茂，想我年纪尚小，便像三秋蒲柳。……只恐似那花柳残春，怎禁得风催雨送！"想到

此，不禁又滴下泪来。

黛玉正愁得没法解时，只见宝钗那边打发人送封信来。黛玉打开看时，只见上面写道："妹生辰不偶，家运多艰，姊妹伶仃，萱亲衰迈。……感怀触绪，聊赋四章，匪曰无故呻吟，亦长歌当哭之意耳……"

后人用"长歌当哭"表示以歌代哭，多指用诗文抒发胸中悲愤之情。

乘兴而来，败兴而归

典出《晋书·王徽之传》。

尝居山阴，夜雪初霁……忽忆戴逵，逵时在剡，便夜乘小舟诣之，经宿方至。造门不前而返。人问其故，徽子曰："本乘兴而来，兴尽而返，何必见安道邪？"

大书法家王羲之的儿子王徽之，聪明伶俐，喜好交游，性情豪放，生活十分浪漫。

有一回，在一个大雪初霁的夜晚，他见月色清朗，长空无云，不禁想起了一个会弹琴的朋友戴逵。

他想：如果戴逵在身边，琴声伴月影，友人话衷肠，岂不美哉！他兴致勃发，

不能自已，于是立刻乘小舟前往剡溪拜访朋友。

由于路程较远，直至天亮才到。可是，到了戴逵的家门口，他却不进去，反而转桨而归。

事后有人为此事问他道："你深夜急急忙忙赶到戴逵家去，为什么到了门口又马上转身回来了呢？"王徽之极为潇洒地说："我本是'乘兴而来，兴尽而返'，何必一定要见戴逵呢？"

后人用"乘兴而来，兴尽而返"或"乘兴而来，败兴而归"表示凭着一时的兴趣或怀着某种希望兴冲冲地赶来，兴趣完了或感到失望就灰溜溜地回去。

洞房花烛

典出民间传说。

现在人们都称结婚的新房为洞房，在洞房中还要点燃红烛，称花烛。

相传秦始皇建造了阿房宫之后，在全国挑选美女，送到阿房宫，习歌学舞，供秦始皇一人享受。当时山西有一位民间绝色美女，已不知道她叫什么名字，因在家排行第三，所以大家都叫她三姑娘。三姑娘不仅长得美丽，而且性情刚烈。她被选中入宫后，不甘心被蹂躏，更不愿成为贵族的玩物。于是，她在一个月黑风高的夜晚，冒着生命危险，从阿房宫后墙逃了出来，翻过骊山，向家乡奔去。

在华山险峻的道路上，三姑娘与书生沈博相遇。由于秦始皇焚书坑儒的暴政，沈博十分痛恨秦始皇，他听了三姑娘的经历，十分同情她，也很钦佩她，两人一见钟情，就在华山的一座山洞里对天盟誓，

结为夫妻。山洞里很黑，沈博捡了许多树枝，点起火来，在火光上，沈博才看清自己的妻子是个多么美丽的姑娘。拜天地时，没有香，他们就摘折了许多艳丽的花枝插在火堆前，先拜了天地，又拜了祖宗，成了一对恩爱的伴侣。

后来，人们为了表达对三姑娘勇敢抗争，追求爱情精神的崇敬，在通往华山顶峰的路上修建起一座座庙宇。每座庙宇中都供奉着三姑娘的塑像，人们都称她为三圣母。唐代以后，一些文人根据这个民间传说，又创造出三圣母与书生刘彦昌的爱情故事，进一步歌颂三姑娘。

正是由于这个传说，人们就把结婚的新房叫作洞房，把喜庆的红烛叫作花烛。

范进中举

典出《儒林外史》。

范进，原是比较老实、勤学苦读、受人欺侮的穷书生。自 12 岁应考，连续考了 20 余次，还是一个童生。最后一次应考，他实际年龄已经 54 岁，名册上写的却是 30 岁。考试那天，范进第一个交卷。主考官周进也是苦读出身，见范进面黄肌瘦，胡须花白，寒冬天气还穿件麻布大褂，冻得瑟瑟发抖，不由动了恻隐之心，便用意看他的试卷。可是连看两遍，还不解其意，直到看了 3 遍，才知是“天地间最好的文章，真是一字一珠”。不等各卷汇齐，便取范进第一名。

范进中了秀才，还要去参加乡试，找丈人胡屠户借钱，却被骂得狗血喷头。胡屠户骂他：“你中了相公，就癞蛤蟆想吃天鹅肉，趁早收了这份心！”范进只好向乡邻同案借了盘费，瞒着人去城里应试。回来时，家里已断粮 3 天。胡屠户知道后，又将他骂了一顿。

发榜那天，范进家里没米下锅，抱着母亲那只生蛋母鸡上集去卖。刚走不久，报喜的人来了。邻居飞奔到集上去找范进，只见他抱着母鸡，一步一踱地四下张望，在寻人买。邻居赶忙上前说：“范相公，你中了举人，赶快回去！”范进以为是哄他，只装没听见，低着头

直往前走。邻居见他不理，追上去要夺他的鸡。范进挣脱说：“高邻，不要开玩笑，我要卖它买米救命啊！”邻居见范进不信，劈手把鸡夺了，扔在地上，拖着范进就往回跑。

范进回到家门口，见到报喜的和邻居们挤了一屋，他三步并作两步往屋里走。屋里已挂起报帖：“捷报贵府老爷范讳进高中广东乡试第七名亚元京报连登黄甲”。范进每念一遍，就拍手笑道：“噫！好了！我中了！”范进念着，笑着，突然一跤跌倒在地，牙关紧咬，不省人事。他母亲慌忙拿热水来灌救。灌弄了一阵，范进一骨碌爬起来，又拍手大笑道：“噫！好了！我中了！”不由分说，往门外飞跑，边拍边笑。大伙都说这位新贵人喜疯了！

范进的母亲和妻子急得大哭。有人出主意说：“范老爷因欢喜过度，痰迷心窍，只要他平日最惧怕的人打他一下，说你不曾中，他一吓，把痰吐出来，就明白了！”众人要胡屠户打他女婿。胡屠户为难地说：“如今中了老爷便是天上的星宿，打不得啊！”邻居见他如此，便挖苦他，催促他。胡屠户违拗不过，喝了酒，壮壮胆，拿出平日的凶恶样子，对着正在发疯的范进，大骂一声：“该死的畜生！你中了什么！”一巴掌过去，把范进打倒在地。众人一齐上前，替范进抹胸口，捶背心，忙了半晌，范进才渐渐喘过气来，睁开眼，不疯了。胡屠户连忙向女婿赔礼道歉，扶他回家。

范进中举之后，结交官绅，变成一个虚伪庸俗的官吏。

后用“范进中举”比喻喜出望外，欢喜若狂。

黄雀衔环

典出《续齐谐记》。

汉人杨宝年九岁，至华阴山，见一黄雀为鸱枭所搏坠地。宝取归，置巾箱中，饲以黄花。百余日，毛羽成，乃飞去。其夜有黄衣童子向宝曰：“吾西王母使者，蒙君拯救，实感仁恩。今赠白环四枚，令君子孙洁白，位登三公，一如此环。”

汉代有一个人叫杨宝。传说他 9 岁那年，一次从华阴山北面经过，看见一只猫头鹰追赶一只黄雀，黄雀被猫头鹰抓伤，掉在树下。

杨宝过去一看，可怜的黄雀伤痕累累，而且有大群的蚂蚁将它团团围住。黄雀动弹不得，十分痛苦。看见杨宝，它的眼睛里满是乞怜的神色。杨宝很同情黄雀，小心地用手将它捧起，带回了家中。

回到家后，杨宝将黄雀安置在一只小箱子里，每天精心地照料它，用洁净的清水和新鲜的黄花喂养它。慢慢的，黄雀身上的伤口痊愈了，吃的东西也一天天多了起来。

大约 100 天以后，黄雀的伤完全好了，羽毛长得丰满光滑，它终于又能在天上高高地飞翔了。但黄雀舍不得离开杨宝，它

每日白天飞到外面玩耍觅食，晚上又飞回杨宝身边。几天之后，黄雀终于飞走了，再也没有回来。

一天夜里，杨宝读书到了三更时分。忽然，从门外走进一个穿黄衣服的童子，向他跪拜行礼。杨宝很惊奇地问他是谁，来干什么。童子再次下拜，毕恭毕敬地对他说："我就是你救出的那只黄雀，本是西王母的使者。那天我奉王母之命出使蓬莱，途中不慎被猫头鹰伤害。若不是你以仁爱之心将我拯救，我早已死于非命。即使千言万语，也难以表达我对你的感激之情。"说完，他取出四个白色的玉环赠给杨宝，并对他说："祝你的子孙如这玉环般洁白，位居三公。"说罢倏然不见。果然，后来杨宝的后代都做了大官。

后人用"黄雀衔环"或"白环报恩"等典故表示知恩图报。

家有敝帚，享之千金

典出《东观汉记·光武帝纪》。

一旦放火纵兵，闻之可为酸鼻。家有敝帚，享之千金。

东汉初，汉光武帝派大将刘禹去攻打一座城池。那守将竭力防守，使刘禹军损失很大。被攻打了几个月，城里粮尽援绝，守将只好投降。刘禹一怒之下，不但杀了投降的官兵，而且纵兵屠城，把老百姓也杀光。汉光武帝知道了，大为震怒，写信谴责他道："这城已投降了，满城妇女孩子数万人，你却纵兵放火杀人。'家有敝帚，享之千金'，人家连一把破扫把也是十分珍惜的，你却这样不爱护我的子民的生命财产。当我听到这件事时，连眼泪都流下来了，你怎么这样残暴呢？"于是下令撤了刘禹的官职。

后人用"家有敝帚，享之千金"这个

典故比喻自己的东西（或文章）虽然不好，却是非常爱惜它的。

后来压缩为四字成语“敝帚自珍”。

结草报德

典出《左传·宣公十五年》。

颗见老人，结草以亢杜回……魏夜梦此老人说：“余，所嫁妇人之父也……余是以报。”

春秋时，晋国有一个大夫叫魏武子。他有一个小妾，很受宠爱，却没有生过儿子。魏武子生了病，预感到自己活不长了，就交代了一些后事。在谈到这个爱妾时，他对儿子魏颗说：“我死之后，你就让她改嫁。”魏颗自然满口答应。

后来，魏武子病势沉重。病危时，他又提起小妾，并对魏颗说：“我死后，就让她为我殉葬。”

等到魏武子死后，魏颗并没有将那女子活埋殉葬，而是让她改嫁了。有人问他为何不按父亲临终遗言办时，他说：“人在病重时神志不清，说话不应当算数，我应当遵从的，是父亲清醒时的嘱托。”

后来，魏颗与秦国的军队作战，遇上秦军著名将领杜回。在打得十分激烈的辅氏大战中，魏颗眼看抵挡不住，情势非常危急。这时，突然阵前出现了一位白发苍苍的老人，他抛出一条草编的绳子绊住杜回，使晋军将其生擒，魏颗获得了战斗的胜利。

夜里，魏颗梦见了那位白发老人。他对魏颗说：“将军是否记得，你曾将父亲的一个妾改嫁出门，救了她一条命。而我，就是那女子的父亲，因此特来报答你的恩德。”

后人用“结草报德”的典故形容人真心实意地感恩图报。也可写作“结草衔环”。

举案齐眉

典出《后汉书·梁鸿传》。

东汉时，有个名叫梁鸿的穷书生，依靠勤奋进入当时的最高学府——太学。

梁鸿完成学业后，回到了家乡。他一点也没有太学生的架子，还是像农民一样下地干农活。

县里有个孟大爷非常有钱，他什么都满意，就是女儿不肯出嫁。有一次，孟大爷生气地问道：“你已经 30 岁了，难道一辈子不嫁人？”

女儿回答说：“除非像梁鸿那样的人，我才会嫁给他！”

孟大爷听了，赶紧托人去向梁鸿传达女儿的心意。梁鸿觉得孟小姐很合适，就央人去求婚，孟家自然马上答应。

不久，梁鸿便和孟小姐成了亲，可是

一连七天，梁鸿却不与新娘子说一句话。孟小姐十分奇怪，猜不透他为什么这样，便跪着问他这是为什么。

梁鸿不能不开口了，开诚布公地说："我想娶的是生活俭朴的妻子，这样才能跟我一块儿种庄稼，过隐居生活。现在你穿的是绫罗绸缎，戴的是金银珠宝，这哪里是我所希望的呢？"

孟小姐说："我身上穿的是婚礼服。但我知道你的心思，所以，早就准备了粗布衣服麻布鞋，何必为此操心呢？"说完，她退到内室，摘去首饰，换上粗布衣服，挎一只筐子出来。

梁鸿见了，高兴地说："这才是我的好妻子！"

说罢，他高兴地给妻子起了个名字：孟光。

后来，他们搬到了吴中，故意投奔到富翁皋伯通那里，向他借了一间房子住了下来。梁鸿天天出去给人家舂米或者种地，孟光在家里纺纱织布。

每天当梁鸿回家的时候，孟光就托着放有饭菜的盘子，恭恭敬敬地送到梁鸿的面前。为了表示对丈夫的尊敬，她不仰视他，并且每次总是把盘子托得跟眉头平齐。梁鸿也总是很有礼貌地双手接过盘子。

一次，皋伯通看到了他俩互敬互爱的情景，知道梁鸿不是平常的庄稼人，就把他一家接到自己家院里，并且供给他们吃的和穿的，让梁鸿安心读书做文章。不久，梁鸿病死了，孟光才带着儿子回到老家去。

"举案齐眉"是说把端饭的盘子举得高高的与眉毛齐平。形容夫妻互敬互爱。

梁园虽好，不是久恋之家

典出《水浒传》。

这口鸟气，今日方才出得松臊。梁园虽好，不是久恋之家，只可撒开。

鲁智深这日走了五六十里，肚里又饥，路上没个打火处，蓦地看见一座破败寺院。四个金字都昏了，写着"瓦罐之寺"。寺内满地燕子粪，寻到厨房后一间小房，见几个老和尚坐地，一个个面黄肌瘦，道是：这寺被两个杀人放火的和尚、道士占住，和尚叫崔道成，绰号生铁佛，道士叫丘小乙，绰号飞天夜叉，只在方丈后角门内住。鲁智深大怒，赶去一脚踢开后门，只见一个胖和尚、一个道士、一个年幼妇人正喝酒，见鲁智深来得凶，生铁佛便挺朴刀来抢智深，两个斗了十四五个回合，那生铁佛抵挡不住，丘道人便从背后拿朴刀搠将来。鲁智深一来肚里无食，二来走了许多路程，三来挡不住他两个生力，只得卖个破绽，拖了禅杖便走。两个赶出山门，赶过石桥，坐在栏杆上，再不追赶。

鲁智深走得远了，喘息方定，又是饥饿，走一步懒一步，前面一座大赤松林中，恰遇着相熟的好汉九纹龙史进。听说智深肚饥，史进道："小弟有干肉烧饼在此。"便取出叫智深吃了，各拿了器械，再回瓦

罐寺来。那丘小乙、崔道成兀自在桥上坐地。智深愤怒，抡起禅杖奔过桥来；生铁佛生嗔，仗着朴刀杀下桥去。智深得了史进胆壮，吃得饱了有力，崔道成力怯，飞天夜叉便来协助。这边史进从树林子里跳将出来，四个人两对厮杀。智深得便处喝一声：“着！”只一禅杖把生铁佛打下桥去，史进一朴刀，道人倒在一边。两个进入寺中看时，那几个老和尚怕崔、丘两人杀他们，已上吊死了，那个掳来的妇人投井而死，满寺再没一个活人。便灶前缚几个火把四下点着，竟天价烧起来。二人道：“梁园虽好，不是久恋之家。”便自走了。

“梁园虽好，不是久恋之家”是说：汉朝时，梁孝王好客，他的花园非常美丽，客人们往往流连忘返，但总不能在梁园久居吧！《西游记》九十六回：“长安虽好，不是久恋之家。”《金瓶梅》八十回：“扬州虽好，不是久恋之家”，都是一个意思。

令人发指

典出《史记·刺客列传》。

又前而为歌曰：“风萧萧兮易水寒，壮士一去兮不复还！”复羽声慷慨，士皆瞋目，发尽上指冠。

战国末期，秦国要统一中国，采取了远交近攻的策略，一步一步地消灭其余六国。当秦国大兵开到燕国的西部边境易水河边的时候，燕太子丹非常紧张。于是，他找了一个叫荆轲的勇士，让他到秦国去刺杀秦王嬴政（后来的秦始皇）。

太子丹假装把燕国督亢这个地方献给秦国，让荆轲去送地图，并把一把匕首藏在图卷里，好让荆轲见机行事，刺杀秦王。

这一切都准备好以后，荆轲带着一个随员前往秦国。太子丹和荆轲都明白，这次去秦国可能凶多吉少，说不定会送命。于是太子丹带了一批官员穿上白衣服，戴着白帽子，把荆轲送到易水河边。临别时，

荆轲悲切地唱道："风萧萧兮易水寒，壮士一去兮不复还。"送行的人们见荆轲唱得如此激昂、悲切，一个个都睁大眼睛，连头发都直竖了起来。

"令人发指"这句成语中的"令"是使的意思，"发指"就是头发直竖起来。后人用这个典故比喻愤怒到了极点。

六神不安

典出清《官场现形记》。

这一天更不曾睡觉，替他弄这样弄那样，忙了个六神不安。

《官场现形记》是清末李宝嘉著的一部长篇小说，共60回。小说以谴责晚清官场的黑暗为主题，描写了当时官僚贪污勒索、迫害人民和投靠帝国主义的种种罪行，客观地反映了当时的一些社会矛盾，在思想上表现出改良主义倾向。在这部小说的第二回"钱典史同行说官趣，赵孝廉下第受奴欺"中讲到：有一个叫赵温的人中了举人，赵家设宴庆贺，一连忙了几天。派到县里的教官传下话来，让赵温即日赴省，填写亲供（秀才中举后，要在一定的期限里到学台官署去填写新供，写明年龄、籍贯、三代和身貌，并由所属的教官出具保证，证明属实）。赵温的爷爷看过皇历，选择了黄道吉日准备送孙子前往。临行的前一天，赵温的爷爷、爸爸忙活了一天一夜，替赵温弄这弄那，忙了个六神不安。

六神，按道教的说法，人的心、肺、肝、肾、脾、胆各有神灵主宰，称为六神，后泛指精神。"六神不安"这句成语常用来形容心神不定。

怒发冲冠

典出《史记·廉颇蔺相如列传》。

相如视秦王无意偿赵城，乃前曰："璧有暇，请指示王。"王授璧，相如因持璧却立倚柱，怒发上冲冠。

一天，赵惠文王问蔺相如说："秦王想用十五城交换我和氏璧，可以给他吗？"蔺相如说："秦国强而赵国弱，不得不同意。"赵王说："我给和氏璧，万一他不给我城，怎么办？"蔺相如说："现在很难说，如他不给城，他就失礼；如果我们不给和氏璧，我们就失礼。比较这两种选择，倒不如同意而使秦国失礼。"

赵王听了蔺相如的建议，仍感到为难。他说："这样，使者的任务就重了！谁可以担任呢？"蔺相如立即回答说："如果的确没有人，我愿替大王前往。秦国的城池划入赵国，我就把和氏璧留在秦国；城未划入，我就把它完整地带回来。"

于是，蔺相如带着和氏璧出使秦国。

到了秦国，秦王高坐章台，蔺相如奉璧献上。秦王非常高兴，自己把玩一阵之后，又递给身边的宫娥彩女观看，然后再

递给臣下。众人都高兴得呼喊万岁。

这种极为傲慢的态度激怒了蔺相如，他知道秦王无意按约划城给赵国，就向前说："大王，璧上有一点儿黑斑，我想指给大王看看。"秦王把璧递给蔺相如，蔺相如紧握着璧退后，倚着柱子，愤怒得连头发都向上冲动了帽子，然后，举璧准备击碎。秦王怕击碎了玉，连忙缓和下来。后来蔺相如终于机智地用计把和氏璧带回了赵国。

后人用"怒发冲冠"形容人愤怒到了极点。

千里送鹅毛

典出《梅圣俞寄银杏》。

鹅毛赠千里，所重以其人。

唐朝时候，有个地方官得到一只天鹅，他派了手下一个叫缅伯高的人赶赴京城，将天鹅进贡给皇帝。

缅伯高在去京城的路途上，精心照料着那只天鹅。一日，他来到沔阳湖。经过连日赶路，人和天鹅都很困乏。见到碧波荡漾的湖水，缅伯高精神为之一振，天鹅更是扑着翅膀想冲入水中。缅伯高心想，何不在此休息一下，让天鹅在湖里洗洗澡，让它快活快活。

于是，他将天鹅放进湖水里，用手紧紧捉住，让它在水里洗澡。谁知天鹅见了水，高兴极了，使劲地扇着双翅。缅伯高一不小心松了手，让天鹅挣脱开去，他急急地去追赶，天鹅却展开美丽的翅膀飞到了空中。缅伯高追了一阵，什么也没捞到，只拾到了天鹅身上掉下来的一根雪白的羽毛。

失掉了天鹅，吓坏了缅伯高。他不敢回去见他的上司，只好硬着头皮来到京城，向皇帝献上一根鹅毛。皇帝和满朝文武见他送上一根鹅毛，都感到很奇怪。缅伯高讲述了这事的经过，还顺口念了几句诗道："上复唐天子，可饶缅伯高？礼轻人意重，千里送鹅毛。"

皇帝听后，觉得其情可恕，其诚可嘉，就没有责备缅伯高。

后人用"千里送鹅毛"的典故形容礼物也许很轻微，送礼的人却怀着一片真诚，其中的情意是很值得珍重的。

千里姻缘一线牵

典出《红楼梦》。

自古道："千里姻缘一线牵"。管姻缘的有一位月下老儿……暗里只用一根红丝，把这两个人的脚绊住。

《续玄怪录·定婚店》讲了这么一个故事：有个很有钱的青年公子夜晚回家，

看见一个白胡子老头在月光下看书，身边有个袋子，袋子里都是红线。他觉得奇怪。就问他：“你怎么在月光下看书呢？”老头说：“我很忙，时间不多，只能抓紧时间看。”公子问道：“你看的是什么书？”老人说：“这是一部姻缘簿，天下的人，谁和谁将结成夫妻，上面都登记了。”公子问：“这袋子里的红线有什么用？”月下老人说：“我根据簿子里的记载，暗地里用一根红线把男女双方的脚系住，这两个哪怕隔着海呢，终究会结成夫妻，再也跑不了。”公子又问：“那么我的妻子是谁呢？”老人说：“你的妻子现在还小，明天晚上在某街上有个女孩骑在老仆人背上的就是。”说完，突然不见了。公子第二天夜晚去到街上，果然看见一个老仆人，肩上骑着个女孩，鼻涕拖得老长，头发稀稀拉拉的，丑得很。他气不过，乘黑一刀刺在她眉心上，以为刺死了，乘乱逃跑了。15 年后，他和一个 18 岁的姑娘结婚，定情之夜，细看这姑娘一头黑发，十分美丽，只是眉尖有个刀疤，略微破坏了她的美。问起来，说是 15 年前，老仆人夜晚带她出去玩，被一个凶徒刺伤的。公子十分惊奇，才知道自己终究没有挣断月下老人系下的红线。

后人用“千里姻缘一线牵”这个典故比喻男女婚配是命中注定的。

切肤之痛

典出《聊斋志异》。

朱生丧偶，见邻人之妻貌美，就与媒人戏说要去求婚，媒人也就势戏说：“请杀其男子。”朱生说：“好吧！”这本都是玩笑话，谁知数日后，邻人出去讨债归来时果然被杀于荒野。

邑令却疑那人为朱生所杀，但朱坚不承认。邑令又严刑拷问那妇人，朱生因怜妇人只好承认说：“是我杀的！我犯了杀人之罪，有血衣为证。”于是被押回家取血衣。朱对母亲说：“给血衣也死，不给也死，迟给不如早给。”母亲流着泪入里间，不一会儿果然把血衣托出来了。朱生于是被判为死刑。

一天，忽然有人直上公堂承认自己是凶手，他供说：知道被害者讨债归来，必有钱在身上，就把他杀了。听说朱生招认了，开始暗自庆幸，后来为良心责备，就入公堂投案。

邑令又问朱生：“血衣由哪来的？”

朱说不知道。又问其母，其母答：“儿急要血衣时，我入里间割臂所染。”当场检查她左臂刀痕仍在，于是朱生免死。一年后，邻母欲嫁其妇，妇人觉得朱生有情义，就嫁给了他。

蒲松龄在文末感叹：由此知地狱中有无数冤魂，其中无辜受牵连者往往奸民少、良民多。他们受万罪于公门，皆属切肤之痛。愿为官者每审案时略一追问，该放走的放走，不该放走的除去，只需一挥笔一动腕之间，就可保全多少身家性命啊！

“切肤之痛”指亲自经历的痛苦。比喻感受极为深切。

青梅竹马

典出《长干行》。

郎骑竹马来，绕床弄青梅。同居长干里，两小无嫌猜。

唐朝的大诗人李白，所作之诗俊逸高畅，并且很富情感。有人曾说他的诗才像天上的神仙谪居人世间一般。他的作品中，有一首诗描述男女孩子彼此玩得很投机的情况，其中有两句道：“郎骑竹马来，绕床弄青梅”。“青梅竹马”这个成语，就是从这两句诗中得来的。它的意思是说：小孩子们聚在一起，感情很好，很少发生过打架、争吵等事。

“青梅竹马”这个成语通常形容男女幼童天真无邪地在一起玩耍。

如丧考妣

典出《尚书·舜曲》。

帝乃殂落，百姓如丧考妣。

又见《孟子·万章上》。

二十有八载，帝乃殂落，百姓如丧考妣。

鲁国有个蒙丘，是孟子的学生。有一次，他去拜见孟子，问孟子道：“俗话说：‘道德最高的人，君主不能以他为臣，父亲不能以他为子。’舜便是这样的人。舜做了天子之后，尧率领诸侯向北面去朝见他，舜的父亲瞽瞍也向北去朝见他。舜看见瞽瞍来朝见，局促不安。孔子说：‘在这个时候，天下就危险得很啊！’不知道事实是否这样。”

孟子回答说：“不是这样。尧活着的时候，舜不曾做天子，只是尧老年时叫舜代他执行过天子的职务。《尧典》上说：‘28年之后，尧死了，老百姓像死了父母一样，服丧3年，各地都停止了娱乐活动。’孔子对此说过：‘天上没有两个太阳，人间没有两个天子。’如果说舜在尧死之前就做了天子，这岂不是同时有两个天子吗！”

后人用“如丧考妣”表示好像死了父母一样的难过和伤心。

如坐针毡

典出《晋书·杜锡传》。

舍人杜锡……性亮直忠烈，屡谏愍怀太子，言辞恳切，太子患之。后置针着锡常所坐处毡中，刺之流血。

晋朝时，有一个叫杜锡的人，他是杜预的儿子，从小受到良好的熏陶，年轻时就以学识渊博著称。先被长沙王请去做文学侍徒，经过几次升迁，最后被调去做太子舍人（官名，掌管宫中一切事务的官），为愍怀太子服务。

愍怀太子是个不肯长进的人，行为乖张，做事不合情理。杜锡对太子这种作风很不同意，便常常向太子劝告，希望他能改进。杜锡的言辞非常忠实恳切，但愍怀太子却觉得他多事，很不高兴，便派人悄悄地在杜锡平日坐的毯（毛织成的毯，可

用来做地毯或坐褥）中插了许多针，杜锡不知此事，坐下时被刺得流出血来。过了几天，愍怀太子问杜锡说："前几天你做些什么呢？"

杜锡说："我喝醉了酒，什么事都不知道。"太子一定要问到底，还说："你喜欢责备人，为什么自己也做错事呢？"杜锡被问得狼狈不堪，哭笑不得。

后人便将这个故事引申为"如坐针毡"一句成语，用来形容穷苦到了极点，处处受人压迫，时时被人播弄，弄得坐卧不宁、啼笑皆非的这种情况。也形容坐卧不安的样子。

拭目以待

典出《三国演义》。

先生今为刘备出谋划策，朝廷旧臣，山林隐士，无不拭目以待。

三国时代，曹操的军队占领襄阳后，又星夜兼程直逼江陵，这极大地威胁着江东的孙权和荆州的刘备。江东的孙权派鲁肃为使，前去说服刘备，同心一意，共破曹操。刘备见曹操势大，难以抵敌，也希望联合孙权，共同御敌。为此，刘备派诸葛亮随鲁肃到东吴共商对策。

一日，孙权召集张昭、顾雍等一班文武20余人升堂议事，并请孔明出席。张昭一班人，因惧曹兵势大，力主投降，今见孔明前来出使，料定是来游说，鼓动孙权以抗曹操，因而首先出来诘难孔明。张昭说："先生自比管仲、乐毅，而管仲为桓公之相，治国有方，一匡天下，称霸于诸侯；乐毅扶持微弱的燕国，使之逐渐强大，一下使齐国的70座城池降服，这两个人才真正是济世之才！先生今为刘备出谋划策，朝廷旧臣，山林隐士，无不拭目以待，希望复兴汉室，除灭曹操，然而今天曹兵一出，乃弃甲抛戈，望风而蹿，上不能报刘备，下不能安庶民，管仲、乐毅难道是这样的？"孔明听了，哑然失笑，说道："复兴汉室，绝非一日之功！一个患了重病的人，先要给他吃稀粥、服平和之药，等到腑脏调和，形体渐安，然后才能以肉食加以补养，以猛药加以治疗。我主刘备向日军败，兵不满千；新野小县，人少粮薄，这正如人染沉疴一样，得慢慢调治。就是在这样的情况下，仍然能博望烧屯，白河用水，使夏侯惇、曹仁等心惊胆战，就是管仲、乐毅用兵，也不过如此吧！何况胜败乃兵家常事，过去高皇数败于项羽，而垓下一战成功，这不是韩信的良谋吗？"这一番言语，说得张昭无言回答。

后人用"拭目以待"形容期望十分殷切，也表示确信某件事的出现。

同仇敌忾

"同仇"典出《诗·秦风·无衣》。

岂曰无衣？与子同袍。王于兴师，修我戈矛，与子同仇。意思是：谁说没有衣裳？和你同穿战袍。国家出兵打仗，快把武器修好，共同对付仇敌。

"敌忾"典出《左传·文公四年》。

诸侯敌王所忾，而献其功。意思是：诸侯决心起来讨伐大王（指鲁文公）所痛恨的敌人，上下齐心，打败了敌人后，回来向大王献功。

后人用"同仇"和"敌忾"组合成"同

仇敌忾”这个成语，形容怀着无比仇恨和愤怒共同对敌。

痛心疾首

典出《左传·成公十三年》。

诸侯备闻此言，斯是用痛心疾首，昵就寡人。

春秋时，秦国和晋国互相以婚姻联系（秦穆公夫人是晋献公女儿。后世称联姻“秦晋之好”就源出于此），秦穆公又曾3次替晋国安定君位，晋公子重耳（晋文公）流亡国外，也因秦国相助，得以回国即王位。但由于两国国境相接，双方都要发展自己的势力范围，所以秦晋两国虽属亲戚关系，仍不免发生冲突。从秦穆公到秦桓公的三代中，秦晋两国争战不休。

晋厉公即位后，又因边界发生纠纷，于是两国君王互相约在令狐（故址在今山西省猗氏县西）会面，大家订立盟约。可是秦桓公回国后，立刻又背叛了盟约，

约楚国攻白狄（秦国边界的小国，是秦敌国，但与晋却是有姻亲之好），楚国答应了。秦国于是派人对白狄说：“晋国要攻打你们。”楚国也派人对晋国说，秦国背约和楚国修好，要对付晋国。白狄和楚国都洞穿秦国的用心，全恨秦国背信弃义。晋国派吕相去和秦国绝交，吕相对秦王说：“各国诸侯如今都知道秦国唯利是图，不守信用，所以大家都愿意和晋国亲近友好。现在晋国已和各国诸侯做好准备。如果秦国愿意订盟约，我晋国可以劝诸侯退兵，否则，我们与诸侯共同对付秦国。”

后人用“痛心疾首”比喻怨恨非常深，极端痛恨。

兔死狐悲

典出《宋史·李全传》。

宝庆三年二月，杨氏使人行成于夏全曰：“将军非山东归附耶？狐死兔泣，李氏灭，夏氏宁独存？愿将军垂盼。”

南宋时期，山东一带处于金兵控制之下，老百姓不堪忍受金兵的压迫，纷纷起兵抗金。杨安儿、李全等领导的几支红袄军，是规模较大的起义军队。

起义军队遭到金军的残酷镇压，杨安儿不幸牺牲。杨安儿的妹妹杨妙真（号称四娘子）率领起义部队转战各地，继续斗争。杨妙真善骑射，自称梨花枪天下无敌手。在红袄军中被称为“姑姑”。后来，杨妙真的起义军与李全的起义军在磨旗山（今山东莒县东南的马山）会合，杨妙真与李全结为夫妻。1218年，他们投归宋朝，部队驻扎在楚州（今江

苏省淮安县）一带，继续从事抗金斗争。1227 年，他们被南下的金兵包围，战斗失败后投降金军。

1227 年，宋朝派太尉夏全率领兵马攻打楚州，李全处境十分危急。杨妙真心想，夏全原先也是山东起义军的将领，可以对他做一番争取工作，于是派人对夏全说：“夏将军不也是从山东率众归附宋朝的吗？可是现在您却带兵攻打我们。狐狸和兔子都是同类，如果狐狸死了，那么兔子就会悲伤哭泣；如果把李全消灭了，难道唯独您能够生存下去吗？希望我们之间不要相互残杀。”夏全终于被说服了。

成语“兔死狐悲”即由此演变而来。意思是，兔子死了，狐狸感到悲伤。比喻因同类死亡而感到悲戚。用于贬义。亦称“狐死兔悲”“狐死兔泣”。

一日夫妻，百日恩义

典出《聊斋志异·张鸿渐》。

张鸿渐是永平府的名士。知府赵某贪暴，有一次用刑打死了姓范的秀才。该府所有秀才都大怒，由张鸿渐执笔向巡抚告状。谁知赵某用重金贿赂上级，结果赵某被判无罪，反而把告状的秀才都抓了起来。张鸿渐于是夜逃，到风翔府时路费用光了，又迷了路，幸亏遇见一个名叫施舜华的狐仙庇护了他。二人做了情人，非常恩爱。一天，鸿渐对舜华说：“我离家三年了，非常想念妻子，你是狐仙，千里路一刻可飞到，能不能带我回去看看她呢？”舜华不高兴地说：“我和你这么要好，你却守着我心里想老婆，那么你对我的恩爱都是假的了！”鸿渐说：“你怎么这样说呢？‘一夜夫妻，百日恩义’嘛，以后我想念

你，就和今日想念她一样，假如我得新忘旧，岂不是忘恩负义的人？”舜华笑道：“那么我送你回去吧！”于是拿个竹枕头，两人跨着，叫张鸿渐闭上眼睛，只听耳边风声飕飕，不久落地。睁开眼睛，舜华已不见了，人已到家，翻墙进去，其妻惊起，问清是丈夫回来了，便挑灯挽手呜咽。恰有恶少年平时见张妻很美，心里想她。这次见张鸿渐翻墙进去，以为是张妻的野男人，于是也跳墙进来“捉奸”。等到看清是张鸿渐，就要挟道：“张鸿渐是逃犯，竟敢回家？除非你和我好，不然我就去报案。”张鸿渐怒火中烧，拔刀直出，砍杀了恶少，第二天向官厅自首。官厅因张是在逃犯，现在又杀了人，立刻派两个差人押他上京城去，脚镣手铐，戒备森严。途中遇一女子骑马而来，原来是舜华。张鸿渐大声呼救，舜华以手指械，则手脚镣铐立落，引之上马，马行若飞，片刻已至山西太原。施舜华让张下马，说道：“我们从此永别了。”说完便掉头而去，从此再未相见。张鸿渐在太原一躲10年，他儿子长大了，考上了进士，做官了，他才敢回家。

后人用“一日夫妻，百日恩义”的典故比喻应珍视夫妻深情。

一往情深

典出《世说新语·任诞》。

桓子野每闻清歌，辄唤奈何，谢公闻之曰：“子野可谓一往有深情。”

东晋时，有一位名将叫桓伊，谯国县（今安徽宿县西南）人，字叔夏，小字子野（一作野王）。桓伊初任淮南太守，后迁都督豫州诸军事、西中郎将、豫州刺史。公元383年，秦苻坚南下，桓伊与谢玄、谢琰大破秦军于淝水，稳定了东晋的偏安局面。后迁都督江州荆州十郡、豫州四郡军事、江州刺史。他虽建有勋功，却从不居功自傲。

桓伊喜好音乐，善吹笛，当时称为“江左第一”。他也很喜欢听别人唱歌，每当听到优美的歌声，就情不自禁，激动不已。当时的政治家谢安也喜爱音乐，他见桓伊对音乐如此倾心，说：“桓子野对音乐真是一往深情啊！”

后人将“一往有深情”简化成“一往情深”，形容对人或事物倾注了深厚的感情。

忧心如焚

典出《诗经·小雅·节南山》。

赫赫师尹，民具尔瞻，忧心如惔。

周幽王是西周的最后一位国王，公元

前781 ~前771年在位。他是在中国历史上的一位有名的昏君。在位期间，任用尹氏（师尹）等人执政，政治混乱，势甚危殆。再加上当时严重的地震和旱灾，人民大众流离失所，国家日趋衰败。面对这种情况，家父（亦作嘉甫或嘉父，周大夫）十分忧虑，便写了《节南山》一诗刺幽王。诗中，家父用讽刺的笔法揭露了尹氏的罪行，希望周幽王明察，以延续周室的统治。诗中写道："煊赫显贵的太师尹氏，人民都瞪着眼睛瞧着你，忧愁的心里像烈火在燃烧……"周幽王对大臣们的劝谏根本听不进去，照样重用这些人，加重对人民的剥削。而且，周幽主宠爱褒姒，废掉申后和太子宜臼。后来，申侯联合犬戎等攻周，周幽王被杀于骊山下，西周遂告灭亡。

"忧心如焚"即愁得心里像火烧。人们常用这句成语形容内心焦虑不安。

昭君出塞

典出《汉书》。

和亲是中国封建统治者与周围少数民族缓和矛盾，促进民族经济文化交流的重要手段之一。最早的和亲是汉高祖刘邦以宗室女嫁给匈奴单于。和亲次数多的是汉朝与唐朝。

汉朝最著名的和亲是汉元帝把王嫱按公主的礼节嫁给匈奴呼韩邪单于。王嫱本名昭君，入宫后改名嫱，她出身于小康人家，知书达礼。在后宫，她只是个宫女，但却很识大体，听说要在宫女中选人去匈奴和亲，她主动要求去，得到了元帝的同意。元帝特别命人请了匈奴妇女来给王昭君讲匈奴的风俗习惯、妇女的礼节，还教她匈奴话；还找来许多乐工，教她琵琶、胡琴等。昭君天生聪颖，很快就学会了。

一切都准备就绪之后，呼韩邪单于亲自到长安迎娶。新郎新娘以父礼拜见汉元帝，得到许多赏赐。新婚之后，夫妻离开长安，文武百官代替皇帝送出十里长亭。在向匈奴进发的路上，王昭君写了一首琵琶曲《昭君怨》，诉说自己离开中原，永别父母的忧伤。

王昭君远嫁匈奴，带去了许多先进的生产工具、良种、医药和大量的中国书籍，使匈奴地区的农业生产有了进一步的发展，文化进一步汉化，促进了匈奴的社会发展。

呼韩邪单于很仰慕汉族文化，很尊重昭君，夫妻两人感情很融洽。呼韩邪单于死后，根据匈奴习俗，昭君又嫁给了新立的单于。昭君连续做了两代单于之妻，在匈奴极富人望。她死后，匈奴人根据她的遗嘱，在归化（今呼和浩特）一块向阳的风水宝地为她修了座坟。沙漠地区干旱寒冷，大多数地方只在夏季很短的一段时间才长青草。但昭君墓一年中大部分时间都翠草葱茏，因此人们称昭君墓为“青冢”。

种花一年，看花十日

典出《醒世恒言·灌园叟晚逢仙女》。

宋朝仁宗年间，平江府长乐村有个种花老头名叫秋先，他爱花入了魔，遇见好花，将衣服典当了也要买回。日积月累，家里成了个花园，那花园遇花开时，烂如锦屏，一花未谢一花又开。他早晚灌水、施肥，晚上坐于花下饮酒歌啸，自半含至盛开，未尝暂离。他花谢则葬花，花被泥污则浴花。他平生最恨的是攀枝摘朵，以为离枝去干，如人遭横祸，因此，轻易不让闲人进园。

城中有个官家子弟叫张委，是仗势欺压良善、奸狡刻薄的人。这日，张委带了如狼奴仆、助恶无赖从秋先门口过，恰值牡丹盛开时节，园中姚黄魏紫，光华夺目，张委等强闯入园，又攀又摘，把秋先急得叫苦连天，舍命阻拦。被秋先一头撞倒后，张委心中转恼，率众把牡丹打得只蕊不留，扬长去了。只气得秋先抢地呼天，满地乱滚。众邻居扶起秋先，劝慰一番，议论道：“自古道‘种花一年，看花十日’，这些花不知费了多少辛苦，难怪他爱惜。”

那秋先饭也不吃，哭了又哭，竟感动得花仙下凡，令落花上枝。起初每本一色，如今一本五色俱全，比先前更觉鲜妍。消息传开去，满村男女皆至，都道神仙下降。张委听了不信，率众前来一看，原来真有此事，心下艳羡，便生了独占此园的念头。于是设下毒计，径到平江府衙首告秋先妖术惑众，图谋不轨。大尹听信，一索把秋

先拘来，投入狱中。

那张委不胜欢喜，到秋先园中饮宴，却见园中牡丹又一朵不存。正奇怪间，忽一阵大风，把地上花朵吹得都直竖起来，眨眼间俱变成尺许女子举袖扑来，将张委吹入粪窖淹死了。

平江府大尹访知秋先冤屈，遂放了秋先。秋先自此日饵百花，谢绝烟火食物，数年之后，被天帝封为护花使者，拔宅飞升，成仙而去。

后人用“种花一年，看花十日”这个典故比喻劳动成果得来不易，劝人爱惜。亦有青春短暂，宜善自珍惜之意。

惴惴不安

典出《诗经·秦风·黄鸟》。

临其穴，惴惴其栗。

公元前621年，春秋五霸之一秦穆公死时，决定让100多个活人殉葬，其中包括秦国大臣子车氏家族的奄息、仲行、针虎。这3个人都对国家作出过贡献，是受百姓尊敬的良臣。对他们的不幸遭遇，秦国人民深表同情和痛惜，对他们3个人中的每一个，人们都愿意用100个人的生命去赎取。为了表示对这3个良臣的惋惜，对暴君的憎恨，秦人作了《黄鸟》这首挽歌。这首歌的大意如下：

黄雀叫叽叽，
在酸枣树上歇息。
谁跟穆公去了？
子车家的奄息。
说起这位奄息，
一人能与百人匹敌。
走近了墓穴，
忍不住浑身战栗。
苍天啊苍天！
为什么让好人统统死去？
如果允许赎他的命，
我们愿意以百换一。

黄雀叫叽叽，
飞来桑树上歇息。
谁跟穆公去了？
子车家的仲行。
说起这位仲行，
百人莫敌。
走近了墓穴，
忍不住浑身战栗。
苍天啊苍天！
为什么让好人统统死去？
如果允许赎他的命，
我们愿意以百换一。

黄雀叫叽叽，
飞到牡荆树上歇息。
谁跟穆公去了？
子车家的针虎。
说起这位针虎，
以一当百不含糊。
走近了墓穴，
忍不住浑身战栗。
苍天啊苍天！
为什么让好人统统死去？
如果允许赎他的命，
我们愿意以百换一。

成语“惴惴不安”即由此变化而来，形容因为害怕或担心而不安定的样子。惴惴：恐惧、担忧的样子。

自惭形秽

典出《晋书·卫玠传》。

珠玉在侧，觉我形秽。

晋怀帝时，国内有一位知名人士，名叫卫玠。卫玠 27 岁那年突然死去，当时人们流传说："卫玠是被人'看'死的！"

原来卫玠生下来就相貌不凡，有一种特别的姿态和风韵，说话、走路、待人、接物皆与一般孩子不同，人人见了欢喜。

卫玠的祖父和父亲都是朝廷的大官。卫玠稍微懂事以后，有一天赶着用羊拉的车进城去。他经过市场，人们见到他都十分惊讶，互相议论说："瞧，他多像用玉雕成的人哪……"顷刻之间，几乎全城的人都来观看他，以为是奇迹。

卫玠的舅舅王济是骠骑将军，生得英俊健伟，很有风采。可是他一见到小外甥，就感慨地说："卫玠和我站在一起，就像明珠、宝玉在我身边一样，我觉得自己的形象太难看了。同他一块走，好像是一颗明珠在身旁闪烁，熠熠发光啊！"

卫玠虽然长得异常俊美，又很有学问，但是身体多病，弱不禁风。后来卫玠到了建邺，京师人们早听说他姿容非凡，都想见见他。他走到街上，看他的人像城墙一样，将他围得水泄不通，没过几天，卫玠由于劳烦过度，很快就死了。

后来由此演变成"自惭形秽"一句成语。惭：惭愧之意，形秽：指形态丑陋，因容貌丑陋而感到不如别人。"自惭形秽"比喻自愧不如别人。

言语篇

大放厥词

典出《昌黎先生集·祭柳子厚文》。

玉佩琼琚，大放厥辞。

柳宗元（公元773～819年），字子厚，河东解（今山西运城解州）人，世称柳河东。他自幼学习刻苦，20岁中进士，被授为校书郎，调蓝田尉，升监察御史里行。柳宗元与刘禹锡等参加了主张革新的王叔文集团，任礼部员外郎。革新失败后，他被贬为永州司马，后迁柳州刺史。

柳宗元文学成就很高，是“唐宋八大家”之一。他的散文峭拔矫健，说理透彻；山水游记，写景状物，多所寄托。公元819年，柳宗元病逝在柳州，时年46岁。

在柳宗元死后的第二年，著名文学家、柳宗元的好友韩愈写了《祭柳子厚文》，寄托对柳宗元的哀思。祭文中对柳宗元的文采和才华大加称赞，说他“玉佩琼琚，大放厥辞”。意思是说，柳宗元的文章文笔秀美，尽力铺陈词藻，美如晶莹净洁的玉石。

“大放厥词”原来是赞扬柳宗元写出了大量的有文采的文章，含褒义。后来，人们在运用这个典故时，语义有了变化，常用来讽刺人大发议论。多用于贬义。

大声疾呼

典出《昌黎先生集·后十九日复上宰相书》。

行且不息，以蹈于穷饿之水火，其既危且亟矣，大其声而疾呼矣！

韩愈，字退之，邓州南阳（今河南南阳）人。他25岁时中进士，到了28岁时尚未被任用，便写信给宰相赵憬，希望得到朝廷的任用。信发出以后，等了19日尚未见复信，韩愈又写了第二封，即《后十九日复上宰相书》。

信中，韩愈大声疾呼朝廷应像救水火之灾那样，来援救和任用那些有才学而面临困境的人。他说：“当一个人遭受水火之灾而向人们求救时，不仅亲属为他奔走呼号，就是旁观者也会大声疾呼，希望人们快来救救这个遭受灾害的人。这是因为这个人所面临的情况实在危急，处境实在可悲。现在我的境遇也是这样既危险又急迫，因此我也大声疾呼，希望人们伸出救援之手……”

后人用“大声疾呼”指向人迫切地大声呼吁，使人警觉。

道听途说

典出《论语·阳货》。

道听而途说，德之弃也。

艾子是春秋战国时的人，有一次他刚从楚国回到齐国，毛空告诉他说：“有一个人家的鸭子一次生了一百个蛋。”艾子不相信问道：“哪有这样的事呢？”毛空改口说道：“那么是两只鸭生蛋。”艾子说：“也不会有这样的事。”毛空又改口说：“那么是三只鸭生的蛋。”后来毛空见艾子总是不相信，就一次又一次地把鸭子一直增加到十只。艾子问他道：“你为什么不减少蛋的数目呢？”毛空说：“我宁愿增加鸭子的只数，也不减少蛋的数目。”艾子只好不说话了。毛空却接着说：“上个月天上掉下一块肉来，有三十丈长，十丈宽。”艾子说：“没有这个道理。”毛空改口说：“那么就是二十丈长。”艾子说也没有道理。毛空又改口是十丈。艾子忍不住了，问他：“你看见这个世界上有十丈长、十丈宽的大块肉吗？”接着又问：“你刚才说的鸭子是哪一家的？那块肉又掉在什么地方？”毛空老老实实回答道：“我是听别人说的。”艾子马上转过脸对他的学生们说：“你们可不要像他这样‘道听途说’啊！”

从此以后，大家便把随便听来的、没有事实根据的传闻说成“道听途说”。

沸沸扬扬

典出《水浒传》。

后来听得沸沸扬扬地说道：“黄泥岗上一伙贩枣子的客人，把蒙汗药麻翻了人，劫了生辰纲去。”

晁盖、吴用等智取了生辰纲之后，大名府留守梁中书、东京太师府蔡京分别寄来书札和指令，要济州府府尹立即捉拿劫取生辰纲的“贼人”。蔡京限济州府十日内捉拿“贼人”归案，否则唯府尹是问。济州府尹得上司指令，慌了手脚，即唤捕快头目何涛从速破案，否则重罪加身，决不宽饶。

何涛领了台旨，焦躁得如热锅上的蚂蚁，立即召集许多做公的到机密房中商议此事。众做公的都面面相觑，如箭穿雁嘴，钩搭鱼腮，尽无言语。当初何涛只有五分烦恼，今见众做公都拿不出办法，又增添了五分烦恼。无奈，只得回到家中，独自一人，闷闷不已。

何涛之弟何清知道其兄的难处后，拍着大腿说：“这伙贼，我都捉在便袋里了。”何涛大惊道：“兄弟，你如何说这伙贼在你便袋里？”何清道：“我赌博输了，便去北门外十五里的安乐村给客店的店小二抄了半个月的文簿。六月三日，有七个贩枣子的客人来投宿，我认得其中一个是郓城县东溪村的晁保正。第二天，又有一个叫白胜的挑着担子从村前经过。后来听得沸沸扬扬地说道：'黄泥岗上一伙贩枣子的客人，把蒙汗药麻翻了人，劫了生辰纲去。'我猜不是晁保正，还能是谁！如今只捕了白胜，一问便知端的。"

何涛听了大喜，随即报告了府尹，当下便差八个做公的去捉拿白胜。

后人用"沸沸扬扬"形容议论纷纷。

花言巧语

典出《诗经·小雅·巧言》。

巧言如簧，颜之厚矣。

另见《西厢记》。

对人前巧语花言，没人处便想张生，背地里愁眉流泪。

《西厢记》里说：张生和崔相国的女儿莺莺相爱，托莺莺的丫鬟红娘带了一封情书给莺莺。嫌贫爱富的相国夫人

不许他们相爱，只许他们以兄妹相称。莺莺惧怕老夫人，见了张生的书信后，故意发怒道："我是相国家的小姐，谁敢将这简帖来戏弄我！"当场责备了红娘几句，并写了回信让红娘送给张生。其实，莺莺信中却密约张生月下相会。红娘识破了小姐的用心，把信交给张生时，唱道："我们小姐，在人前花言巧语，没有人时便想张生，背地里愁眉不展，暗自流泪。"

后人用"花言巧语"指虚伪而好听的话。

侃侃而谈

典出《论语·乡党》。

朝，与下大夫言，侃侃如也；与上大夫言，訚訚如也。

在周代的等级制度中，大夫是诸侯下面的一个等级，其中又分为两等，最高一级称为卿，即上大夫，其余称为下大夫。孔丘的地位相当于下大夫。

孔丘是一个一举一动都力求合乎周礼的人。在家乡，在朝廷之上，和上大夫说话，和下大夫说话，他都有不同的举止和言语。在家乡，他显得温和恭顺，好像不会说话一样；在祭祀和朝见的场合，却善于谈论，只是比较谨慎罢了。在朝廷上，当国君不在场时，他同下大夫说话，理直气壮；同上大夫说话，和颜悦色；君主来了，则恭敬而又不安，非常小心谨慎。

后人从孔子和下大夫说话时的"侃侃如也"引申出"侃侃而谈"这个成语，指不慌不忙地谈着。

空穴来风

典出《风赋》。

臣闻于师，枳句来巢，空穴来风。

楚国人宋玉是屈原的学生，也是当时著名的文学家。有一次他陪着楚顷襄王到兰台去游玩，到了台上，刚好有一阵风飒飒地吹来，顷襄王披着衣襟，迎着凉风，觉得很凉快，口里说道："这阵风真凉快呀！这是我和老百姓们共有的呀！"宋玉因为顷襄王淫乐无道，又把老师屈原放逐到湘北去，所以借了"风"的题目去讽刺他。说道："这风是你大王独有的，老百姓哪里能和你共有呢？"顷襄王觉得风的吹拂不分贵贱，现在听宋玉说是他独有的，倒觉得奇怪起来，就叫宋玉把道理讲出来。宋玉说："听我老师屈原说过：枳树弯曲了，就有鸟在上面做巢；空的洞穴中，会生出风来，因为它各有凭借，那么风气就自然不同了……"宋玉用讽刺的口吻，把风划分开来。他说："在高台上，皇宫里那些

清静的地方风是清凉的，所以属于贵族的；老百姓居住低洼的陋巷里，即使有风吹来，都是夹杂着许多泥沙和秽臭，所以是属于老百姓的……"

"空穴来风"，本来是宋玉借题来讽刺顷襄王的，但后人把它引申流言乘虚而入。

口若悬河

典出《世说新语·赏誉》。

王太尉云："郭子玄语议如悬河泻水，注而不竭。"

晋国有一个大学问家，名叫郭象，字子玄。他在年纪还小的时候就很有才学，特别对于日常生活中发生的一切现象，肯下功夫思索。他爱好老子和庄子的学说，并且具有深湛的研究。当时有许多人请他去做官，他一概辞掉了。只是把研究学问和谈论哲理当成最快乐的事情。

因为他的知识很丰富，能够把一切事情的道理讲得清清楚楚，又喜欢尽量发挥自己的见解，于是太尉王衍常常称赞他说："听郭象说话，好比悬在山上的河流泻水，直往下灌，从来没有枯竭的时候。"

后来的人就根据王衍的话，引申出"口若悬河"这个成语。比喻人健谈，言辞如河水倾泻，滔滔不绝。

老生常谈

典出《三国志·管辂传》。

十二月二十八日，吏部尚书何晏请之，邓飏在晏许。晏谓辂曰："闻君著爻神妙，

试为作一卦，知位当至三公不？”又问：“连梦见青蝇数十头，来在鼻上，驱之不肯去，有何意故？”辂曰：“……今君侯位重山岳，势若雷电，而怀德者鲜，畏威者众，殆非小心翼翼多福之仁。又鼻者艮，此天中之山，高而不危，所以长守贵也。今青蝇臭恶而集之焉，位峻者颠，轻豪者亡，不可不思害盈之数，盛衰之期。……愿君侯上追文王六爻之旨，下思尼父彖象之义，然后三公可决，青蝇可驱也。”飏曰：“此老生之常谈。”

三国时，魏国有个人叫管辂，从小对天文学很有兴趣，八九岁的时候，和小朋友们一起玩时，便能在泥土上画日月星辰的形象，并加以解说。长大以后，对《周易》了解得很透彻。他常常替人占卜，每次都很灵验。有一次，吏部尚书何晏将管辂请了去，尚书邓飏也在座。何晏对管辂说：“听说你能预卜先知，请你替我卜一卦，看我有没有做三公（最高的官职，即司徒、司寇、司空）的希望。最近连续梦见几十只青蝇飞到我鼻上来，赶也赶不走，不知何故？”

管辂说：“请原谅我直说，从前周公辅佐周成王，经常是坐着等待天亮，由于他的尽忠职守，才使成王国运兴隆，各国诸侯都拥护他，这完全是遵循天道的结果，不是卜筮可以说明的。现在你权高势赫，但感怀你德行的人少，畏惧你威势的人却很多，这不是好现象。相书说，鼻的位置在天中，青蝇贴面，主危。我希望你上追文王，下思尼父（孔子），则三公可望，青蝇可驱了。”邓飏在旁听了说：“这些话我都听厌了，一般人都爱发的议论，有什么新奇的呢？”

后来的人便把邓飏的这席话引申为成语“老生常谈”，比喻没有新意的言论。

满城风雨

典出《冷斋夜话》。

黄州潘大临工诗，多佳句，然甚贫。……临川谢无逸以书问有新作否。潘答书曰：“秋来景物，件件是佳句，恨为俗氛所蔽翳。昨日闲卧，闻搅林风雨声，欣然起，题壁曰：‘满城风雨近重阳。’忽催租人至，遂败意，止此一句奉寄。”

黄州的潘大临善写诗，创作了很多脍炙人口的佳句，但是此人家境十分贫穷。有一次，临川人谢无逸给潘大临写信，问最近是否有新作。潘大临回信道：“秋天到来之后，自然界的景物，样样都可作为写诗的绝好材料。昨天无事，靠在榻上养神，听到从丛林中发出来的风吹雨打的声音，美妙极了，起身提笔，在墙壁上题诗：‘满城风雨近重阳。’刚写了第一句，忽然催收房租的人拍门进来，就此将我的诗兴败坏了，所以只能将这一句寄给你看。”

“满城风雨”原指城内处处风雨交加的深秋景色，后来多用以比喻某事很快传播开来，人们议论纷纷。

巧言令色

典出《尚书·皋陶谟》。

何畏乎巧言令色孔壬。

传说皋陶和禹在舜帝面前讨论过治理国家的事情。在讨论的时候，皋陶说：“相信并按照先王之道处理政务，就能使谋略实现，大臣之间也就能团结一致，同心同德。”禹说：“对呀，但如何才能做到这样呢？”皋陶说：“唉，这就应该严格要求自己，以身作则，努力提高品德修养，以宽厚的态度对待同族的人，同时也要使他们贤明起来，努力辅助你治理国家。”禹非常佩服地对皋陶说：“你说得好啊！”接着皋陶又说：“还有，怎样用人也非常重要，一定要做到知人善任。”禹说：“对！知人善任的人，才是有智慧的人；有智慧的人，才能用人得当。如果能做到这点，何必怕那些花言巧语善于谄媚的人呢？”

后人用“巧言令色”来形容花言巧语，伪装和善的样子。

人言可畏

典出《诗经·郑风·将仲子》。

人之多言亦可畏也。

《将仲子》是《诗经·郑风》中的第二篇。诗中描写了一位热情坦率的姑娘，热切地希望与自己相爱的人幽会，但又恐怕别人觉察，所以让他莫露形迹，以免遭到父母、兄弟和社会的非难。这个姑娘的心情是矛盾的，因而“言似拒之，

实乃招之”。

《将仲子》全诗共3段，其中第三段的原文是：“将仲子兮，无窬我园，无折我树檀。岂敢爱之？畏人之多言。仲可怀也，人之多言亦可畏也。”大意是说：仲子（古歌者情人的名字），仲子，求求你呀，莫将我家墙跨，可别踩断檀树杈。我不是心疼这檀树，是怕人多嘴又杂。仲子，仲子，我想你呀，可人多嘴杂也可怕。

后人常用“人言可畏”来形容舆论对人的压力。

三寸不烂之舌

典出《史记·张仪列传》。

张仪尝从楚相饮，已而楚相亡璧，门下意仪盗璧，共执仪，掠笞数百，不服，释之，其妻曰：子无读书游说，安得此辱乎，仪张口曰：视吾舌尚在否，妻曰：在也，仪曰：足矣。

张仪有一次被邀参加楚国宰相的宴会，宴会散了后，楚相发现自己最贵重的玉璧不见了。侍从说：“一定是张仪偷的，他又穷又行为不端，除了他还能有谁呢？”于是，楚相派人把张仪抓来，百般殴打追逼，并把他家抄了个遍，却始终找不出来，只好把张仪放了。张仪的妻子因为张仪受了冤屈，又被打得体无完肤，因此守着张仪哀哀地哭。张仪说：“不要哭，不要哭，现在要紧的是：你看我舌头还在不在，被打烂了没有？”妻子被逗笑了，说：“舌头还在你口里。”张仪说：“只要舌头完好，那就不要紧。”后来，张仪西入秦国，凭着他的政治才能和无敌的口才，为秦国统一天下的大业作出了卓越的贡献。

后人用“三寸不烂之舌”这个谚语比喻只要舌头不烂，就能凭借语言说服人。引申为巧舌如簧地说服别人。

声色俱厉

典出《世说新语·汰侈》。

晋代有两个豪绅，一个叫石崇，一个叫王恺。王恺是晋武帝司马炎的舅父。晋武帝常常支持王恺与石崇争富。有一次，晋武帝送了一只高二尺多、枝条繁茂、世所罕见的珊瑚树与王恺。王恺十分得意，便拿去给石崇看，借以显示自己的富豪。石崇看了一看，便用铁如意将珊瑚打碎了。王恺既感到痛惜，又觉得是石崇嫉妒他有这样稀奇的宝贝，因而便声色甚厉地责备石崇。石崇却无所谓地对王恺说：“这有什么稀奇，还你一只得了。”当即便叫人把自己的珊瑚拿出来让王恺挑选。石崇的珊瑚树高三四尺不等，枝条主干姿态绝世，光彩夺目；六七只珊瑚，每只都比王恺的高大而瑰丽。王恺一看，不禁大吃一惊，顿觉愕然。

后人把“声色甚厉”说成“声色俱厉”，用来表示说话的声音和脸色都很严厉。

拾人牙慧

典出《世说新语·文学》。

殷中军云：“康伯未得我牙后慧。”

晋朝时有一个叫殷浩的人，很有学问，又善于说话。曾被封为建下将军，统率扬、豫、徐、兖、青五州兵马。后因作战失败，被罢官流放到信安（在今浙江省衢县境）。

殷浩有一个外甥叫韩康伯，人非常聪敏，又有学问，殷浩也很喜欢他。殷浩在被流放时，韩康伯也随在一起。有一天，殷浩见他对人发表议论，显示出十分得意的神情。事后殷浩就说："康伯连我的牙后慧还没有得到！"

牙慧，是指牙上的污秽。殷浩这句话的意思是：韩康伯连殷浩牙齿后面的污秽还没有得到，谈的道理实在和我所知道的差得很远！后人把这个故事引申成"拾人牙慧"这个成语，来比喻沿袭别人说过的话，自己没有真知灼见。

滔滔不绝

典出《开元天宝遗事》。

张九龄善谈论，每与宾客议论经旨，滔滔不竭，如下阪走丸也。

唐代时，有一个大臣叫张九龄，字子寿，一名博物，韶州曲江（今属广东）人。他中过进士，任过右拾遗。当时，吏部选拔人才，都由他和赵冬曦评定等第。开元二十一年（公元733年），张九龄任中书侍郎同中书门下平章事，主张不循资格用人，设十道采访使。

张九龄不但能很好地协助皇帝处理政务，他还是位很有才能的诗人。他善于言辞和辩论，每当和宾客们讲书论经时，总是滔滔不绝，像顺着斜坡滚弹丸一样，毫无阻碍。

开元二十四年（公元736年），因为奸相李林甫的攻击，张九龄罢相。

后人用"滔滔不绝"形容话多，连续不断。

信口雌黄

典出《晋书·王衍传》。

衍既有盛才美貌，明悟若神，常自比子贡。兼声名藉甚，倾动当世。妙善玄言，唯读《老》《庄》为事。每捉玉柄麈尾，与手同色。义理有所不安，随即改更，世号"口中雌黄"。

晋朝时候有一个叫王衍的，在晋武帝时做了太子舍人，后来又调做尚书郎等职。他从年轻的时候起，就喜欢清谈。做官以后，还是崇拜老子和庄子，整天讲"无为而治"的道理。因为他的才学很高，谈论很精辟透彻，因此，在当时享有很大的名气，许多读书人都佩服他，而且还模仿他的做法。

当王衍读解老庄玄理的时候，手里总是拿着一把玉柄拂尘表现出十分从容宁静的态度。而他有时把义理读解错了，就随口改正。于是人们说他是"口中雌黄"。雌黄本来是山里一种黄赤色的矿物。古时候的人写字用黄纸，写错了，都用雌黄涂抹。"口中雌黄"，便是随即改正说错的话的意思。

后来的人从此引申，便把人随口说出的没有根据、不负责任的话，叫作"信口雌黄"。

信誓旦旦

典出《诗经·卫风·氓》。

信誓旦旦，不思其反。反是不思，亦已焉哉！

古时候，有个小伙子爱上了一位美貌的姑娘。他借抱布换丝的名义，向姑娘求爱。俩人结婚后，一片恩爱之情。这位姑娘把家中百事一身担，爱夫之心没有变。可这个小伙子后来却变了心。他对待妻子横眉竖眼，百般虐待。

在悲苦无告的处境下，妻子回忆了前前后后的遭遇，非常痛恨丈夫。她责骂丈夫说："你说白头共偕老，想起这话使我怨。淇河滚滚也有岸，水注漫漫也有边。两小无猜共戏乐，说说笑笑玩得欢。明明白白发过誓，没想你会把心变。恨你变心不念旧，一刀两断就算完。"最后，她愤然决定和这个负心的丈夫一刀两断，彻底决裂。

后人用"信誓旦旦"指誓言说得极其诚挚。

言不由衷

典出《左传·隐公三年》。

言不由中，质无益也。明恕而行，要之以礼，虽无有质，谁能间之？

春秋初期，郑国是一个新兴的诸侯国。国君郑庄公是周朝的卿士，执掌朝中大权，根本不把周王放在眼里。当时，周平王是个软弱无能的人，一方面他不得不依靠郑庄公处理朝政，另一方面他对虢公忌父又十分信赖，曾想让他代替郑庄公管理朝政。郑庄公知道后，对周平王非常不满。周平王害怕，赶紧向郑庄公解释说："我并没有让他取代你的想法。"为了让郑庄公相信，周平王和郑庄公决定交换人质，周太子狐到郑国做人质，郑公子忽到周做人质。

公元前 720 年，周平王死后，平王的孙子周桓王（姬林）继承君位。周桓王也想让虢公忌父代替郑庄公做卿士，掌握政

权。郑庄公知道后很生气，于是在这年春天就派大夫祭足带领兵马，到周朝的温邑，把麦子全部抢割，运到郑国。到了秋天，祭足又带领兵马到周朝的成周，把那里的谷子全部割掉，运回郑国。从此，周朝和郑国之间的关系就更加恶化了，结下仇恨。

当时的史官在评论这件事的时候说："言语不发自内心，即使交换人质也是没有用处的。如果能够设身处地为对方着想，相互谅解而后行事，并用礼仪加以约束，虽然没有人质，又有谁能够离间他们呢？"

成语"言不由衷"即由此演化而来。意思是说出的话不是发自内心，形容虚伪敷衍、不说真话。

言过其实

典出《三国志·蜀书·马良传》。

先主临薨谓亮曰："马谡言过其实，不可大用，君其察之！"

三国时，刘备为关羽复仇，出兵伐吴，失败后退至白帝城，忧愤病倒。将要死的时候，刘备托孤给诸葛亮说："马谡这个人所说的话，往往夸大，言过其实，今后丞相用他时要格外谨慎。"刘备死后，司

马懿出兵攻打街亭，马谡向诸葛亮请求自己愿意去守街亭，结果因才智不够，弄得街亭失守。诸葛亮以马谡不听军令，挥泪把他杀了。

“言过其实”这个成语是指说话的人，语言浮夸，超过实际。

言犹在耳

典出《左传·文公七年》。

今君虽终，言犹在耳，而弃之，若何？

晋襄公去世后，因太子夷皋年少，晋人在立国君一事上感到十分为难。当时执掌国政的赵盾说：“襄公弟弟雍年长有经验，而且为人和善，晋文公重耳在世时，对他十分喜爱。雍的母亲是秦伯的女儿，与秦国关系友好，如果立他为国君，国内稳定，外邻友好，再恰当不过了。”大夫贾季说：“不如立襄公的另一个弟弟乐，乐的母亲很受晋怀公、晋文公的宠爱，立他，百姓一定高兴。”可是赵盾反驳说：“乐的母亲生活很放荡，地位也卑贱。立国君应该找一个与大国有良好关系的人，乐的母亲是陈国人，陈国小，遇事无法援助。”赵盾坚持立公子雍，而公子雍此时正在秦国，于是赵盾便派人往秦迎接。贾季也坚持要立公子乐，派人去陈国召来公子乐。赵盾非常愤怒，以贾季曾杀人为理由，废了他的大夫职位。太子夷皋的母亲缪嬴得知公子雍将回国，十分失望，日夜抱着夷皋在朝廷上痛哭。她诉说着：“襄公有什么地方对不起大家？太子又有何罪？国内的不立，反而去国外迎接，你们将怎样处置太子呢？”下朝后，她又抱着夷皋到赵盾家哭诉：“襄公生前把太子托付给你说，如果孩子成才，他便感激你；如果不成才，他便怨恨你。现在襄公死了，话还在耳边，你就抛弃太子，这是为什么呢？”

赵盾与诸大夫一向惧怕缪嬴，在她的再三逼迫下，只好答应立夷皋为国君，并派人阻止公子雍入境。

后人用“言犹在耳”形容对人家说过的话还记得很清楚。

言之凿凿

典出《聊斋志异·段氏》。

言之凿凿，确可信据。

从前有个大富翁名叫段瑞怀，年纪已经40岁了，膝下还没有儿子。他本想娶一个小妇人，但因其妻连氏十分妒忌，所以一直不敢。他与一女婢有私，连氏发觉后便把女婢卖给了河间一个姓栾的为妻。段瑞怀年岁日益增长，他的侄儿们都来向他要钱要粮，可段瑞怀一文不给。段瑞怀考虑自己无子，准备选一个侄儿为子，但侄儿们都反对。这时段瑞怀才后悔过去不该对侄儿那么坏。没有办法，他只得去买了两个妾，不久，二妾都怀了孕。但是两个妾的孩子一生下来就死了。过了一年多，段瑞怀中风卧床不起，众侄子乘机来家自取牛马什物。不久段瑞怀身死，众侄儿把他的财产分得精光。正分财产时，忽然一人前来吊丧。众人都不认识，便问他道：“你是何人？为何前来吊孝？”那人答道：“死者是我的父亲。”众人惊异，便问其故。来人说：“我母亲曾是你家婢女，后被卖出。她卖来栾家后，五个月就生下我来。我在栾家，众兄弟都不分财产给我，都说我是段家的儿子。”他“言之凿凿，确可信据”。连氏听了非常高兴，说道：“我今天有儿子了。”众侄儿听罢不服，于是告到官府。官府问明情况，将众侄儿夺去的财物尽皆收回，发还原主。

后人用“言之凿凿”形容说得非常真切，有根有据。

以讹传讹

典出《红楼梦》。

这两件事虽无考，古往今来，以讹传讹，好事者竟故意的弄出这些来以愚人。

一天，李纨、湘云、宝钗、宝琴、黛玉、宝玉等在一起做灯谜玩耍。李纨先说道：“我编了个《四书》上的，即‘观音未有世家传’，打《四书》一句，请大家猜一猜。”黛玉笑道：“我猜吧。可是‘虽善无征’？”众人笑道，猜对了。李纨又说道：“纹儿编了一个是‘水向石边流出冷’，打一古人名。”探春笑笑说：“是山涛吧？”李纨说：“猜得对。”宝钗听了后说道：“这些虽然很好，但不合老太太的意，不如做些浅近的，大家雅俗共赏才好。”湘云想了一想，笑道：“我编了一支‘点绛唇’，却真个是俗物，你们猜猜。”说着，便念道：“溪壑分离，红尘游戏，真何趣？名利犹虚，后事终难继。”众人听后都不解。宝玉想了半天说：“必定是耍的猴儿。”湘云笑道：“正是这个。”众人问：“那末一句怎么解释？”湘云回答说：“猴儿不是剁了尾巴的吗？”众人听了，都大笑起来。

大家笑过之后，李纨说：“昨天听薛姨妈说宝琴妹妹见的世面多，走的道路远，诗又做得好，请她编几个谜语让大家猜猜。”过了一会儿，宝琴笑笑说：“我走的地方不少，现挑了十个地方的古迹，做了十首怀古诗，每首诗暗隐俗物一件，请姐姐们猜一猜。”宝琴把诗写出来后，大家都争着看。看毕，大家都称奇道妙。宝钗道：“这十首诗，前八首都是史鉴上有据的，后两首却无从考查，是不是另做两首。”黛玉马上接口道：“后两首诗史鉴上无据何妨？宝姐姐太胶柱鼓瑟了。”

李纨也接着说："这两件事无古稽考不要紧，古往今来，以讹传讹者甚多，只管留着。"对后两首所隐之物，大家猜了半天都没有猜着。

后人用"以讹传讹"表示把本来不正确的话又妄传开去。

俞伯牙不遇钟子期

典出《警世通言·俞伯牙摔琴谢知音》。

俞瑞，字伯牙，相传生于春秋时代，楚国郢都（今湖北江陵县北）人，任晋国上大夫，善于弹琴。

一次，伯牙奉晋王之命，来楚国修聘。他因离楚十二年，思念故国江山名胜，待公事完毕，拜辞楚王，择水路绕道而回。行至汉阳江口，时当八月十五，中秋之夜。偶遇风雨，船只不能前进，停泊于山崖之下。伯牙独坐无聊，命童子焚香，捧出琴箱，置于案间。他亲自开箱取琴，调弦转轴，弹出一曲。曲犹未终，突然琴弦断了一根。伯牙大惊，按照古代说法，操琴断弦，不是有人盗听，便是遇有刺客。伯牙连忙叫左右的人上崖搜查。

原来有个樵夫，姓钟，名徽，字子期，因打柴晚归，避雨潜身岩畔听琴。俞伯牙令他上船相见，问其乐理，对答如流。伯牙大喜，将断弦重整，抚琴托思。弹到描写高山的曲调时，在旁听琴的钟子期说："善哉峨峨兮若泰山。"弹到描写流水的曲调时，子期又说："善哉洋洋兮若江河。"只两句话，就说中了弹琴者的心思。俞伯牙大惊，推琴而起，赞叹地说："相识满天下，知心能几人？"当即与钟子期结为兄弟。两人

相见恨晚，谈论至东方发白。临别相约明年八月十六日，再到此地相逢。

第二年，俞伯牙如期前来赴约。不料钟子期自遇伯牙，意气相投，回家后，买书攻读，白日采樵负重，夜间诵读辛勤，心力耗费，染成怯疾，不幸病亡。俞伯牙得此噩讯，悲痛欲绝。他来到钟子期坟前，取出瑶琴，挥泪两行，抚琴一操，寄以吊祭。邻近的山村乡民闻得朝中大臣来祭钟子期，围绕坟前，争先观看。但闻琴韵铿铿，不知其间，鼓掌大笑而散。俞伯牙见状，感慨万分，取出随身携带的小刀，割断琴弦，双手举琴，向祭台上用力把琴摔碎，大哭地说："摔碎瑶琴凤尾寒，子期不在对谁弹！春风满面皆朋友，欲觅知音难上难。"

"俞伯牙不遇钟子期"，比喻不再谈话或议论了。

指桑骂槐

典出《红楼梦》。

咱家所有的这些管家奶奶，哪一个是好缠的？错一点儿他们就笑话打趣，偏一点儿他们就指桑骂槐的抱怨。

贾政寿辰那天，宁荣二府的人丁都来祝寿，热闹非常。正在这时，那夏太监骑马来到贾府，直至正厅下马，满脸笑容，走至厅上，南面而立，肃然说道："奉特旨：立刻宣贾政入朝，在临敬殿陛见。"说毕，连茶也没喝，便乘马去了。

贾政等连忙整装入朝。入朝后才知道元春被封为凤藻宫尚书，加封贤德妃。喜讯传来，宁荣二府上下内外莫不欢天喜地，唯有宝玉"置若罔闻"。适逢贾琏与黛玉要回来，先遣人来报信，第二日就可到家了，宝玉听了方略有些喜意。

好不容易等到第二天中午，贾琏才把黛玉接到贾府里来。宝玉端详了一番黛玉，觉得她比以前越发出落得超逸了。宝玉便将北静王所赠茯苓香串珍重地取出来，转送黛玉。黛玉却说："什么臭男人拿过的，我不要。"说着便扔还宝玉，宝玉只得收回，暂且无话。

贾琏见过众人之后，便回自家房中，问及别后家中诸事，又谢凤姐的辛苦。凤姐说："我呀，见识又浅，嘴又笨，心又直，人家给个棒槌，我就拿着认作针了……你是知道的，咱家所有的这些管家奶奶，哪一个是好缠的？错一点儿他们就笑话打趣，偏一点儿他们就指桑骂槐的抱怨……"

后人用"指桑骂槐"比喻明指甲而暗骂乙。

众口铄金

典出《国语·周语下》。

故谚曰："众志成城，众口铄金。"

周时，景王有一天叫人去铸造无射的大钟，单穆公反对，他说出了许多道理去劝止他，但景王不听他的话，固执地去铸造大钟，等到铸造好后，乐人报告景王说钟声已和平了。景王去问州鸠，州鸠说："还不知道究竟怎样呢。"景王问他缘故，他又说："在上位的制造了乐器，能和百姓共同快乐，才能算是和平，现在财尽民疲，百姓们没有一个不怨恨朝廷的，我们做臣子的不知道它的和平在哪里。因为民众所欢喜的事，没有不济事的；民众所痛恶的，没有一桩事情能够成功的。所以有两句歌谣说：'众志可以成城，众口可以铄金。'在这 3 年里面，王铸钱造钟，弄得百姓怨声载道，我认为这两桩事情中，必须要废除一桩才好啊！"

"众口铄金"，意思是舆论的力量很强大，即使是其坚如金，也能将它消熔的。

转弯抹角

典出《水浒传》。

当下收拾了行头药囊，寄顿了枪棒，三个人转弯抹角，来到州桥之下一个潘家有名的酒店。

中秋之日，史进邀请少华山头领朱武、陈达、杨春前来庄上宴饮。正当他们在后园饮酒叙谈之际，忽听墙外喊声四起，火把乱明。史进上墙一看，只见华阴县县尉引着两个都头及三四百士兵前来捉拿朱武等人。史进并朱武等略为计议之后，即放

火焚烧庄院,带领小喽啰并庄客杀将出去。史进、朱武等杀散官兵之后，即来到少华山寨内，杀牛宰马，贺喜饮宴。

史进在少华山住了几日，辞别朱武等人去关西经略府寻师父王进。史进独自一人，夜住晓行，半月之后来到渭州。渭州也有一个经略府，史进想：“莫非师父王教头在这里？”于是史进走进一家茶坊寻问。茶坊主人不知王教头的去向。恰在这时鲁智深走进茶坊，于是史进便向鲁提辖施礼请问。当鲁智深得知史进是史家村的九纹龙时，喜不自胜，挽着史进的胳膊便要去酒店饮酒。

二人出得茶坊,在街上走了三五十步，只见史进原来的师父打虎将李忠在街上使枪弄棒卖膏药，于是史进、鲁提辖便邀李忠一同去吃三杯。“当下收拾了行头药囊，寄顿了枪棒，三个人转弯抹角，来到州桥之下一个潘家有名的酒店。”

后人用“转弯抹角”形容行路曲折很多。也用来比喻说话不爽直。

形貌篇

暴跳如雷

典出《孔雀东南飞》。

我有亲父兄，性情暴如雷，恐不任我意，逆以煎我怀。

刘兰芝17岁那年嫁给焦仲卿为妻。她到焦家上侍公婆，下抚弟妹，殷勤周到。可恨她婆婆性情古怪，苛刻凶狠。她规定刘兰芝每天除做家务事外，还要织绢五匹。刘兰芝起早贪黑、累死累活地做完了这一切，她婆婆还不满意，硬要把她赶回娘家去。刘兰芝与焦仲卿感情深厚，不忍分离。焦仲卿向他母亲跪拜求情，要求留下兰芝，但焦母十分专横，非要焦仲卿休弃刘兰芝另娶不可。

在焦母的威逼下，焦仲卿不得已，只好对刘兰芝说："我本来舍不得你，但母亲威逼太甚，我实在无法，只得望你回家暂避一下，过些日子我再来接你。"

两人含泪相叙，难舍难分。临别之时，夫妻俩都坚决表示：男不再婚，女不再嫁，彼此从一而终。可兰芝想：回家之后，母亲面前倒还好说，哥哥那关就难过了，因此她对焦仲卿说："我有亲父兄，性情暴如雷，恐不任我意，逆以煎我怀。"（我哥哥性情暴躁蛮横，回家之后，恐怕由不得我，很可能不能使我如愿。）

事情果如刘兰芝所料：回家之后，她哥哥立即逼她改嫁；兰芝不从，就在一个晚上投水自尽了。焦仲卿得到兰芝自尽的噩耗之后，悲恸欲绝，也于当天晚上在花园中自缢而死了。

后来"性情暴如雷"中的"暴如雷"被说成"暴跳如雷"。

后人用"暴跳如雷"表示急怒得蹦跳呼喊，好像打雷一般猛烈，用来形容人又急又怒的样子。一般含贬义。

不卑不亢

典出《红楼梦》。

他这远愁近虑，不亢不卑，他们奶奶就不是和咱们好，听他这一番话，也必要自愧的变好了。

一天吃过早饭，平儿到探春处聊天。平儿、探春和宝钗三人取笑了一回，便谈起正经事来。

探春认为她们住的园子应该改变一下管理办法，应从园子里的老妈妈中拣出几个老成本分、懂得园圃的人收拾料理。这样，一则有专人培养花木，园子会一年好似一年；二则不致白白糟蹋东西；三则老妈妈也可得点额外收益，不枉成年在园中辛苦；四则可以节省勤杂人员的开支。用这个办法可把园子管理得更好。宝钗点头笑道："善哉……"李纨也说："好主意……"平儿说："这件事须得姑娘说出来。我们奶奶虽有此心，未必好出口。"宝钗听了，忙走过来，摸摸平儿的脸笑道：

“你张开嘴，我瞧瞧你的牙齿舌头是什么做的？从早起来到这会子，你说了这些话，一套一个样子：也不奉承三姑娘，也不说你们奶奶才短想不到；三姑娘说一套话出来，你就有一套话回奉，总是三姑娘想得到的，你们奶奶也想到了，只是必有个不可办的原故——这会子又是因姑娘们住的园子，不好因省钱令人去监管……他这远愁近虑，不亢不卑，他们奶奶就不是和咱们好，听他这一番话，也必要自愧的变好了。”

后人用“不亢不卑”来表示既不高傲，也不自卑。“不亢不卑”也作“不卑不亢”。

步步金莲

典出民间故事。

南唐最后一个皇帝李煜对治理国家一窍不通，但却是个风流才子，琴棋书画、诗词歌赋无所不通。他尤其擅长的是填词和音乐。他的词在中国诗歌史上独树一帜，自成一派，有很高的研究价值。

有一天，李煜来到秦淮河上游玩，小船在轻风明月下慢慢荡漾，两旁是灯红酒绿的歌舞场。忽然，一阵歌声随风飘来，清脆婉转，娓娓动听。仔细一听，他才听出唱的正是自己写的《望江南》，于是便命随从驾船循声寻找那歌女。找到一家歌舞伎院，一看，唱歌的是一个妙龄少女，长得亭亭玉立，花容月貌，名字叫窅娘。李煜一见窅娘，非常喜欢，又看她能歌善舞，就把她带回宫去。此后，常常是李煜填词作曲，窅娘依照词曲载歌载舞，两人相得甚欢。

这年秋天，风和日丽，李煜带着窅娘在一片盛开的荷花池赏景。只见池内莲花朵朵，绿叶婆娑，美丽极了。李煜看得出了神，随口说：“如是有人脚如红菱，能在这摇摆的荷花上歌舞，真有如仙女一样了！”窅娘听了，心中一动。回到宫中，她就用长长的绸带把自己的脚缠成红菱形状，然后命人用金箔打造了8朵荷花。

一切都准备好了，窅娘就请李煜前来饮酒。酒席宴上，窅娘命人推上8朵金荷花，自己脱去鞋子，露出缠得尖尖的脚，在荷花上轻歌曼舞起来。她时而长舒广袖，时而轻盈跳跃，细腰袅袅，舞姿翩翩。李煜在一旁看得心旷神怡，不觉叹道：“真是步步金莲啊！”

从此，人们常把女人的脚叫“金莲”。据说也是从那个时候起，中国的女人以缠足为美，而且缠得越小越尖越好。

不翼而飞

典出《管子·戒》。

无翼而飞者声也。

又见《国策·秦策三》。

众口所移，毋翼而飞。

战国时，秦国派大将王稽去攻打赵国的都城邯郸，一连17个月都没攻下。这时，有个叫佚庄的人向王稽献计说："你为什么不赏赐赏赐部下呢？这样可以鼓舞他们的斗志。"王稽回答说："我执行的是秦王的命令，不用你多嘴多舌的。"佚庄见王稽这样骄横，非常生气地说："你独断专行，轻视士兵已经很久了，这是不对的。我听说，假如有3个人谎报街市上有老虎，听的人就会信以为真；如果有10个人弯一个木槌，就会把木槌弄弯；如果大家都口头传播一个消息，消息没有翅膀也会到处飞行。可见，民众的力量是很大的，你还是赏赐你的部下吧。"王稽始终不听佚庄的劝告。

后来，王稽的部下作起乱来，对战事更加不利，秦王非常恼火，就把他杀了。

后人用"不翼而飞"这个典故比喻言论和消息不待宣传就迅速地传播，有时也比喻东西突然丢失。

察言观色

典出《论语·颜渊》。

质直而好义，察言而观色，虑以下人。在邦必达，在家必达。

孔子有个学生名叫子张，有一次他去问孔子："读书人要怎样才能做到'达'？"孔子觉得子张的询问很不明确，就反问道："你所谓的'达'是什么意思？"子张说："做官的时候要有名望，居家的也一定要有名望。"孔子听了，摇摇头说："这个叫'闻'，不叫'达'。什么叫'达'呢？'质直而好义，察言而观色，虑以下人。在邦必达，在家必达'。"意思是说，品质好，遇事讲道理，又善于辨别人的言语，观察别人的脸色；在思想上愿意对别人让步。这种人，做官的时候就事事行得通，居家的时候也一定事事行得通。

后人用"察言观色"表示仔细观察别人的言语表情，见机行事。

沉鱼落雁

典出《庄子·齐物论》。

毛嫱、丽姬，人之所美也；鱼见之深入，鸟见之高飞，麋鹿见之决骤，四者孰知天下之正色哉？

春秋时，越国被吴国所灭后，越王勾践一心想洗雪耻辱，一方面卧薪尝胆，激励自己；另一方面物色美女，贡献给吴王，想用美人计来消磨吴王的志气，以达复仇的目的。诸暨的宋萝村有一个美女名叫西施，每日在溪边浣纱，溪中的鱼，见到西施的美丽，也觉得羞愧，不敢浮上水面，都沉到水底去。后来范蠡找到了她，把她献给吴王。由于西施貌美，迷惑了吴王，不理国政，勾践终于复国。

汉元帝时，挑选天下的美女入宫当宫女。当时有一美女王昭君被选，奸臣毛延寿因得不到贿赂，故意把昭君的画像弄得丑陋，把真的一幅送给番王。番王见昭君美丽，向汉朝索取，如果不给，就要派兵攻打作为要挟。汉朝为了避免战争，不得已献出昭君来求和，王昭君在出塞时，空中飞过的雁，惊讶她的美丽，竟坠入树林里面。

庄子的本意是鸟鱼不辨美色，只知道见人躲避。后来意义转变，人们用"沉鱼落雁"称赞女人的容貌美丽无比。

出水芙蓉

典出《诗品》。

谢诗如芙蓉出水。

南朝宋时，有一位著名的诗人叫谢灵运，原籍陈郡阳夏（今河南太康），后移籍会稽。他幼时寄养于外，族人都称他为客儿，世称谢客。晋末，谢灵运袭封康乐公，入宋以后，曾任永嘉太守、侍中、临川内史等职。

谢灵运诗才出众，其诗大都描写会稽、永嘉、庐山等地的山水名胜，善于刻画自然景物，开创了中国文学史上的山水诗一派。谢灵运的诗善于铺陈雕琢，某些篇章真实地反映了山川景物的自然美，给人以清新可爱之感。文学批评家钟嵘的《诗品》中说：谢灵运的诗像芙蓉出水一般清新可爱。

“出水芙蓉”即刚长出水面的荷花。这个成语原比喻诗写得清新，后常用来比喻女性的美丽。

车水马龙

典出《后汉书·明德马皇后纪》。

前过濯龙门上，见外家问起居者，车如流水，马如游龙。

前过濯龙门上，见外家问起居者，车如流水，马如游龙。意思是说：日前经过濯龙园门外时，见到马皇后的娘家问安的人极多，门前的车像流水般络绎不绝，马儿连着马儿像游龙那么长。

到了南唐时，李煜在他的作品中也有过这样的句子。李煜在金陵（今南京）接皇位后，外有强敌（宋朝）压境，内则国

库空竭，已是十分危殆。宋朝两度派人强迫李煜赴宋，李煜均加拒绝。后来宋便用武力攻陷金陵，李煜终成了宋太祖的阶下之囚。在拘禁之中，李煜感到孤独、寂寞、悔恨和凄凉，在这种悲惨的囚徒生活中，他只有晚上在梦中才能忘记白天的处境，在往事的眷恋中陶醉一下。他写了一篇《望江南》的词说：

“多少恨，昨夜梦魂中。还似只时游上苑，车如流水马如龙，花月正春风。”

李煜尝够了亡国之苦，心中有着“多少恨”！过去的生活多么热闹：“车如流水马如龙”，又多么美丽——“花月正春风”，但这一切都只能重温在“梦魂中”！

后来人们便把这句话简化为“车水马龙”，用来形容车马众多，络绎不绝的热闹情况。

垂头丧气

典出《昌黎先生集·送穷文》。

主人于是垂头丧气，上手称谢。烧车上船，延之上座。

又见《新唐书·宦者列传》。

自见势去，计无所用，垂头丧气。

唐朝末年，由于藩镇割据，中央的政治统治既软弱又腐败。唐昭宗李晔名为皇帝，实际上是个傀儡。当时，割据京城长安周围地区的是军阀李茂贞，割据黄河中下游地区的是军阀朱全忠（朱温）。由于这两股军阀势力比较强大，影响着朝政，所以朝中臣僚也分成了两派：一派以宦官韩全诲为首，站在李茂贞一边；一派以宰相崔胤为首，站在朱全忠一边。

天复元年（公元901年），朱全忠为了代唐自立，兵逼长安。李茂贞、韩全诲等挟持唐昭宗逃到凤翔（今陕西宝鸡至周至一带）。朱全忠率军继续西进凤翔，李茂贞抵挡不住，连吃败仗，最后弹绝粮尽，只好和朱全忠讲和。这时，韩全诲难堪极了，他是依附李茂贞的，又是朝中的宦官，现在，皇帝和李茂贞都要讲和了，他自己见大势已去，又无计可施，只好垂头丧气地等候朱全忠发落。后来，在朱全忠的威逼下，李茂贞交出了唐昭宗，并杀了韩全诲等人。

"垂头丧气"即低着脑袋，无精打采。人们常用这个成语形容失意懊丧、萎靡不振的样子。

春风得意

典出《登科后》诗。

昔日龌龊不足夸，今朝旷荡恩无涯。春风得意马蹄疾，一日看尽长安花。

唐朝时候，有一位著名的诗人，名叫孟郊，是河南洛阳人。最初在高山隐居，称为"处士"，性情十分耿直，因此很少有人与他合得来，只有大诗人韩愈和他一见如故。他们两人在诗的风格上也有相近的地方，常常唱和于诗酒之间。

孟郊的遭遇很不如意，这从他的诗里怨、伤、愁、病、饥、恨之类的字句可以看出来。他曾两次考进士不第，直至唐德宗贞元十二年才考中了进士，那时他已经50多岁了。穷困的生活磨失了旷达的气度，考中进士以后才开朗起来，他高兴地作了一首《登科后》的绝句，表达他当时愉快的心情。他在诗中说："从前那窘迫的日子是不值得夸耀的，今天我的心情忽然开朗了，才觉得皇恩没有边际。我愉快地骑着马儿奔驰在春风里，一天的时间就将长安的花儿看完了。"

后人用"春风得意"形容考上进士后的得意心情，也用来形容官场腾达或事业顺心扬扬得意的样子。

从容不迫

典出《庄子·秋水》。

儵鱼出游从容，是鱼之乐也。

庄周是宋国蒙（今河南商丘县东北）人。他做过蒙地方的漆园吏，因家境贫困，曾借粟于监河侯（官名），但拒绝了楚威王的厚币礼聘。庄周继承和发展了老子"道法自然"的观点，认为"道是无限的"，强调事物的自生自灭，否认有神的主宰。他的思想包含着朴素辩证法因素。

在《庄子·秋水》中，记载着这样一段有趣的对话：有一天，庄周和他的好友惠施在濠梁之上观鱼。庄周说："鱼在水里从容不迫地游，这是鱼的快乐啊！"惠施说："你又不是鱼，怎么知道鱼的快乐呢？"庄周说："你也不是我，怎么知道我不知道鱼的快乐呢？"惠施说："我不是你，固然不知道你，但你总不是鱼，不知道鱼的快乐是无疑的。"

后人用"从容不迫"形容不慌不忙，非常镇静。

大发雷霆

典出《三国志·吴志·陆逊传》。

今不忍小忿而发雷霆之怒。

公元229年，孙权称帝，国号吴，建都建业（今江苏南京）。当时，曹魏的当权者是魏明帝曹睿。曹睿是个荒淫无度又无真才实学的家伙，曹氏政权已失去了武帝曹操、文帝曹丕时的生气。魏国的辽东太守公孙渊见此情形，便偷偷地跟孙权结成同盟，孙权封他为燕王。但是，辽东和建业相距遥远，公孙渊担心一旦被魏国攻打，远水解不了近渴，和孙吴结盟并非上

策，于是又背弃盟约，杀了吴国的使臣。

消息传到东吴，孙权大怒，准备马上派大军渡海远征，讨伐公孙渊。名将陆逊见此情形，上书劝阻。陆逊指出：“公孙渊凭借着险要的地势，背弃盟约，杀我使臣，实在令人气愤。但现在天下风云变幻，群雄争斗，如果不忍小愤而发雷霆之怒，恐难实现夺取天下的愿望。我听说，要干大事业统一天下的人是不会因小失大的。”孙权觉得陆逊的意见很对，便取消了讨伐公孙渊的计划。

后人用“大发雷霆”比喻大发脾气，高声斥责。

大腹便便

典出《后汉书·文苑列传·边韶》。

边孝先，腹便便。

东汉汉桓帝时，有一位教书先生，名叫边韶，字孝先，曾做过临颖侯相、太中大夫，后来迁为北地太守、尚书令。

边韶勤奋好学，年轻的时候就已经以文章而知名于世了。他招收几百名学生，尽心尽力地给学生们讲书、批文。不过边韶有一个小毛病，喜欢打瞌睡，因为他身子胖，肚皮有些大，行动不那么敏捷，平时总是懒洋洋的样子，学生们看了常常偷着笑他。

有一天，边韶讲了一阵子书，累了，便朝学生摆摆手：“去吧，背书去吧！”他自己把肥胖的身子往后一仰，合衣躺在木床上，一会儿工夫就鼾声大作，呼呼地睡过去了。学生们看到他腆着肚皮睡熟了，几个人凑在一块，给老师编了一段顺口溜儿：

边孝先，腹便便，

懒读书，但欲眠。

学生们一边念，一边哄笑，把先生吵醒了。他听了学生为自己编的顺口溜儿，觉得挺有趣儿，在地上踱了两圈儿，忽然灵机一动，提笔也写了一首顺口溜，自己摇头晃脑地念起来：

边为姓，孝为字。

腹便便，五经笥。

但欲眠，思经事。

寐与周公通梦，

静与孔子同意。

师而可嘲，

出何典记？

他的这首顺口溜儿大意是说：

“我的肚子是大了点儿，不过里边装的尽是经书。我是爱睡觉，可是我在梦中会见周公。即使有片刻安静的时候，我也念记孔子的教诲！你们嘲笑先生，这规矩见于哪家的经典啊？”

学生们听他这一说，都惊得目瞪口呆，想不到先生有这样的才华，出口成章，做顺口溜儿也会教训人！那几位恶作剧的学生也窘得满面透红，偷偷溜出门外，老实地背书去了。

后人从中概括出“大腹便便”这个成语，用来形容人的肚子大。

返老还童

典出《神仙传》。

汉朝时候，有一位淮南王刘安，他虽然居高官，封王爵，但是还有一种非分的妄想，常常希望自己永远不死。听说有一种仙人是永远长生的，刘安便千方百计去研究和祈求变成神仙的方法。一天，有8

个老人去访刘安，自称是神仙。刘安的门人一向是趾高气扬，见这8位老人都是须眉皆白，老态龙钟，门人便拒绝通报，并说道：“人家说神仙是不会老、不会死、永远是青春的。你们却老得这样可怜，可见不是神仙，我看是骗子也说不定呢！”8位老人听后，都哈哈地笑起来，说：“你不高兴我们老吗？这容易得很，我们是可以马上返老还童，变成小孩子的。”说罢，8个老人皆转过脸来，不消一刻，都变做8个小孩子了，门人大惊，认为真是神仙，便给他们去通报。这便是“返老还童”一语的来历。

后人常用“返老还童”形容由衰老恢复青春。

汗流浃背

典出《后汉书·伏皇后记》。

操出顾左右，汗流浃背。

东汉末年，由于汉献帝软弱无能，曹操掌握了军政大权。建安元年（公元196

年），曹操把汉献帝迎往许昌，自己当了大将军及丞相，常常“挟天子以令诸侯”。当时，有个叫赵彦的议郎，是汉献帝亲信的谋臣，常给献帝出谋划策，因而遭到了曹操的忌恨，后来竟把赵彦杀了。献帝对曹操的这一暴行很气愤。有一次，曹操去朝见献帝，献帝警告他说：“你如果愿意辅助我，就忠厚一点儿，如果不愿意，就离开我。”曹操听了以后心里十分惊疑，从献帝那里走出来，汗水都湿透了脊背，此后很久没有上朝。

“汗流浃背”原来形容万分恐惧或惭愧。现在常用来形容满身大汗。

挥汗如雨

典出《战国策·齐第一》。

临淄之途，车毂击，人肩摩，连衽成帷，举袂成幕，挥汗成雨。

又见《晏子春秋·杂下》。

张袂成荫，挥汗成雨，比肩继踵。

春秋时代有个人名叫晏子，是齐国的相国。他很有才干，能言善辩，聪敏过人。

有一次，齐王派晏子出使楚国。因他是一个矮个儿，楚人想戏弄他，便在大门旁边另开了一个小门，让晏子从小门里进出。晏子见状偏不进去。他说：“出使狗国的人，才从狗洞进出；今天，我是到你们楚国来，不应该从这道门进出。”楚国人无话可说，只好让他从大门进去。

晏子见到了楚王，楚王又想戏弄他，便问：“齐国没有人吗？”晏子回答说：“临淄三百闾那里的人们‘张袂成荫，挥汗成雨，比肩继踵’（意思是他们挥一下衣袖，就会使大地成荫；他们挥一下额上的汗，就像天下雨一样；一到街上，人们就肩碰着肩，脚跟着脚），为什么没有人呢？”楚王说：“既然如此，为什么要派你来当使者呢？”晏子严肃地回答说：“我们齐国派使者的原则是：按其好坏，各有所用。好的使者就派往好的国家，不好的使者就派往不好的国家。我是最不好的使者，就派到你们楚国来了。”楚王又自讨没趣。尽管如此，他还是想再戏弄晏子一次。

有一天，楚王大办筵席，招待晏子。等他喝酒喝得快醉了的时候，有两个差役绑着一个人从楚王面前走过。楚王故意问道：“绑着的人是干什么的？”那差役故意大声说：“齐国人，做贼的。”楚王也斜着眼睛看了晏子一眼说：“齐国人原来惯于偷东西吗？”晏子严肃而郑重地说：“我曾经听说：‘橘子生在淮南是橘子，生在淮北就变为枳了。叶子虽很相似，但味道却很不相同。其所以如此，那是因为水土不同的缘故。’这个人生在齐国不偷东西，到了楚国就偷东西，这正是楚国的水土使他偷东西的嘛。”楚王听了晏子的话，不知如何回答，只得苦笑着自言自语地低声说：“圣人是不能同他开玩笑的，我算自讨没趣了。”

后人用“挥汗如雨”来形容天气太热，流汗甚多。

魂飞魄散

典出《元曲选·百花亭》。

可正是船到江心补漏迟，只看我魄散魂飞。我则索向前来陪着笑颜卖查梨。

北宋时河南洛阳有个贺妈妈，她生了

个女儿名叫贺怜怜。怜怜成人之后，人品俊秀，聪敏过人。

一年清明时节，母女俩出外踏青，贺怜怜在百花亭与汴梁才子王涣邂逅相逢。两人相遇，一见倾心，就订为婚姻。

不久，王涣来到贺家与贺怜怜结为亲眷。常言道：久住令人贱，贫来亲也疏。贺妈妈见王涣久住家中，又是一个穷秀才，便把王涣驱逐出门，并将其女怜怜另嫁给种师道手下一个军需官高常彬。从此，贺怜怜被高常彬关在承天寺内，不得与王涣相见。王涣与怜怜情意缠绵，怎忍分离！王涣为了见到怜怜，只得扮做卖查梨的混进承天寺。两人相见，倾诉衷肠，谈得格外亲热。正在这时，高常彬回来了，丫鬟连忙报知怜怜。王涣听说高常彬回来了，不觉大吃一惊道：“是得手忙脚乱紧收拾，意急心慌没整理。”高常彬闻声则问：“谁人在此，好无礼呀！”王涣心想：“可正是船到江心补漏迟，只看我魄散魂飞。我则索向前来赔着笑颜卖查梨。”他打定主意，连忙高声叫道：“卖查梨啊！”高常彬醉意朦胧地吆喝道：“滚出去！老子不买查梨。”

高常彬因喝醉了酒，没有注意到王涣便休息去了。怜怜趁机给了王涣盘缠，叫他往延安府投托经略麾下，建立功勋，以遂平生之志。王涣连忙向怜怜道谢，并说："决不辜负所望。"

王涣到了延安，受到了马步禁军都元帅种师道的赏识，并立了战功。他依照怜怜的临别之言，上告高常彬盗用官钱，强取民妻。种师道立即把高常彬捉拿归案，把怜怜判归了王涣，使其夫妇团圆。

后人将“魄散魂飞”说成“魂飞魄散”，用来形容惊恐万状，不知如何是好。

惊心动魄

典出《拾遗记·周灵王》。

窃窥者莫不动心惊魂，谓之神人。

又见南朝梁代钟嵘《诗品》。

文温以丽，意悲而远，惊心动魄，可谓几乎一字千金。

越国想灭吴国，便收集了天下的奇珍异宝、珍馐美味献给吴王，又把江南万户百姓送到吴国去当仆人，同时还把西施、郑旦两位美人献给吴王。吴王把这两个美人安置在椒房之内。两个美人当窗并坐，对镜理装之时，窃窥者莫不动心惊魂，谓之神人（凡是偷看西施、郑旦的人，没有一个不为之动心，不为之神魂颠倒，都称两个美人是神仙）。至于吴王，则全然被这两个美女迷住了，整天和她们一起作乐，不管国家大事。直到越国军队攻入吴国，吴王才带着西施和郑旦狼狈逃跑。

这里的“动心惊魂”是形容西施、郑旦美丽异常，诱人极深，使人神魂为之震动。钟嵘在《诗品》中则把“动心惊魂”说成“惊心动魄”，用来形容文字之美，动人心弦。

后人用“惊心动魄”来形容感受很深，震动很大。

乐不可支

典出《后汉书·张堪列传》。

捕击奸滑，赏罚必信，吏民皆乐用。匈奴皆乐为用。匈奴尝以万骑入渔阳，堪率数千骑奔击，大破之，郡界以静。乃于狐奴开稻田八千余顷，劝民耕种，以致殷富。百姓歌曰：“桑无附枝，麦穗两岐。张君为政，乐不可支。”视事八年，匈奴不敢犯塞。

刘秀称帝，建立了东汉，当时公孙述也在西蜀自称皇帝，刘秀派大司马吴汉率军前去讨伐，张堪被任命为蜀郡太守，跟吴汉一同出征。

吴汉的军队走了许多天，军粮补充不够及时，赶到蜀郡时，军粮只够吃7天了。吴汉担心断粮，不能打败公孙述，便想逃跑。于是派军士暗中准备船只，想从江上

逃走。张堪听到风声，急忙去见吴汉，对他说：“将军万万不可以走，胜利就在眼前。公孙述目前已是瓮中之鳖，只要我们坚持住，一定能打败他！”吴汉被他说服了，听从了他的计谋，使用少数兵马向公孙述挑战。公孙述亲自出城应战，战不到几个回合，就被汉军刺死在城下。吴汉和张堪顺利地攻入成都。

张堪是一个品行高尚、办事公正的人，自幼熟读经史，德行出众，曾有“圣童”的美称。他进入成都后，查点府库，封存珍宝，一件件地登记造册。然后报告给光武皇帝刘秀。他自己和部下对官府和百姓的财产秋毫无犯，成都的百姓对他的清廉十分称赞。

张堪后被任命为骑都尉，领兵击退匈奴的进犯。不久他又做了渔阳太守。他认真管理郡内的官吏，打击贪官污吏，奖赏有功官兵，又在狐奴地区开垦稻田八千顷，鼓励百姓耕种。所治之内，百姓富足，郡内安定，军民都很快活。他在渔阳做了8年太守，郡内没有发生一次动乱，匈奴也不敢再来侵扰。渔阳的百姓对太守非常敬仰，编了一首民谣颂扬他。

桑无附枝，麦穗两岐。

张君为政，乐不可支。

后来人们用“乐不可支”形容快乐到极点。

慷慨激昂

典出《史记·刺客列传》。

太子及宾客知其事者，皆白衣冠以送

之。至易水之上，既祖，取道，高渐离击筑，荆轲和而歌，为变徵之声，士皆垂泪涕泣。又前而歌曰："风萧萧兮易水寒，壮士一去兮不复还！"复为羽声慷慨。士皆瞋目，发尽上指冠。于是荆轲就车而去，终已不顾。

战国时燕国的太子丹曾被扣在秦国为人质，后来逃回来，见秦国有并吞六国的野心，当秦军靠近易水，逼临燕国边境时，他很忧愁,设法请了一位勇士去刺杀秦王。那个勇士名叫荆轲,太子丹待他非常恭敬。

荆轲受着燕太子丹的优待，但很久都没有要到秦国去的意思，太子心里非常着急。后来燕太子实在急了，荆轲才带了一把很锋利的匕首出发了。荆轲出发的时候，燕太子和他的臣子都穿了白衣服去送行。到了易水边上，将要渡河时，高渐离敲着筑，荆轲唱着歌，声音非常悲哀；一般勇士都流着眼泪，歌唱着"风萧萧兮易水寒，壮士一去兮不复还"。歌声慷慨而激昂，壮士们的眼睛都瞪得很大，头发也都竖起来。

三国时曹操作短歌，也有"慨当以慷"的话。"慷慨激昂"是说一个人的言语举止都是抱着英雄豪杰的气概，不可一世的样子，使人见到或听到了，都很相信他，敬服他。

慢条斯理

典出《儒林外史》。

老爷亲自在这里传你家儿子说话，怎的慢条斯理。

《儒林外史》是清代吴敬梓写的一部长篇讽刺小说。它通过生动的艺术形象，反映了封建社会末期腐朽黑暗的社会现象，批判了八股科举制度，揭露和批判了程朱理学和孔孟之道。

在这部小说的第一回"说楔子敷陈大义，借名流隐括全文"中有这样一段故事：有一个叫王冕的放牛娃，天性聪明，天文、地理无不通晓，特别是画得一手好画。他画的荷花，就像才从湖里摘下来贴在纸上的一样。因此，王冕的名字全县无人不知，无人不晓。但是，王冕既不求官爵，又不结交朋友，终日里在家闭门读书。

有一天，官府的一个差役奉了县太爷之命来找王冕画 20 幅花卉册页（装裱成册的单页小件字画）送给上司，王冕推辞不过，答应了。画好以后，知县时仁发送给王冕一些银子并约见王冕。王冕不肯赴约，时知县只好亲自来请。时知县带着一班人马来到王冕家门口，见大门关着，敲了半天，出来一位老太太，不慌不忙地说："我儿子不在家。"官府的差役见老太太怠慢了知县，说："县大老爷亲自来传你儿子说话,你怎么这么慢条斯理的！快说，你儿子到哪里去了，我好去传。"

后人用"慢条斯理"这个典故比喻说话做事慢慢腾腾。

门庭若市

典出《战国策·齐策》。

令初下，群臣进谏，门庭若市。

齐国大夫邹忌长得很英俊。有一天早晨，他穿戴完毕，对着镜子照了一会儿，问他的妻子道："我跟城北徐公比哪一个漂亮？"他妻子道："你漂亮极了，徐公怎能比得上你呀！"徐公是齐国著名的美男子。邹忌可有点不相信自己，又去问他的爱妾，他的爱妾也是这么说："徐公怎么比得上你呀！"第二天，来了一位客人，邹忌请他坐了，在谈话间，邹忌又提出这问题，那位客人说："徐公哪像你这样漂亮啊！"过了一天正好徐公到邹忌家来。邹忌仔细打量比较，知道自己的确不及徐公漂亮。那天晚上，他躺在床上想："我的妻子说我漂亮，是因为她偏爱我，我的妾说我漂亮，因为她惧怕我；我的朋友说我漂亮，是因为他有求于我。"

第二天，邹忌上朝见齐威王，将自己的想法和齐威王说了一遍，并从这件事情上联系到国家的政事，请齐威王要多听群臣的意见。齐威王连声说对。于是下令："无论朝廷大臣、地方官吏以及全国百姓，如果能够当面举出我的过失的，赐给上赏；能够上奏章规劝我的，赐给中赏；能够在朝廷里和街市上说我的过错，传到我耳中的，赐给下赏。"命令一下，群臣们都向齐威王提出各种规谏，一时川流不息，门庭若市。

这本来是记述邹忌用巧妙比喻规谏齐威王虚心接受别人意见的故事，后来人们根据进出规谏的人川流不息，引申出"门庭若市"这个词，用以形容某地热闹拥挤，来往的人很多。

眉飞色舞

典出《官场现形记》。

王乡绅一听这话，不禁眉飞色舞。

陕西同州府朝邑县城南三十里有个赵老头儿，他的孙子赵温参加了乡试，中了举人，得意非凡。为了庆贺，当下便筹办酒席大宴宾客，拜祭宗祠。赵老头除请邻居、姻亲、族谊外，还特别请了见过一面的王乡绅。到了十月初三那一天，新中举人赵温及其父兄亲邻等来到祠堂拜祭。祭罢祠堂，众人坐等王乡绅到来好吃喜酒。可是左等右等不见人影，直到太阳偏西，王乡绅才姗姗而来。王乡绅一到，立即开席。出席作陪的有一位王举人。王乡绅与王举人在酒席上叙谈起来，方知是本家。王举人比王乡绅小一辈，因此二人以叔侄相称。王乡绅酒到半酣，文思泉涌，议论风生，大谈学八股文章的苦处和妙用。他说："我 17 岁那年开笔做文章，老师要我读熟《制艺引全》。老师一天教我读半篇，因我记性不好，老是念不熟，为此，不知挨了多少打，罚了多少跪，到如今才掐得这两榜进士。唉！吃了多少苦，也还不算冤枉。"王举人听了，马上接口说："这才合了俗话说的'吃得苦中苦，方为人上人'。你老人家有此阅历，所以讲得如此亲切。"王乡绅一听这话，不禁眉飞色舞，拍着王举人的肩头说："老侄，你能够说出这样的话来，你的文章也就着实有功夫。……小子勉乎哉，小子勉乎哉！"说到这里，不觉闭着眼睛、摇头晃脑起来。

后人用"眉飞色舞"形容人非常高兴、得意的神情。

面面相觑

典出《三国演义》。

此时人困马乏，大家面面相觑，各欲逃生。

又见《续传灯录六海鹏禅师》。

僧问："如何是大疑底人？"师曰：

"毕钵岩中面面相觑。"

三国时代，曹操率兵攻打徐州，吕布趁此机会攻占了曹操的兖州和濮阳。曹操闻讯，急收军返回以保其家。

曹军日夜兼程来到濮阳，吕布引军与之大战。第一个回合，曹军大败，后退三四十里。部将于禁对曹操说："吕布的西寨兵卒不多，今夜可引军去袭击；如若得了此寨，布军必然恐惧。"曹操认为于禁说得有理，于是在当日黄昏时引军攻击。吕布的军队不能抵挡，四散奔逃。曹操夺了西寨后不久，吕布派出的援军便到了，于是三军混战。将到天明，吕布亲自引军来到。曹操势单，只得后退，但往北走，张辽、臧霸杀了过来；往西走，又有郝萌、曹性、成廉、宋宪四将拦住去路。在敌强我弱的情况下，众将死战，曹操当先冲杀，但箭如骤雨，无法前进。曹操无计可脱身，大叫："谁人救我！"叫声刚落，军队里一将奔出，此将乃典韦也。典韦飞身下马，插住两戟，取短戟数十支在手，对从人说："贼来十步乃呼我！"遂放开脚步，冒箭而行。当吕布的数十个骑兵追来，离典韦五步远时，典韦飞戟刺杀，一戟一人一马，无一虚发，立杀十数人，余众皆逃。典韦又飞身上马，挺一双大铁戟，冲杀前去。吕布部众抵挡不住，各自逃去。典韦杀散敌军，救出曹操。正当他们寻路归寨时，背后喊声大作，吕布纵马提戟赶来。曹操"人困马乏，大家面面相觑"。正慌乱时，夏侯惇引军来到，于是夏侯惇便截住吕布大战。两军斗到黄昏，大雨如注，乃各自收军。

后人用"面面相觑"形容做错了事或极惊慌时，不知如何是好的样子。

目瞪口呆

典出《元曲选·赚蒯通》。

项王见我气概威严，赐我酒一斗，生豚一肩，被我一啖而尽，吓得项王目瞪口呆，动弹不得，方才保得主公安全回还。

韩信被封为齐王以后，萧何觉得韩信兵权太大，恐日后夺取汉朝天下，于是找来樊哙，共商计策。萧何把他的担忧告诉了樊哙，并拍他的肩头说："朝内功臣虽然不少，但只有将军是天子的至亲，故请你来商量。"樊哙听了有些得意地说："丞相，想鸿门会上主公有难，某立碴鸿门而入。项王见我气概威严，赐我酒一斗，生豚一肩，被我一啖而尽，吓得项王目瞪口呆，动弹不得，方才保得主公安全回还。"樊哙说到这里，十分气愤地说："韩信本

是淮阴一饿夫，不料竟拜为帅！而今大事已定，可也罢了。那韩信手无缚鸡之力，有什么本事。只需寻一两个能干的人，唤他来，便可除后患。”

后人用“目瞪口呆”来形容因吃惊或害怕而发愣。

平易近人

典出《史记·鲁周公世家》。

鲁公伯禽之初受封之鲁，三年而后报政周公。周公曰：“何迟也？”伯禽曰：“变其俗，革其礼，丧三年然后除之，故迟。”太公亦封于齐，五月而报政周公。周公曰：“何疾也？”曰：“吾简其君臣礼，从其俗为也。”及后闻伯禽报政迟，乃叹曰：“呜呼，鲁后世其北面事齐矣！夫政不简不易，民不有近；平易近民，民必归之。”

周公是西周时期的著名政治家，他的名字叫姬旦，是周文王姬昌的儿子、周武王姬发的弟弟，因为采邑在周，所以称他“周公”。

周公辅佐周武王伐纣，灭掉了商殷；周武王死后，周成王年少，周公又代他摄政，亲自率领兵马东征，平定管叔、蔡叔的叛乱，而后又封邦建国，推行井田制，制定礼乐，建立各种典章制度，自己又注重礼贤下士，得到百姓拥护。

周公被封于曲阜为鲁公，但他没有去那里，仍旧留在都城辅佐王室。他派自己的大儿子伯禽接受封地，去曲阜为鲁公。

伯禽受封鲁地，去了 3 年以后才把那里的政治情况报告给周公。周公很不满意，就问他说：“已经 3 年了，才告诉我鲁地的形势，为什么这样迟呀？！”

伯禽答道：“我要改变那里的习俗，还要革新那里的礼法，花了 3 年时间才做完，所以来晚了！”

正巧这时姜尚也来报告齐地的情况。他受封于齐地，才过了 5 个月的时间，就来报告那里的政治形势。周公感到惊奇，

便问他说："你怎么这样快就报告情况呀？难道齐地的政治已经整顿妥当了吗？"

姜尚泰然自若地说："是的，一切都安定了，我是简其君臣礼，从其俗为也。"

周公沉思半晌，自言自语地说："唉，鲁的后世恐怕要败于齐了，齐地一定会胜过鲁地！政不简不行，不行不乐，不乐则不平易，不平易百姓就不归服。为政简易的，百姓必然亲近，百姓亲近、归服才能强盛啊！"

成语"平易近人"即由该文中的"平易近民"演化而来。现在用它表示态度和蔼，使人容易亲近。

千金一笑

典出《东周列国志》。

幽王曰："爱卿一笑，百媚俱生，此虢石父之力也！"遂以千金赏之。

西周的最后一代帝王周幽王，是历史上有名的暴君。他宠信虢公、祭公、尹珠这三个奸臣；对忠良伯阳父、赵叔带、褒珦等疏而远之。赵叔带以三川枯竭、岐山崩溃为国家不祥之兆，要求周幽王勤政恤民，求贤辅国。幽王不但不听，反将赵叔带驱逐出朝，永不任用。

大夫褒珦闻赵大夫被逐，急忙入朝进谏："大王不畏天变，黜逐贤臣，恐国本动摇，社稷难保。"幽王大怒，以褒珦有慢君之罪，下在狱中。

褒珦的儿子洪德知道这个昏君江山坐不长久，而且也深知他酷好女色，遂在褒村买到了一个绝代佳人，取名褒姒，献与幽王，以赎父罪。

褒姒生得眉似春山，目如秋水，指排削玉，发挽乌云，可说是羞花闭月之容，倾国倾城之貌。幽王喜出望外，即日纳入后宫，并传旨将褒珦开释。

这个褒姒也果然妖艳动人，周幽王把她放置在琼台之上，日夜追欢寻乐。

幽王的正妻申后听说天子获得一个妖妃，不理国政，心中不免忧戚。太子宜臼见母亲泪流满面，便借故来到琼台，乘父王不在时，把褒姒辱骂了一顿。幽王回来，褒姒便哭得像一株带雨梨花，使得幽王心都碎了。立即把儿子贬到申侯的国中，严加管束。

不久，褒姒生了一个男孩，取名伯服。在褒姒百般怂恿下，幽王废宜臼为庶人，立伯服为太子，并将申后打入冷宫。

母以子贵，褒姒从妃嫔的身份，一跃而为正宫娘娘了。

褒娘娘虽然宠擅专房，但从未开颜一色。幽王问："爱卿进宫以来，寡人从未见你一展欢颜，朝朝夕夕，召乐工鸣钟击鼓，品竹弹丝，你也全无悦色，究竟卿家所好何事？"

褒姒说："妾妃无他好，唯自喜闻手裂采绢之声，因其声清脆悦耳也。"

幽王遂即广取绸缎绫罗，派宫娥撕给褒姒听。褒姒虽然喜闻裂帛之声，但仍不笑。

幽王无奈，传下旨意："凡有人能致褒后一笑者，赏赐千金。"

虢公献计说："先生昔年因防御西戎入寇，曾在骊山之下，设有烽火台20所。如有贼寇进犯，就放起狼烟，直冲云天，附近诸侯，见烽火台起了狼烟，立即兴兵来救。今天下太平，烽火皆熄，大王何不携娘娘登骊山，举烽火，使各路诸侯见烽火而至，至则无寇，乘兴而来，败兴而返，娘娘必开颜一笑了。”

幽王大笑说：“此计大妙！”即便照计而行。果然，各路诸侯见骊山烽火起来了，这是多年不曾有过的事情，连忙马不及鞍，人不及甲，匆匆兴兵驰至骊山。幽王这时正在山顶与褒姒饮酒作乐。山下各路诸侯从四面八方跑得汗及重衾，来到山下，可是并无发生什么变故，大家都面面相觑，诧异不已。

幽王旋即传旨：“敬告各路诸侯，并无外寇侵犯，不劳诸公跋涉，请即回师。”大家只好偃旗息鼓，各回本国去了。

褒姒见诸侯匆匆而来，匆匆而去，并无一事，觉得愚笨得可笑，果然开颜一笑了。

幽王说：“爱卿一笑，百媚俱生，此虢公之妙计也。”乃赏赐虢公千金。

后来犬戎犯镐京，幽王再举烽火，诸侯仍以为戏，不至，西周灭亡。

后人用“千金一笑”比喻美人的笑容难得。

倾国倾城

典出《汉书·孝武李夫人传》。

汉代音乐家李延年既善于唱歌，又能创作歌曲。汉武帝时，他是宫中的乐师，很受武帝喜爱。

有一天，李延年在汉武帝面前一边唱歌，一边跳舞。他唱道：“北方有佳人，绝世而独立，一顾倾人城，再顾倾人国。宁不知倾城与倾国，佳人难再得！”

汉武帝对这首歌很感兴趣，他问道：“世界上真能有这样的绝代佳人吗？”

武帝的姐姐平阳公主说道：“李延年的妹妹，就是这样的佳人。”

汉武帝命人把李延年的妹妹带进宫中，一看，果然是个绝代佳人。汉武帝把她留在身边，封她为李夫人，对她非常宠爱。

李夫人原来是个歌伎，她进宫时日不久，便得病而死。汉武帝非常怀念她，让人为她画像，又让术士为她招魂，想和她再见一面。因为想念李夫人，汉武帝写了不少诗歌，抒发对李夫人的感情，如《悼李夫人赋》《李夫人歌》等。

“倾国倾城”的成语就是从李延年的歌中概括出来的。后人用其形容绝色的女子。

盛气凌人

典出《战国策·赵策四》。

左师触龙愿见太后。太后盛气而胥之。

又见宋人楼钥《攻媿集》。

时户部侍郎李公椿年建议行经界，选公为龙游县覆实官，约束严峻，已量之田隐藏亩步，不以多寡率至黥配，盛气凌人，无敢忤者。

战国时期，赵国国君赵惠文王死后，赵孝成王继位，因他年纪尚小，由赵太后（惠文王的妻子，孝成王的母亲）执政。秦国趁此时机派兵攻打赵国，赵军抵挡不住，先后被夺去3座城池。赵太后派人向齐国求救，齐国提出，只有让惠文王的小儿子长安君（赵孝成王的弟弟）到齐都临淄做人质，才能起兵援救。

赵太后非常疼爱小儿子长安君，不肯把他送到齐国去。秦国见此情况，加紧进攻赵国，形势十分危急。赵国的大臣们非常忧虑，纷纷提出劝谏，希望把

长安君送到齐国，争取齐国早日出兵。太后十分气愤，他向臣子们说："以后再有人提出让长安君去齐国做人质，我就用唾沫吐他的脸！"

老臣左师触龙求见太后。太后心想，这又是来劝谏的,她满脸怒气地等着接见。触龙慢慢走到太后跟前说："我的腿有病，走路困难，很久没来给您请安，今天来看看您。不知您身体怎样？饮食怎样？"太后看到他并未提起让长安君做人质的事，怒气逐渐消失。

触龙又说："我的小儿子舒祺很不争气，我已经很老了，非常疼爱他，希望能让他在王宫里当一名卫士，不知可否？"太后说："这事好办。你的儿子多大了？"触龙回答："15岁了。他虽然年少，但希望在我死之前对他有个安排。"太后问道："男人也爱小儿子吗？"触龙说："比女人爱得还厉害呀！"太后笑笑说："女人对小儿子是特别疼爱的。"触龙显出惊讶的样子说："我还以为您爱女儿胜过爱长安君呢！"太后摇头说："您说错了，我爱女儿怎么能比得上爱长安君呢？"触龙说："父母疼爱孩子，就要为他们的前途着想。您把女儿嫁给远方的燕王，并不是不想念她，而是为她的长远利益打算，希望她的子孙世世代代为王，难道不是这样吗？"太后点头说："是这样。"触龙接着说："如今您使长安君身居高位，封给他肥美的土地，让他拥有很大权力，但却不给他为国立功的机会。一旦您离开人世，长安君如何在赵国立足呢？所以我认为您没有为长安君的长远利益着想，您爱他不如爱您的女儿。"

触龙的一番议论使太后顿然醒悟，她欣然同意长安君去齐国做人质，齐国很快发兵救赵。秦国听说齐国发兵，便撤军回国，解除了对赵国的进攻。

成语"盛气凌人"便由"盛气而胥之"一句演化而来，用来形容傲慢自大，气势逼人的神态。

失魂落魄

典出《官场现形记》。

尹子崇虽然也同他周旋，毕竟是贼人胆虚，终不免失魂落魄，张皇无措。

尹子崇因为偷卖矿产被人告发，官府要捉拿，他逃回家中躲藏。一天，本乡知县老爷突然来到尹家，尹子崇吃惊不小，硬着头皮出来相见。那知县是个老滑头，本是来抓尹子崇到县衙的，他却笑嘻嘻地一面作揖、一面寒暄："哈哈，兄弟直到今日才听说你回府，没有及时来请安，抱歉之至！"尹子崇虽然也同他周旋，毕竟是贼人胆虚，终不免失魂落魄，慌张无措，一时连礼节都忘记了。自己坐到客人的位置上，知县暗暗发笑，从靴筒中抽出一件公文，递给尹子崇。尹子崇顿时吓得面色苍白。

知县见天色已经不早，便吩咐差役说："轿子准备好了吗？我同尹大人此刻就回衙门去！”尹子崇听见这话，明知逃脱不得，只好跟在知县身后，登上轿子。尹家的家眷看见他被县衙拉了去，早已哭成一片。可是知县毫不容情，摆摆手，抬轿人抬起轿子便奔往县衙去了。

后来用“失魂落魄”形容心神不宁、极度惊惶。

手舞足蹈

典出《文选·卜商〈毛诗序〉》。

咏歌之不足不知手之舞之，足之蹈之也。

又见《红楼梦》第四十一回。

当下刘姥姥听见这般音乐，且又有了酒，越发喜的手舞足蹈起来。

刘姥姥进大观园后，吃酒、游玩一切都很满意。一次喝酒，刘姥姥不慎打烂了瓷酒杯子，便说道，如果有个木头的酒杯，我失了手掉在地上也没得关系。凤姐听刘姥姥这么说，便对刘姥姥道:“木头酒杯我们这里有，但那是一套一套的，取来了你一定要吃遍一套才算！”鸳鸯听说，忙去屋里取来十个黄杨根子做的大套杯。刘姥姥看见木杯，又惊又喜。那大的杯子像个小盆子，那小的也比手里的杯子大两倍，杯上一色的山水树木人物，雕镂奇绝。刘姥姥拿着这奇特的杯子，兴高采烈地开怀畅饮。正在畅饮之际，又听得府内箫管悠扬，笙笛并发，那乐声穿林渡水而来，使人心旷神怡。当下刘姥姥听见这般音乐，且又有了酒，越发喜得手舞足蹈起来。

后人用“手舞足蹈”形容高兴到极点的样子。

谈笑自若

典出《后汉书·孔融传》。

建安元年，为袁谭所攻，自春至夏，战士所余裁数百人，流矢雨集，戈矛内接。融隐几读书，谈笑自若。

又见《三国志·吴志·甘宁传》。

宁受攻累日，敌设高楼，雨射城避，士众皆惧，惟宁谈笑自若。

三国时期，有一个著名的将领，名叫甘宁。他是巴郡临江（今四川忠县）人，字兴霸。他最初依附刘表，后来投靠孙权。他曾跟随周瑜，攻破曹操，进攻曹仁，跟随吕蒙抗拒关羽。因为有战功，他被任命为西陵太守、折冲将军。

赤壁之战曹操失败以后，向江陵撤退。孙权和刘备的联军乘胜追击，一直追到南郡（今湖北江陵县境）。驻守南郡的魏将曹仁以逸待劳，击败了吴军的先头部队。周瑜大怒，准备调兵遣将，与曹仁一决雌雄。甘宁上前劝阻，他认为南郡与夷陵互为犄角，应该先袭取夷陵，然后再进攻南郡。周瑜接受了他的正确建议，命他领兵攻取夷陵。

甘宁率军直逼夷陵城下，与魏军守将曹洪激战二十余回合，曹洪败走，领兵往南郡退逃。甘宁命令部下，迅速夺取夷陵。甘宁手下兵员很少，只有几百人，入城后立即招兵，也不过千人。当天黄昏，曹仁派曹纯和牛金引兵与曹洪会合，共聚5000人，把夷陵城团团围住。曹军架设云梯攻城，被甘宁守军击退。

第二天，曹军构筑高楼，然后士兵在高楼上向城中射箭，顿时箭如雨发，射死射伤不少吴兵。吴兵将此情况飞报甘宁。将士们闻听此讯，都有些害怕，唯独甘宁

有说有笑，同往常一样，毫不紧张。他命人收集曹军射来的数万支箭，并派优秀射手与魏军对射。由于甘宁率军沉着顽强地固守，曹军无法攻破城池。

后来，周瑜派来救兵，配合甘宁击退魏军。周瑜为甘宁解围后，亲自慰劳守城将士，并给甘宁记了一功。甘宁临危不惧，镇定自若，谈笑风生，在军中传为美谈。

成语“谈笑自若”即由此而来。自若，跟平常一样。这个成语是指在紧张和危险的情况下，有说有笑，同平常一样。

萎靡不振

典出《送高闲上人序》。

颓堕委靡，溃败不可收拾。

又见《宋史·杨时传》。

若示以怯懦之形，委靡不振，则事去矣。

北宋时，徽宗皇帝是一个昏庸的家伙。在金兵已经占领了大片北方土地的时候，他还征调大批老百姓从南方搬运奇花异石，运到国都汴京（今河南开封）修建宫殿，装点花园。对于抗金这件大事，他根本不放在心上，随便派了一个无能的童贯去当领兵元帅。童贯连吃败仗，结果金兵很快就打到了京城附近。

一天，宋徽宗正在饮酒作乐，听说金兵快打到汴京了，吓得不知所措，大臣们也慌作一团。这时，有一个叫杨时的大臣，从容地对大家说：现在的形势已经像干柴堆着了火一样危急了，朝廷应当赶快清醒振作起来，拿出抗金的决心和勇气，这样才能鼓舞人心，振作士气。如果还和过去一样委靡不振，胆小软弱，那么大宋王朝就没有什么指望了。

后人用“萎靡不振”比喻情绪低落，精神不振。

我见犹怜

典出《世说新语·贤媛》。

晋朝的时候，桓温公攻占四川，将李势的女儿掳掠过来为妾。桓温公的妻子南康长公主生性好妒忌。因此，桓温公一直瞒着她，将李姑娘藏在书房的后面，常常悄悄地去看望她，对她很怜爱。李姑娘一直幽居不出，如笼中的小鸟，任人玩弄于股掌之上，虽有家仇国恨，却无法报复，心中很是郁闷。

后来，南康长公主听到这个消息，很是气愤，回想这段日子，桓温公对自己的态度确实变了，心中陡生怒意，决定杀掉李姑娘。趁着桓温公不在府中的时候，南康长公主气势汹汹地带着几十名丫鬟去兴师问罪，个个手上都拿着寒光四射的刀子，直奔李姑娘住处。她们破门而入，正在镜子前梳头的李姑娘听到身后有响动，平静地转过身来，她秀长的头发乌黑晶亮，如瀑布般奔泻，似柳丝般飘垂，洁白的肌肤像玉一样，发出晶莹的光泽。南康长公主不由得看呆了，利刀“当啷”落地。她走上前去，抱住李姑娘动情地说：“啊呀，你是这般漂亮，连我见了也生了怜爱之心，何况桓温公呢。”

李姑娘不卑不亢地说：“国破家亡，本不该来这里享受荣华富贵，只是事出无

奈。今天如果被您杀掉，正好了却我以死报国的心愿。”

南康长公主心中更是感动，带人默默地退去。

怜：爱。“我见犹怜”形容女子美貌动人，惹人喜爱。

跳梁小丑

典出《宋史·张景宪传》。

宋代的张景宪曾做过淮南的转运副使，为人正直。当时在山阳有一个叫郑昉的官员，贪污腐败，他的很多亲戚都是达官要人，因此他在当地横行霸道，为非作歹。

张景宪上任后不久，经过周密的查实，终于将郑昉流放到岭外。这事影响极大，一些贪官污吏只得收敛起来。

后来，张景宪因有政绩被提升做了户部副使。元丰初年，张景宪做了河阳地区的最高行政长官。张景宪向皇上进

言说："那些骚扰边关的人，都是些跳梁小丑，但他们的老巢地处偏僻，地势险恶，易守难攻。假如皇上下命令调动大军前去攻打，路途遥远不说，万一供应部队的粮草给养跟不上，就会影响军心，士气败落，部队将陷于重重围困之中，那样反而对我们不利。"

皇帝说："你说的话非常有道理，但朝廷也是没有办法啊，出兵前去征讨只是不得已而为之，否则将不堪设想。"

听了皇上的话,张景宪便没再说什么。

后人用"跳梁小丑"指行为猖狂、到处捣乱的卑鄙小人。

小鸟依人

典出《旧唐书·长孙无忌传》。

唐朝初年，唐太宗任命褚遂良为谏议大夫。一天，唐太宗故意问他："你每天都要记载我的言行起居，我可不可以阅读啊？"

褚遂良答道："自古以来，帝王的言行善恶都要如实地记载下来，但没听说过皇帝自己可以过目的。"

"那如果我有什么不好的地方，你也照记不误吗？"

褚遂良又答道："凡是皇上有过的言行，我都得写上。"

唐太宗一次对司徒长孙无忌说："我听说君主贤明，大臣们就刚直不阿，人就怕缺少自知之明。你们常当面与我争论不休，评论我的功过得失，今天我也要评一评你们的长处与短处。"唐太宗先评价了长孙无忌，说他注意避嫌，才思敏捷，但带兵打仗不行。又评价了高士廉，说他遇到危难不变节，平日做官不结党营私，但不敢直谏。最后谈到褚遂良，说："遂良的学问大有长进，性格也很刚正，对朝廷坚贞不渝，对我很有感情，平日里一副飞鸟依人的模样，不由我不怜爱他呀。"

唐太宗临终前，指着褚遂良和长孙无忌对太子说："这两人都是忠臣，只要他们在，你就可以放心。"

后人把"飞鸟依人"一语演化为成语"小鸟依人"。意义也发生改变，现多比喻少女或小孩娇小可爱。

笑容可掬

典出《三国演义》。

果见孔明坐于城楼之上，笑容可掬，焚香操琴。

三国时，蜀国于建兴六年（公元228年）倾全国重兵出军祁山，向曹魏进攻。由于蜀将马谡言过其实，刚愎自用，而致街亭（在今甘肃庄浪东南）失守。魏司马懿率领的大军直逼西城。

当时，退守在西城的诸葛亮已无兵将可调遣。他登上城楼一看，只见东北方向上尘土漫天，魏兵已向西城杀来。诸葛亮逃跑已来不及，守城又无兵无将。正在为难之际，他忽然想起可用"空城计"的办法吓退司马懿。于是，他立刻传令下去：城头旗子一律藏起来；军中不准敲鼓；士兵们不准出来张望。一切布置好了以后，诸葛亮命令大开城门，城门口派几个老弱残兵洒扫街道，自己端坐在城门楼上，焚香抚琴，装得若无其事的样子。

司马懿的大军来到城下，见诸葛亮在城楼上笑容可掬，焚香操琴，怀疑城中有重兵埋伏，果然迅速退走。

“笑容可掬”即满面的笑容仿佛可以用两手捧取。后人用“笑容可掬”这个典故比喻内心的喜悦自然地流露于外。

兴高采烈

典出《文心雕龙·体性》。

叔夜俊侠，故兴高而采烈。

三国时的魏国，有一位文学家、思想家、音乐家叫嵇康，字叔夜，谯郡（今安徽宿县西南）人。他是曹魏宗室的女婿，官至中散大夫，世人称其为嵇中散。嵇康崇尚老子和庄子的学说，讲求举生服食之道，为魏晋时“竹林七贤”之一。嵇康因声言“非汤武而薄周孔”，且不满当时掌权的司马氏集团，遭钟会构陷，为司马昭所杀。

嵇康的文章写得很好，主要成就是散文，被鲁迅称之为“思想新颖，往往与古时旧说反对”。他提出“越名教而任自然”之说，主张回到自然，厌恶儒家各种人为的烦琐礼教。他的诗歌也很出名，尤其长于四言诗，风格清俊。南朝梁代的文学理论家刘勰所撰写《文心雕龙》在论及嵇康的性格和他的作品的风格时，称“嵇叔夜性高豪爽，他的志趣很高，文辞犀利”。

“兴高采烈”这几个字，原来是说嵇康的文章志趣很高，文辞犀利。后人常用来形容人的兴致高，情绪饱满。也形容呈现出的欢乐气氛。

欣欣向荣

典出《归去来辞》。

木欣欣以向荣，泉涓涓而始流。

陶潜，字渊明，他是晋代浔阳柴桑（江西九江县西南）人。曾祖陶侃是晋朝名将，渊明性情高尚文雅，学问非常渊博，诗文都很好。他不喜欢荣华富贵，饮酒赋诗和游山玩水是他的嗜好。后来因亲老家贫，勉强当了祭酒的官，因不惯于官场上的应酬，不久即辞职，后来又当了彭泽令。

他上任80多天时，朝廷差了一名督邮到县里来，他的部下教他戴着帽，束了腰带去迎接。陶渊明叹了口气说：“我不愿为了五斗米的俸禄，弯着腰去迎接权贵。”当天即交回印章，辞官回家去了。

陶潜回到家里，作了一首词，记述这件事。词的题目叫《归去来辞》，其中有一句“欣欣向荣”。这首词成为一篇有名的文章，一直流传到现在。

“欣欣向荣”形容植物茂盛；也比喻精神奋发昂扬或事业兴旺发达。

虚张声势

典出《论淮西事宜状》。

然则暗弱，自保无暇，虚张声势，则必有之。至于分兵出界，公然为恶，亦必不敢。

又见《红楼梦》第四回。

老爷明日上堂，只管虚张声势，动文书，发签拿人。

贾雨村授了应天府，一到任就遇到一个人命案子。这件案子的凶手是薛家的公子薛蟠，而薛家又是金陵一霸，因而就给贾雨村断案带来了麻烦。

贾雨村正要发签差公人将凶犯家属捉来拷问的时候，只见案旁一个门子给他使了一个眼色，叫他不要发签。雨村心中狐疑，退至密室与门子交谈。谈话中雨村方知这个门子是他的故人——葫芦庙里的葫芦僧，雨村笑嘻嘻地拉着葫芦僧的手要葫芦僧为

他了结此案出谋划策。葫芦僧把这个案子各方面的联系告诉了贾雨村，并为他想了一个两全其美的断案办法。葫芦僧说：“老爷明日上堂，只管虚张声势，动文书，发签拿人——凶犯自然是拿不来的，原告因是不依，只用将薛家用人及奴仆拿几个来拷问，小的暗中调停，令他们报个‘暴病身亡’……”贾雨村理解其中奥妙，便照此办理，第二天就把此案断了。贾雨村把案子了结之后，便急忙写信给贾政和京营节度使王子滕，说：“令甥之事已完，不必过虑。”贾雨村也因此得到上司的赏识。

后人用“虚张声势”来表示本无实力，故意假造声势来吓唬人。

扬眉吐气

典出《与韩荆州书》。

而今君侯何惜阶前盈尺之地，不使白扬眉吐气，激昂青云耶？

这是唐代诗人李白为了让韩朝宗举荐他而给韩朝宗写的一封信中的一段话。大意是劝韩朝宗不要舍不得台阶前面一尺宽的地方，给李白一个官职，好让他扬眉吐气，振奋得意地步步高升。

后人用“扬眉吐气”比喻摆脱了长期受压抑的境况，心情得到舒展，感到畅快高兴。

怡然自得

典出《列子·黄帝》。

黄帝既悟，怡然自得。

又见晋代陶潜《桃花源记》。

黄发垂髫，并怡然自乐。

晋朝孝武太原年间，武陵地方，有个打鱼的人。有一天，他顺着小溪捕鱼，忘了路程的远近，一直往前走，走进了一片桃花林。此处风景十分优美，为世上所罕见。渔人觉得奇怪，总想看看这座桃林到底有多远多宽。当他把桃林走完时，便发现山旁有一个洞，里面似乎还有光亮。他便走进洞去，初时道路狭窄，再走几十步，豁然开朗，简直是一片平原。平原上桃红柳绿，房舍俨然，男耕女织，怡然自得，人人过着自由幸福的生活。他们看见渔人进来，家家都设酒杀鸡，招待渔人。在言谈中，渔人才知道里面的人是他们的祖先为避秦代的祸乱，才逃进这个洞里来的。他们与世外隔绝多年，也不想再出去了。外面是个什么世道，他们也不知道。渔人在这洞中的平原里待了几天，受到各家各户的热情招待。当他辞别这些好客的主人们时，大家都告诉他："洞中情况，不要跟外边的人说。"

渔人出来后沿着原来的路往回去，还处处做了标记。到武陵后，渔人就把这事告诉了太守。太守马上派人去找那个世外的桃源，找来找去，毫无结果。

后人用"怡然自得"形容高兴而满足的样子。

辗转反侧

典出《诗经·周南·关雎》。

求之不得，寤寐思服。悠哉悠哉，辗转反侧。朱熹集注：辗者，转之半；转者，辗之周；反者，辗之过，侧者，转之留。皆卧不安席之意。

《关雎》是古代的一首恋歌，列《诗经》全书之首，也是十五国风的第一篇。《诗序》说此诗是歌咏"后妃之德"的，《鲁诗》则说是大臣（毕公）刺周康王好色晏起之作。现代一些研究者也有的以为是写上层社会男女恋爱的作品。

这首恋歌的大意是：河边有个采荇菜的姑娘文静又秀丽，一个青年男子求她结为情侣。追求她，求不到，日夜渴慕思如潮。相忆绵绵恨重重，躺在床上翻来覆去睡不宁。后来，两人终于结成情侣。

后人用"辗转反侧"形容心里有所思念，翻来覆去地不能入睡。

正襟危坐

典出《史记·日者列传》。

宋忠、贾谊瞿然而悟，猎缨正襟危坐。

西汉时，有一个叫司马季子的人，通天文地理，见识极高。他游学长安，以卖卜为生。

有一天，大夫宋忠和博士贾谊在一起谈论先王圣人之道术。贾谊说："我常听说，古之圣人，不在朝廷为官，必然在卜医者的行列中。现在朝廷中的三公九卿我们都见过了，不知卜者中是否还有能人。于是，他们二人便来到市井的卜肆中。当时，刚下过雨，肆上人很少，司马季子正由三四个弟子侍候着在那里谈天说地。宋忠和贾谊很恭敬地拜见了司马季子。司马季子请他们坐下之后，便滔滔不绝地讲了起来，语数千言，无不顺应天理。

宋忠和贾谊深为司马季子的博闻强记和表达才能所折服，二人揽其冠缨正其衣襟，恭敬严肃地说："看先生之状貌，听先生之言辞，实在是位了不起的人物，我们接触了许多知名人物，没有一个比得上先生的，你为何要身居卜肆干此卑贱之事呢？”司马季子听罢捧腹大笑，说：“贤明的人是不和不肖之辈同流合污的。”

“正襟危坐”即正其衣襟端端正正地坐着。形容恭敬严肃的样子。

趾高气扬

典出《左传·桓公十三年》。

楚屈瑕伐罗，斗伯比送之，还，谓其御曰：“莫敖必败，举趾高，心不固矣。”

春秋时期，楚国的武王派大将屈瑕带兵进攻罗国。楚国大夫斗伯比为他送行。回来的路上他对驾车的人说：“你瞧屈瑕走路把脚抬得高高的，有多神气。他太骄傲了，不把敌人放在心上，这次打仗他一定要失败！”

回来之后，斗伯比马上去见楚武王。他对武王说：“请您派援军快去帮助屈瑕吧！”

武王说：“那怎么可以呢？我们已经没有军队可派了！”

武王没有听取斗伯比的意见，回到宫中对他的夫人邓曼说：“你看斗伯比这人多怪，他明知我已无兵可派，却让我派兵去支援屈瑕！”邓曼想了一会儿，对楚武王说：“我看斗伯比的意思并不在于派援军，而是说屈瑕自以为是，不听人言，贪恃以前的战功，以为这次攻打罗国必然获胜，因而轻敌。你应该教训、告诫屈瑕。”

“哦，原来是这样！”楚武王明白了

斗伯比的用意，赶快派人去追回屈瑕，可是已经来不及了。

屈瑕将军队带到鄢水岸边，由于他毫无防备，又没有认真组织兵士渡河，结果在楚军过河的时候，遭到罗国军队的左右夹击，大败而逃。屈瑕一个人跑到山谷里上吊自杀了，其他的将领逃回楚国，向楚武王请罪。楚武王沉痛地说："这是我的过错，我没有多听听大家的意见，就派了屈瑕为将，才有今天的失败！"

后来人们就用"趾高气扬"形容骄傲自大、得意忘形的样子。

重足而立，侧目而视

典出《史记·汲郑列传》。

令天下重足而立，侧目而视矣！

西汉时，有一个大臣叫汲黯，字长儒，濮阳（今河南濮阳西南）人。汉武帝时任东海太守，继为主爵都尉。他性情刚直，常直言切谏。如果发现别人有什么过错，便毫不留情地加以指责，甚至汉武帝有什

么不对，他也敢当面提出。

当时，有个叫张汤的文官，因为擅长刑律法令，很受汉武帝重视。张汤制定的法令非常苛刻、残酷，汲黯对此很不满意。有一次，他们两人发生了争论，汲黯指着张汤骂道："天下人都说刀笔吏（办理文书的小官）不可以居高位，果然如此。如果定要按你张某的办法去做，天下人就会害怕得坐立不安，连正眼看东西都不敢了。"

"重足而立，侧目而视"这个成语的意思是，并拢脚站着，不敢前进；斜着眼看，不敢正视。后人用"重足而立，侧目而视"这个典故比喻非常恐慌的样子。

世态篇

白云苍狗

典出《可叹》。

唐代伟大的诗人杜甫曾经为另一位诗人王季友写过一首诗《可叹》。这王季友，好学，家贫，人穷志不穷，作风很正派。可是他妻子却嫌弃他，最终和他离了婚。有些人不了解内情，纷纷议论，把王季友丑化了。杜甫在诗中针对那些不公正的议论而发出感叹。它不叹王季友好夫没好妻，也不叹他好人没好运，叹的是：这样一个作风正派的人物，被说得那样的卑劣，可叹！作者在诗中就这样表示感慨：

天上浮云似白衣，
斯须变幻为苍狗；
古往今来共一时，
人生万事无不有！

诗用兴比起句，说：天上的浮云分明像件清白干净的衣服，一会儿却变成一只灰毛狗的样子了；从古到今都是这样，人生道路上形形色色的事儿哪样没有呢！

由于杜甫的这首诗，后人就借“白衣苍狗”来感叹人事和世态的变迁迅速、出人意料。但一般都说成“白云苍狗”。

彼一时，此一时

典出《孟子·公孙丑下》。

春秋时，燕国为了王位之争，发生大乱。

齐王召集群臣，说：“北边的燕国大乱，我决定起兵北上，望诸卿有力出力，有谋献谋，助我成功。”

文武大臣都主张出兵，孟子也主张出兵燕国，但是他认为出兵的目的不是贪图邻国的土地财富，也不是为了让燕国给齐王上尊号。孟子说：“天下动乱已有 500 多年，百姓期望出个圣主。上天给大王一个当圣主的机会，圣主是拯民于水火。出兵帮助邻国平定内乱，土地财物，一无所取，齐国在诸侯中带了个头——推行仁义，各国效法，那么三皇五帝之治就会在中国重现。”

齐王垂涎邻国的财宝不止一天了，孟子的话哪里听得进。齐军攻入燕国大肆烧杀掳掠，最后燕人反击，齐国大败。

孟子见自己的政见不被采纳，便辞官离开齐国。

孟子准备在齐国推行以仁义平天下的主张受到挫折后，难免心里不好过。学生充虞说：“老师像是很不愉快，以前我听您教导大家说：‘君子不怨天，不尤人。’现在怎么了？”

孟子说：“彼一时，此一时也。前些日子我可能真的不太愉快，可是现在我想到：500年之间，必定会出现行仁义的王者，其间还必定会有协助王者的人士。从周朝开国以来，已有700多年了，照500年的期限，现在正是有所作为的时候。除非天意不想平治天下，如果要平治天下，当今世上，除了我还有谁能够担当这个重任的呢？现在我为什么还会不高兴呢！”

彼：那。此：这。“彼一时，此一时”形容时势不同，情况也随之发生变化。

不识时务

典出《后汉书·张霸传》。

霸名行，欲与为交，霸逡巡不答，众人笑其不识时务。

东汉献帝时，因政权完全操纵在大臣们手里，汉室已面临覆亡的危险，刘备是皇室的子孙,很想找机会挽救汉朝的危机，但是东奔西走，总是没有好的根据地。有一天，他特地去拜访隐士司马徽。司马徽是当时很有才学的人，他对刘备说：“我很久就听说你的大名了，你为什么总是东奔西走的没有一个好的根据地呢？”刘备说：“这也许是我的运气不好，八字生得不巧呀！”司马徽道：“不是的，是没有好的人才扶助你的缘故。”刘备说：“我自己虽然没有才能，但是我的左右都是能干的人，文有麋竺和简雍，武有关羽和张飞，不能说没有人才。”司马徽说：“麋、简二人只能算是普通的文人，没有多大帮助。关羽和张飞虽然有万夫不当之勇，毕竟是武将之流，不是通权达变的人才。至于麋竺、简雍二人，他们对你没有多大帮助，因为他们都是白面书生，是不识时务的人。识时务的人，才可以称得起是俊杰，你要找到识时务的人来辅助你，才能成大功立大业。”

后人把“不识时务”引申出来，比喻人眼光狭窄，认识不了时势。

差强人意

典出《后汉书·吴汉传》。

汉性强力，每从征伐，帝未安，恒侧足而立。诸将见战阵不利，或多惶惧，失其常度。汉意气自若，方整厉器械，激扬士吏。帝时遣人观大司马何为，还言方修战攻之具，乃叹曰：“吴公差强人意，隐若一敌国矣！”

东汉光武帝刘秀的时候，外乱为患，汉兵讨伐，节节失利。当时许多将官见到这种情形，都惊慌失措，个个慌了手脚；光武帝看见他们这样都着了慌，心里也有点动摇了。沉思良久，忽然想起了名将吴汉，觉得他颇有胆略，于是派人去看看吴汉的情况是怎样的。不久，派去的人回来向光武帝回报道：“大司马吴汉现在正督率部下修理战具武器呢！”光武帝细细一想，毕竟这个人，跟那般酒囊饭袋不同，所以赞叹着说："吴公还是可以振奋人心的。"

"差强人意"一直沿用，本指尚可振奋人心，后用以表示还比较使人满意。

得过且过

典出《辍耕录》。

五台山有鸟名寒号虫……比至深冬严寒之际，毛羽脱落，索然如鷇雏，遂自鸣曰："得过且过。"

从前在五台山有一种奇特的小鸟，名叫寒号虫。寒号虫有四只脚，两只肉翅，不会飞行。盛夏季节是寒号虫最快乐的日子，它全身长着绚丽丰满的羽毛，鲜艳夺目，使百鸟十分惊羡。这时，寒号虫得意扬扬，整天走来走去，到处找别的鸟比美。它一边走一边唱道："凤凰不如我！凤凰不如我！"

夏去秋来，有些鸟飞向遥远的南方，到那里去过冬；留下的鸟整天辛勤劳碌，积粮造窝，准备过冬。只有寒号虫仍然游游逛逛，到处炫耀它那身五光十色的羽毛。

秋去冬来，寒风呼啸，雪花飘舞。别的鸟在秋季都换上了一身又厚又密的羽毛，迎接寒冬的到来。寒号虫却与众不同，到了冬天，它那身漂亮的羽毛脱得光光的，一根毛也没剩下，就好像还没有长毛的鸟崽。夜晚，全身光秃秃的寒号虫躲藏在石缝里，凛冽的寒风不断袭来，冻得它浑身直打哆嗦。它不断地咕噜道："好冷啊，好冷啊，明天就做窝，明天就做窝。"可是，当寒夜过去，太阳从东方升起，温暖的阳光照耀大地，寒号虫却忘记了前夜的寒冷，忘记了要做窝的决心，它又说："得过且过！得过且过！"

寒号虫始终也没有做窝，就这样一天天的混日子，最后冻死在五台山的岩石缝里。

成语"得过且过"即由此而来，意思是过一天算一天，不作长远打算。现在也指工作、学习中只求过得去即可。

狗咬吕洞宾

典出《红楼梦》。

相传吕洞宾早年有个拜把兄弟苟杳，父母双亡，家境贫寒。吕洞宾把他接来住在自己家里，勉励他苦心攻读，争取功名。苟杳十分感激，整日刻苦读书。有个朋友看上苟杳，想将妹妹许配给他。吕洞宾原先怕误了苟杳的前程，想要推托掉，后来知道苟杳有心与她成亲，便说："既然贤弟主意已定，我也不阻挡了。不过成亲之后，我要先陪新娘住三天。"苟杳一听，

不禁愣了，但思前想后，最后还是咬着牙，勉强地答应了。

娶亲三天，苟杳天天躲到一边，暗地里失声痛哭。好不容易过了三天，苟杳刚进洞房，见新娘伤心落泪，连忙上前赔礼说："娘子，太委屈你了！"新娘只管低头哭着说："郎君，何故三夜都不上床同眠，只是对灯读书，天黑而来，天明而去？"这一问，问得苟杳目瞪口呆。半天，他才醒悟过来，双脚一跺，仰天大笑："原来哥哥怕我贪欢忘了读书，就用此法激励我。哥哥用心，可谓太狠啊！"从此，苟杳愈加奋发攻读，果然金榜题名，夫妻辞别吕洞宾家，赴任做官去了。

几年后，吕洞宾家中失火，财产殆尽，日食难度。他经不住妻子再三督劝，只好前往求助于苟杳。苟杳夫妇知吕洞宾遭此大难，相见后连忙安慰他说："哥哥不必过于焦虑，小弟自有妥善安排。"可是一晃十几天过去了，苟杳除天天盛筵招待外，根本不谈如何资助。吕洞宾心想：肯定苟杳忘恩负义，不肯相助了。一气之下，便怒冲冲地离开苟府。他想回家，身无分文，只好沿途求乞。后来，有个外地人听他讲了苟杳负义的事，深表同情，给了几两文银当路费，他才返回家乡。可是，吕洞宾回到自己家时，见到原先被烧废的楼房又重新盖起来了。新房两边的大门贴着白纸。他慌忙撞进大门，看见屋中停着一口大棺材。妻子全身披孝，正在号啕大哭，猛然见到吕洞宾，惊恐万状，胆战地问："你是人，还是鬼？"吕洞宾愈加诧异不解。

原来吕洞宾到了苟杳府上，苟杳就叫人来帮他重整家园。前天中午有人抬口棺材进来，说吕洞宾在苟府突然病死了。吕洞宾听妻子这么一说，知道是苟杳搞的把戏。他气愤地将棺盖揭开，只见里面全是金银财宝，上面还有一封信，写着："苟杳不是负心郎，路送银，家盖房。你让我妻守空房，我让你妻哭断肠！"吕洞宾看完，如梦初醒，深悔自己不识好人，错怪了苟杳。他苦笑说："贤弟，你帮我也帮得好狠啊！"

故事传到后来，讹为"狗咬吕洞宾"，比喻把好心误认为是恶意。

好好先生

典出《古今谭概》。

东汉末年，颍川有个名士名叫司马徽。刘备在投奔荆州牧刘表以后，暂驻新野。他听说司马徽是当地名士，便专程前去拜访他，诚恳地邀请司马徽做自己的谋士，共图大业。但司马徽自谦才疏学浅，不堪重任。他向刘备推荐了诸葛亮和庞统两人，使刘备成就了大业。

但是，司马徽在明代冯梦龙写的笑话集《古今谭概》中却成了一个"好好先生"，别人无论和他讲什么事，不管是好是歹，他都回答说"好"。

有一天，他在路上碰到一位熟人。那人问他身体怎么样，一向可安好？他回答说："好。"

又有一天，有个老朋友来到他家，十分伤心地谈起自己的儿子死了，司马徽也说："很好。"

等他朋友走了，他的妻子责备他说："人家以为你是个有德行的人，所以相信你，把心里话讲给你听，可是你听说人家儿子死了，反而称好，这算什么？"

司马徽不紧不慢地回答说："好！你的话讲得很好！"

妻子听了，一时哭笑不得。

"好好先生"指不分是非，与人无争，不坚持原则，不得罪人。

侯门似海

典出《赠去婢》。

侯门一入深如海，从此萧郎是路人。

唐代时，有一位叫崔郊的秀才，他的姑母家里有一位端庄美丽，天赋歌喉的使唤丫头。崔郊很爱她，她也很敬慕崔郊。崔郊的姑母不知这一情况。由于家境贫困，姑母后来将这位婢女卖到了大官的府第中。

崔郊非常想念她。但高官的府第门禁森严，普通人怎么进得去？从此，崔郊一直没见着这位心上人。有一年的清明节，崔郊偶然遇见了她。她已是官家的人了，不敢和崔郊打招呼，崔郊也不敢上前问询。两人四目相对，竟如咫尺天涯。崔郊心里很难过，但又无法向人诉说，便写了一首诗《赠去婢》。

"公子王孙逐后尘，绿珠垂泪滴罗巾，侯门一入深如海，从此萧郎是路人。"

后人用"侯门似海"（也作侯门如海）形容显贵之家门禁森严，普通人无法进入。

既往不咎

典出《论语·八佾》。

哀公问社于宰我。宰我对曰："夏后氏以松，殷人以柏，周人以栗，曰，使民战栗。"子闻之，曰："成事不说，遂事不谏，既往不咎。"

春秋时期，鲁国的君主鲁哀公问孔子的弟子宰我，土地神的神主应该用什么树木制作。宰我回答说："夏朝人用松木，殷代用柏木，周代用栗木。栗木意思是使人民害怕得战战栗栗。"孔子听到宰我的回答，大为不满，他责备宰我说："已经做过的事不用再解释了，已经完成的事不要再规劝了，已经过去的事不用再追究了。"

另外在《旧唐书》中也有"既往不咎"的故事：公元 619 年，唐高祖李渊派大将李靖到夔州进攻梁国。部队推进至硖州，被梁国部队阻击，无法继续前进。李渊以为李靖留恋硖州，不肯前进，于是下令将李靖斩首。都督许绍极力替李靖说情，方才免于一死。

后来，冉肇则出兵袭扰夔州，李靖带领 800 士兵迅速攻占冉肇则的营地，杀死冉肇则，俘虏 5000 人，取得很大胜利。李渊听到这个消息，非常高兴，他嘉奖李靖时说："过去的错误不再追究，那些旧事我早已忘记了。"以后李渊任命李靖为行军总管。公元 621 年，李靖率军从夔州顺流而下，围攻江陵，梁国萧铣投降。

成语"既往不咎"即由此而来。意思是以往做错的事不再追究。这个成语亦称"不咎既往"。

见怪不怪

典出《艺文类聚》。

见怪不怪，其怪自败。

传说，魏元忠没有做大官的时候，家境不甚富裕。有一天，丫头正在煮饭，忽然来了个老猿为她烧火。她很惊异，赶快去告诉魏元忠。元忠镇静如常地说："老猿知道我没有什么仆人，所以来帮我的忙。"又一次，元忠大呼一个老仆，老仆没有答应，一只狗却答应了。元忠并不奇怪，反说："这真是一只忠顺的好狗啊！"又一次，元忠独坐，有一群老鼠恭恭敬敬地站在他面前。元忠也不惊异，反说："你们是饿了想吃东西吧？"有一天，深更半夜，忽然有几个妇女出现在元忠床前。元忠毫不惊诧，对她们说："你们能不能把我抬到院里去？"妇女一齐动手，把元忠抬到院里去了。元忠又说："你们能不能把我抬回堂屋去？"妇女们又把元忠抬到了堂屋。元忠又说："你们能不能把我抬到街上去呢？"那几个妇女没有再抬，向元忠行了一个礼就走了。临走时妇女们说："他是一个好人，我们不要戏弄他了！"为此，有人就说："见怪不怪，其怪自败。"

后人用"见怪不怪"表示看到怪异的事物，镇静如常，不大惊小怪。

口蜜腹剑

典出《资治通鉴·唐纪玄宗天宝元年》。

唐玄宗时，宰相李林甫善于谄媚逢迎，看皇帝眼色行事，并对玄宗喜爱的心腹宦官和宠妃也想方设法讨好卖乖，取得他们

的欢心。他就是依靠这种本领，高居宰相之位达 19 年之久。

平时李林甫和同僚们接触，总是装出一副态度恭谦、平易近人的模样，实际上却非常阴险狡猾，手段毒辣。他专门同有权有势的人结交，结成帮派，壮大自己的势力。凡是有才学有见识的人，他都非常妒忌，如果哪位官员功业超过他，被皇帝重用，地位威胁到他，他一定要想方设法把这个人除掉。

为了掌握唐玄宗的一言一行，李林甫用金钱玉帛买通了宦官和皇帝的嫔妃，因此唐玄宗那儿有什么消息，他马上就能知道。有一次他听说唐玄宗要重用兵部侍郎卢绚，便立即把卢绚调到外地，不久又把卢绚降职，却对唐玄宗说卢绚有病，不能重用。又有一次，他打听到唐玄宗想重用严挺之，就把严挺之请到京城来看病，然后告诉唐玄宗，说严挺之年老体衰，正在治病。他就这样玩弄两面三刀的手腕，妒贤嫉能，陷害了很多才能比他高的人。因此，大家都说他口蜜腹剑，对他十分痛恨。

口蜜：说话甜蜜好听。腹剑：肚里藏着利剑。“口蜜腹剑”比喻口头说话好听，肚里却满是暗害人的主意。

梁上君子

典出《后汉书·陈寔传》。

汉桓帝时，陈寔曾任太丘长。他出身低微，很能体谅劳动人民的疾苦。他为人正直，无论做什么事都严格要求自己，成为乡里人的表率和榜样。

当时年成不好，人民的生活十分困难，乡里有些人由于日子实在过不下去了，就铤而走险干起了偷鸡摸狗的勾当。

有一天晚上，一个小偷钻进了陈寔的家，躲在房梁上，以便相机行事。陈寔偶然间发现了梁上的小偷，但他不动声色，起床把儿子、孙子都叫了进来，严肃地教训他们说：“作为一个人，一定要时时刻刻地勉励自己，才能有出息。有一些做坏事的人，他们的本质并不坏，只因为染上了坏习惯，而又不知道克制自己，只一味地任其发展，养成了做坏事的习惯，最终成为坏人。你们抬起头来，看看这位梁上君子吧，他就是这样的人。”

梁上的小偷听后，感到非常惭愧，连忙爬下来，向陈寔叩头认罪。陈寔说道：“我看你模样并不像一个坏人。你要记住我刚才所说的话，从此学好，别再当小偷了。”

他又送给小偷两匹绢，并派家人把他送回家。这件事传出后，乡里人非常敬佩他。一些做坏事的人，在陈寔的教诲下，也纷纷改过自新。

窃贼行窃时，往往躲在屋梁上，故名梁上君子。亦可比喻上不着天、下不沾地、脱离实际的人。

弄假成真

典出《元曲选 · 无名氏〈隔江斗智〉二》。

那一个掌权的怎知道弄假成真。

又见《三国演义》第五十五回。

却说孙权差人来柴桑郡报周瑜，说："我母亲力主，已将吾妹嫁刘备，不想弄假成真。此事还复如何？"

东汉末年，刘表死后，刘备占据了荆州。东吴以杀退曹兵，救了刘备为由，前来索取荆州。但当时刘表的儿子刘琦尚在，所以商定，等刘琦死了，就将荆州归还东吴。后来刘琦去世，东吴派鲁肃来要荆州。诸葛亮说，要等到夺得安身之处以后才能归还。周瑜和鲁肃怕没讨来荆州不好向孙权交代，便设了一计：趁刘备丧妻，必将续娶之机，假意将孙权的妹妹许配给刘备，待刘备来东吴以后，把他囚在狱中，以换荆州。

谁知刘备到东吴以后，被国太看中，又经乔国老反复说和，真的把孙权的妹妹许配给了刘备，并在东吴成了亲。孙权派人将此消息报给在柴桑郡的周瑜说："我母亲已经做主将我妹妹嫁给了刘备，你们设的计策弄假成真了。"

后人用"弄假成真"比喻假意做作，后来竟成了真事。

扑朔迷离

典出《木兰诗》。

雄兔脚扑朔，雌兔眼迷离；双兔傍地走，安能辨我是雄雌？

古时候，流传着一个木兰替父从军的故事。木兰是一个善良勤劳的农家姑娘，整天忙着纺线织布。有一年北方边境上发生战事，皇帝下诏书在百姓之中征兵参战。征兵的名册上卷卷都有木兰父亲的名字。可是父亲年老体弱，怎么能上战场去打仗呢？弟弟年纪还小，也不能替父亲去从军。这可怎么办呀？木兰忧愁得吃不下饭，睡不好觉，整天长吁短叹。一天，她忽然想到：我替父亲去应征，女扮男装，不就解决了难题吗？木兰是个坚强果断的姑娘，说到做到。她跑到市场上买来骏马，又购置了鞍鞯、辔头、马鞭，跟着同村的男子们一块儿出征了。

木兰这一去就是10年，风餐露宿，爬山过河，出生入死，转战千里。将士和同伴们许多死在疆场，木兰侥幸地活着回来了。军队打了胜仗，天子犒赏凯旋的功臣。天子问木兰：“你立了功劳，你想要什么，只管说吧！”木兰回答说：“我多大的官也不想做，多么值钱的宝贝也不想要，我唯一的请求是骑上千里马，让我早点儿回到家乡去！”

皇帝答应了木兰的请求，木兰很快就回到了自己的家乡。家里人看到久别重逢的木兰，心情非常激动。年迈的父母互相搀扶着出城外迎接她；姐姐梳洗打扮像迎接贵宾一样；小弟弟磨刀杀猪宰羊给姐姐吃。

木兰终于回来了。她重新走进10年前自己居住的旧房，打开窗户，坐在木床上，心情真是畅快呀！她脱下战袍，找来旧衣服换上。倚在窗台上梳理自己的头发，把头发理成女人的样式。又对着镜子在额头上贴一块花黄，变得和乡里的姊妹一样漂亮。

这时候，一同在疆场上拼杀的伙伴们来探望木兰。木兰穿着女人的衣裳，梳着女人的云髻，带着女人的饰品，款款走出房门。同伴们一看，全惊呆了：“我们在一块儿行军、打仗12年，竟然不知道你是个女的！”

是呵，雄兔四腿跳跃、眼睛动；雌兔眼睛动、四腿跳跃。两只兔子在地上一块儿跑，你怎么能辨别哪个是雄兔，哪个是雌兔呢？

后来人们将“扑朔迷离”比喻事物错综复杂，不易辨认。

天翻地覆

典出《胡笳十八拍》。

天翻地覆谁得知，如今正南看北斗。

这是描写蔡文姬嫁到匈奴后的遭遇和心情的两句诗。蔡文姬，姓蔡名琰，字文

姬，东汉末年人，左中郎将蔡邕的女儿。据《后汉书》记载：文姬博学多才，妙于音律。东汉末年，天下大乱，匈奴入侵。公元 196 年，文姬被匈奴人虏获，做了南匈奴左贤王的王后，生了两个孩子，直到公元 208 年才被曹操派人接回。蔡文姬在匈奴 12 年，饱尝各种辛酸。她怀念祖国，思念亲人并怀着这种沉痛的心情作了《胡笳十八拍》来抒发自己的感情。刘商拟作的《胡笳十八拍》中这两句诗的意思是说，蔡文姬到了匈奴以后感到发生了很大的变化，天地都倒了个个儿，连北斗星都转到南方去了。

后人用“天翻地覆”比喻变化很大。

投其所好

典出《太平广记》。

有甲欲谒见邑宰，问左右曰：“令何所好？”或语曰：“好《公羊传》。”后入见。令问：“君读何书？”答曰：“惟业《公羊传》。”试问谁杀陈佗者。甲良久对曰：“平生实不杀陈佗。”令察谬误，因复戏之曰：“君不杀陈佗，请是谁杀？”于是大怖，徒跣走出。人问其故，乃大语曰：“见明府，便以死事见访，后直不敢复来，遇赦当出耳。”

有一个人想去拜见县官，问县官身边的人：“县太爷最喜欢什么？”有人告诉他说：“喜欢《公羊传》。”后来这个人进去拜见。县官问他：“你读过什么书？”这个人回答说：“专门研究《公羊传》。”县官问他杀陈佗的人是谁。这个人想了好一阵才回答说：“我这一辈子实在没有杀过陈佗。”县官看出他回答得很荒谬，就又戏弄他说：“你没有杀陈佗，请问是谁杀的？”于是这个人非常恐惧，光着脚跑了出来。别人问他光脚跑出来的原因，他还吹大话说：“我去拜见英明的县太爷，他就拿杀人的事情查问我，以后我简直不敢再来了，只是碰上他赦免了我的罪，我才出来的。”

这篇寓言对那些在当官的面前吹牛拍马、讨好卖乖的人进行了尖锐的讽刺。

唾手可得

典出《新唐书·褚遂良传》。

但遣一二慎将，付锐兵十万，翔禬云輣，唾手可取。

唐代初年，朝鲜半岛上有 3 个国家：北部是高句丽，西南部是百济，东南部是新罗。唐高祖李渊曾和高句丽国交换本国流亡人，高句丽送还唐朝流亡人将近 1 万人，可见高句丽对唐朝的态度还是友好的。唐太宗李世民即位后，特别是灭突厥后，

自恃国大兵强，企图加害弱小的邻国。

贞观十四年（公元640年），高句丽西部酋长泉盖苏文杀高句丽大臣百余人，又杀国王高建武，立高藏为国王。泉盖苏文专擅国政，用严刑立威望，高句丽内部不能相安。唐太宗觉得有机可乘，于贞观十六年（公元642年）决定亲自率兵往攻。为此，群臣多上书劝阻。褚遂良建议说："陛下不必亲征，派一两名猛将，带领10万兵马，便唾手可取。"唐太宗不听劝告，亲自率兵前往，结果遭到失败。

后人用"唾手可得"比喻非常容易得到。

五十步笑百步

典出《孟子·梁惠王上》。

孟子对曰："王好战，请以战喻。填然鼓之，兵刃既接，弃甲曳兵而走。或百步而后止，或五十步而后止。以五十步笑百步则何如？"曰："不可。直不百步耳，是亦走也。"

一次，梁惠王对孟子说："我对国家真是尽心尽力了，如果河内地方遇到饥荒，我把那儿的居民迁到河东去，又把河东的粮食调到河内；河东出现同样的灾情，我也照样这样做。你说有哪个国家的君主能像我这样替百姓办事呀？可我们魏国的百姓还是不能增多，邻国百姓也不见减少，这是什么道理呀！"

孟子说："我先说个故事你听听：一次两国交战，一方的将士刚听到鼓点一响，就抛下盔甲、拖着兵器向后逃跑。有的士卒跑得快，一口气跑了一百步远；有的士卒跑了五十步就停住了。这时候那些只跑了五十步的士卒嘲笑跑了一百步的人说：'你们真是胆小鬼，跑得那么快！'您说他们骂得有理吗？"

梁惠王说："跑五十步也是逃跑，干吗耻笑跑一百步的！"

孟子说："你明白这个道理，就知道魏国也不比别国强多少了。如果您在农忙季节，春种、秋收时不去征兵、征工，那魏国的粮食就多得吃不完；如果禁止用网眼过小的渔网去湖里捕鱼，那鱼就总会生生不绝；树木砍伐假若加以限制，木材也会使用不尽。有了这些条件，老百姓能不拥护您吗？您再下令多植桑树，多养猪狗鸡，让大家能穿上丝绵吃上鸡肉，那天下的百姓能不归附于您吗？然而现在却不是这样。大王如果认真改革朝政，那魏国是会强盛起来的……"梁惠王点头称是。

"五十步笑百步"意为逃跑五十步的士兵讥笑逃跑一百步的，其本质其实一样。后用来比喻自己跟别人有同样性质的问题，却自以为优越而嘲笑或反对别人。

国家篇

安居乐业

典出《老子》。

甘其食，美其服，安其居，乐其俗。

又见《汉书·货殖传》。

各安其居而乐其业，甘其食而美其服。

老子生活在由奴隶社会向封建社会过渡的大动荡、大战乱的时代。当时，阶级斗争非常激烈，人民不满意自己的“食”“服”“居”“俗”，不“重死”，敢于犯上作乱，暴动起义，而且有了频繁的战争。

针对这种现实，老子提出了他的想象：建立一个国小人少的社会。这个社会不要提高物质生活，不要发展文化生活，人民无欲无知，满意于朴素、简单的生活条件和环境，认为他们的饮食香甜，衣服美好，住宅安适，生活满足。

老子的这种想象是复古倒退的，但他的动机是反对奴隶制，反对一个阶级剥削压迫另一个阶级。从这一方面看，尚有它的积极意义。

“安居乐业”即居住的地方安定，对自己的职业喜爱。后人用这个典故比喻安定地生活，愉快地劳动。

干戈化玉帛

典出《左传·僖公十五年》。

春秋时，秦穆公娶了晋献公的女儿为妻，两国非常友好。晋献公死后晋国发生内乱，秦穆公帮助晋献公的儿子晋惠公登上了王位；晋国发生了饥荒，秦国运粮去帮助他们渡过难关。可是，晋惠公对秦国却不很友好。有一年，秦国遭了灾，去向晋国借粮，晋惠公却不给。而且，他原来答应送给秦国的城市和土地，也赖掉不给了，秦穆公很气愤，就派兵攻打晋国。

晋军一触即溃，晋惠公带兵逃到韩地。秦兵追到韩地。结果晋惠公被俘，秦穆公打算把他带到秦国去。

秦穆公的夫人穆姬听说同父异母哥哥晋惠公被俘，认为晋惠公忘恩负义，现在又成了俘虏，是她的极大耻辱。于是，她领着几个儿女登上一座高台，台下堆满柴草。然后，她命令人们穿上丧服迎接秦公，

并且让他们传话说："上天降下了灾难使得秦、晋两国国君不得用玉帛相见，而是大动干戈。我坚决不见晋惠公，如果大王把他带进国都，我立刻就自焚而死。"

秦穆公只好将晋惠公暂时安置在灵台。后来，秦穆公又和晋惠公讲和，把他送回了晋国，秦、晋两国终于干戈化玉帛。

干戈：古代的两种兵器，这里表示战争。玉帛：瑞玉和束帛。帛是丝织品，古代诸侯会盟时的礼物。指变战争为友好相处。

流芳百世，遗臭万年

典出《世说新语·尤悔》。

桓公卧语曰："作层此寂寂，将为文景所笑。"既而屈起坐曰："既不能流芳百世，亦不足复遗臭万载邪。"

东晋名将桓温，字元子，是明帝的女婿。他长年南征北战，屡立战功。朝廷封他为大司马，位在诸侯王之上，手握重兵。

桓温虽已位极人臣，权倾一世，但他仍不满足。他一心收复中原，想以军事上的胜利来建立更高的威望，以便夺取政权，实现做皇帝的梦想。

有一次，桓温在亲信们面前闲谈时，表露了想当皇帝的想法，众人都不敢答话。桓温本来躺在床上，激动之余，从床上坐起来抚枕说道："大丈夫如果不能让好名声长久流传，也应当让恶名声在死后留存于世。"

公元373年，桓温已经61岁了，而且身患重病，已经不久于人世。但是，他仍念念不忘称帝的梦想。病危之际，他还命令袁宏起草诏书，给自己加九锡（古代帝王赐给有大功或有权势的诸侯大臣的九种物品），好为取代晋帝自当皇帝铺平道路。

后人用"流芳百世"形容有益于人民的人，好名声代代流传；用"遗臭万年"指坏人死了，坏名声却留在世上，永远受人唾骂。

靡靡之音

典出《路史·后纪十三下》。

师旷是春秋末年晋国著名的宫廷乐师，他双目失明，但能够辨音而知凶吉，常对君主进行规劝。

有一回，晋平公大宴群臣，酒酣之际，晋平公得意扬扬地说："做国君最快活。"

这时，师旷正坐在他身边，就搬起面前的琴朝平公掷过去，晋平公赶紧避让，琴碰在墙上摔坏了。

晋平公就问："大师，你掷谁呀？"

师旷说："刚才好像有个无耻小人在我身边说话，所以掷他。"

晋平公说："刚才是我在说话。"

晋平公手下的人要治师旷的罪，平公说："放了他，我要把他的话作为警戒。"

还有一次，晋平公问师旷："我已经

快 70 岁了，想学点什么，恐怕已经太晚了吧？”

师旷说：“那你把蜡烛点上吧。”

晋平公生气地说：“做臣子的怎么可以跟他的国君寻开心呢？”

师旷说：“我老瞎子怎敢戏弄君王？我听人说，青少年时好学，就像朝阳的光芒；壮年好学，就像中午的阳光；老年好学，就像燃亮的烛光一样。在烛光下行走，跟在黑暗里行走，哪个好呢？晚年学点东西，不是等于增加了夜晚的亮光吗？”

晋平公赞叹说：“你说得对极了！”

一天，晋平公设宴款待来拜访的卫灵公。席间，卫灵公让随行的一个名叫涓的乐师为晋公平演奏曲子助兴。晋平公就叫涓乐师坐在师旷身旁演奏。可是，没等音乐奏完，师旷突然用手按住琴，说：“停下来！别演奏了！”

晋平公等人都很惊讶，就问：“为什么？”

师旷说：“这是亡国的乐声，千万不能再演奏了！”

平公问：“你根据什么这样说？”

师旷说：“这首曲子是商朝一位叫延的乐师所作。纣王无道，延就编了许多柔弱、萎靡、颓废的乐曲，供纣王享乐之用。商纣王沉湎于声色犬马，就在这种靡靡之音中亡了国！”

然而，晋平公没有听从师旷的劝阻，仍然热衷沉湎于这种靡靡之音。不到 3 年，他就病死了。

靡：柔弱，萎靡不振。香艳的或低级趣味的格调。后人用“靡靡之音”指黄色、低级的音乐。

匹夫有责

典出《日知录》。

保天下者，匹夫之贱，与有责焉耳矣。

顾炎武是明末清初著名的思想家。他出身乡宦家庭。6 岁时，祖父和继母王氏

便教他读书。14 岁时，顾炎武参加了图谋革新的社团——复社的活动。

1645 年，清兵攻占了南京。顾炎武同昆山知县杨永言等人一道据守昆山。不久城破，顾炎武的两个弟弟被清兵杀死，继母王氏也绝食自杀。临终前，她对顾炎武叮嘱道："你千万不要做清朝的臣子！"顾炎武流泪答应。从此，他伪装商人，奔走各地，联络沿海的抗清力量。清朝进士叶方恒为了吞没顾炎武的家产，勾结顾家的仆人陆恩告发了顾炎武，顾炎武被官府追捕，不得不逃离江南，前往山东。

在北方的 20 多年的岁月里，顾炎武足迹遍布河北、山西、陕西、河南等地，一年之中有半年住在旅店里。他与数十位朋友在雁门以北的地方建立秘密活动据点，坚持反清。后来，他定居在陕西华阴。

50 岁以后，顾炎武集中精力撰写《日知录》，阐述他的思想和观点。他说："天下兴亡，匹夫有责。"他始终坚守民族气节，一直到 69 岁去世。

匹夫：平民中的男子。"天下兴亡，匹夫有责"指国家兴亡，每个人都负有责任。

取之于民

典出《孟子·万章下》。

孟子的学生万章想知道在交际中如何待人，就去问孟子。孟子说："对人应该恭敬。"万章说："今后我一定恭恭敬敬地对待别人。"万章接着又问："俗话说'一再拒绝别人的礼物，这是不恭敬'，这又是为什么呢？"孟子说："尊贵的人送东西给你，如果你先考虑这些东西是否合于义，想好之后才接受，这是不恭敬的。因此，尊贵的人送东西给你，那就不要拒绝。"万章说："今天的诸侯，他们的财物都是取之于民，也可说是不义之财，假如他们把礼物送给我们，我们可以接受吗？"孟子说："孔子在鲁国做官的时候，鲁国人争夺猎物，孔子也争夺猎物。争夺猎物都可以，接受尊贵的人的赏赐又有什么不可以呢？"万章想老师都认为可以，也就不用再问了，于是告辞而去。

后人用"取之于民"表示从百姓那里取得财物。

治大者不治细

典出《列子·杨朱》。

杨朱见梁王，言治天下如运诸掌。

梁王曰："先生有一妻一妾，而不能治；三亩之园，而不能芸。而言治天下如运诸掌，何也？"

对曰："君见其牧羊者乎？百羊而群，使五尺童子荷箠而随之，欲东而东，欲西而西。使尧牵一羊，舜荷箠而随之，则不能前矣。且臣闻之：吞舟之鱼，不游枝流；鸿鹄高飞，不集污池。其极远也。黄钟大吕，不可从烦奏之舞。何则？其音疏也。将治大者不治细，成大功者不成小，此之谓矣。"

杨朱去谒见梁王，夸口说治理天下如同反掌那么容易。

梁王说："先生有一个妻子和一个妾，尚且不能把她们管好；三亩地的园子，还不能除草治理好；而你却说治理天下易如反掌，这是为什么呢？"

杨朱回答说："您见过牧羊的人吗？有成百只的羊群，派一个五尺高的孩童，扬起鞭子尾随着它们，说向东就向东，说向西就向西。假使让尧帝牵一只羊，让舜帝扬起鞭子在后面跟着，那羊也不会听话往前走了。况且我还听说，口能吞船的大鱼，从来不到水的支流里去游泳；鸿鹄飞得很高，从来不翔集在脏水池边。这是为什么呢？是由于它们的目标更加远大呀。黄钟大吕这种乐调，不能伴奏繁杂凑合的舞曲，这是为什么呢？是因为它的声调节奏过于稀疏呀！所以说，要管理国家大事的不去顾及琐屑的生活小事，要成就大功业的不去纠缠小的利益。说的就是这个道理呀！"

这则寓言向人们表明：巨细大小，本来是相比较而存在的，在它们之间并没有不可逾越的鸿沟。古人所说的修身、齐家、治国、平天下，除反映出封建意识外，作为事物发展过程中的各个发展阶段来说，首先彼此是相通的，其次情形又往往互相区别。从前一方面看，矛盾的普遍性是绝对的，成大不成小，这说法是难以成立的；从后一方面看，矛盾的特殊性是相对的，治大不治细，这说法是能站住脚的。具体事物具体分析，无论做什么事情，都必须抓住要害，亦即掌握主要矛盾。

勤政篇

创业难，守成难，知难不难

典出《贞观纪要》。

唐太宗有一天和众大臣在一起议论：是“创业”难呢？还是“守成”难呢？

大臣杜如晦、房玄龄等人说“创业”难。当建立一个国家、开创一个新朝代时，要战胜多少强敌，要战胜多少阴谋诡计，要经历多少危难，要牺牲多少勇士的生命……这需要多大的勇气、智慧和力量啊！

大臣魏征等人却说“守成”难。历史上多少朝代不到两代人就亡了，远的如秦始皇，那么英雄，那么强大，到了儿子手里，亡了。近的如隋朝，文帝那么英明，隋朝那么强大，到了儿子手里，完了。“守成”需要克服错误，战胜骄傲自满，防止腐败、奢侈，要让人民生活好起来。这需要多么谨慎、谦虚、克制；需要多少智慧和管理能力；尤其需要多么高贵的献身为国的品质啊！

唐太宗倾听了双方的意见后，说道：

"你们双方说的都很有道理。杜、房等人是协助我创业的元老，他们和我一起经历过'创业'的艰苦，所以深知创业的艰难。魏征等人则和我一起治理国家，出了很大的力，所以知道'守成'不容易。我们既然知道难在哪里，有了认识，那么困难也难不住我们了。"

后人用"创业难，守成难，知难不难"比喻既认识了事物的矛盾所在，就容易克服了。

除恶务尽

典出《左传·哀公元年》。

树德莫如滋，去疾莫如尽。

公元前494年，吴王夫差在夫叔（在今江苏吴县西南太湖中）打败越国的军队，并乘胜攻破越都。开始，越王勾践带着全副武装的五千名士兵守住会稽山，派大夫文种通过吴国的太宰伯嚭向吴国求和，吴王打算答应。吴国大夫伍子胥说："不行。下臣听说：'建树德行最好不断培植，去掉毒害最好扫除干净。'越国和我们同处一块土地，而又世世代代是仇敌，在这种情况下攻下了而不拿过来，打算让它继续存在下去，这是违背天而使仇敌壮大。到后来后悔也来不及了。"吴王不听伍子胥的劝告，准备接受越王勾践投降。伍子胥说："越国用十年生聚，十年教训，二十年以后，吴国的宫殿恐怕要成为池沼。"

果然，越王勾践屈服求和后，先是在吴国看坟养马。被释回国后，卧薪尝胆，刻苦图强，任用范蠡、文种等人整顿国家，十年生聚，十年教训，终于转弱为强，灭亡吴国。吴国"除恶未尽"，自食其果。

后人用"除恶务尽"指消除恶势力必须干净、彻底。

海不扬波

典出《韩诗外传》。

成王之时，越尝氏、重译而至，献白雉于周公。周公曰："吾何以见赐也？"译曰："吾受命国之黄发，曰：'久矣，天之不迅风疾雨也，海不波溢也，三年于兹矣，意者，中国殆有圣人，盍往朝之。'于是来也。"

周成王时候，周公摄行相事，处理国政，天下太平，人民安乐，国家治理得非常好，邻国都非常敬仰，纷纷来朝贡。

此时交趾国越裳氏也派了使臣重译来中国朝贡，向周公赠献珍禽白雉。周公很谦虚地说："我国并没有恩德加给贵国，况且有道德的人，是不过分享受物质的，我们又没有好的政令设施，哪里敢把你们当臣属看待呢？"重译说道："我来的时候，我们的国王黄考对我说：'现在天下已没有猛烈的风暴，连绵不断的淫雨；灾难也已好久没有看到了，海不扬波也已经有3年了，我想中国一定出了圣人啦！我们应该去朝贺。'"使臣朝贡完毕，当他回去的时候，归途中迷失了方向，周公特地赐了他一辆指南车，并派人当向导。

后人用"海不扬波"比喻天下太平，好像大海一样，风平浪静，一点没有波涛，也比喻人民的生活非常安定，社会秩序非常良好。

励精图治

典出《汉书·魏相传》。

宣帝始亲万机，励精为治，练群臣，核名实。

公元前73年，汉宣帝刘询继位。大将军霍光凭借着迎立之功专擅朝政，朋党亲友充塞朝廷，宣帝见了他都惧怕三分。有时，连宣帝都不允许的事，霍光竟然任意发号施令。为了使自己能长期把持朝政，霍光伙同他的老婆买通女医毒死了许皇后，把自己的小女儿纳入宫中。

公元前68年，霍光病死。汉宣帝摆脱了羁绊，开始亲自执政。他决心改变霍光在世时的弊政，振奋精神，把国家治理好。后来，霍光夫妇杀害许皇后的阴谋被揭发，宣帝下令诛灭了霍氏三族。

由于除掉了前进路上的绊脚石，宣帝又勤勤恳恳地亲理朝政，制定了一些有利于发展生产、减轻人民负担的措施，汉朝出现了国家富强、民安其业的中兴局面。

后人用“励精图治”这个典故比喻振奋精神，想办法把国家治理好。

三过家门而不入

典出《孟子·离娄下》。

禹，稷当平世，三过其门而不入，孔子贤之。

传说上古尧的时候，天下洪水滔滔，淹没了山川大地，老百姓流离失所。尧非常焦急，便选择了一个叫鲧的人来负责治理洪水。可是9年过去了，鲧并没有治服洪水，整个大地依然是水患成灾，哀鸿遍野。尧感到这是自己的失职，就把帝位让给了舜。

舜行使天子权力后，就去鲧治水的地方视察，在确认治水毫无进展后，就将鲧杀死在羽山。然后舜推举鲧的儿子禹接替治水的工作。舜对禹说：“相信你能够完成这件任务，你努力去办吧。”舜又对大臣们说：“我这样做，是因为禹为人慧敏而勤俭，贤德而又不违使命，可亲可近，言行举行符合纲纪法律，他的父亲治水虽然失败了，但我相信他却可以获得成功。”

禹和伯益、后稷一起，率领诸侯、百姓把堵塞的江河大川疏通。原来，鲧治水是采用“堵”的方法，把河流都堵起来，结果水越积越多，造成的灾害也更大。禹改变了父亲的方法，采用“疏通”和“引导”，使洪水流入大海。过了一年又一年，肆虐的洪水终于被征服。

当禹开始治水时，他为父亲治水失败被杀感到十分悲伤，所以，他不敢有半点儿松懈，终日忧心忡忡。为了治好水，他在外居住了13年，曾三次经过家门都没有进入。由于他治水的方法正确，又处处以身作则，最后终于获得了成功。

后人用“三过家门而不入”形容热心工作，公而忘私。

邹忌论琴

典出《史记·扁鹊仓公列传》。

姓姜的齐康公死在海岛上，恰巧他没有儿子，田太公的孙子，齐桓公午的儿子齐威王算是继承齐康公的君位。从此以后，齐国姜氏的君位绝了根。以后的齐国，虽然还叫齐国，可是已经是田家的了。

齐威王有点像当初楚庄王一开始时候

的派头，一个劲儿地吃、喝、玩、乐，国家大事他从来不闻不问。人家楚庄王“三年不飞，一飞冲天；三年不鸣，一鸣惊人”，可是齐威王呢，一连九年不飞、不鸣。在这九年当中，韩、赵、魏各国时常来打齐国，齐威王从没放在心上，打了败仗他也不管。

一天，有个琴师求见齐威王。他说他是本国人，叫邹忌。听说齐威王爱听音乐，他特地来拜见。齐威王一听是个琴师，就叫他进来。邹忌拜见之后，调着弦好像要弹的样子，可是他两只手放在琴上不动。齐威王纳闷地问他，说：“你调了弦，怎么不弹呢？”邹忌说：“我不光会弹琴，还知道弹琴的道理！”齐威王虽说也能弹琴，可是不懂得弹琴还有什么道理，就叫他仔细说来听听。邹忌海阔天空地说了一阵，齐威王有听得懂的，也有听不懂的。可是说了这些空空洞洞的闲话有什么用呢？齐威王听得有点不耐烦了，就说：“你说得挺好，挺对，可是你为什么不弹给我听听呢？”邹忌说：“大王瞧我拿着琴不弹，有点不乐意吧？怪不得齐国人瞧见大王拿着齐国的大琴，九年来没弹过一回，都有点不乐意啊！”齐威王站起来，说：“原来先生拿着琴来劝我。我明白了。”他叫人把琴拿下去，就和邹忌谈论起国家大事来。

这个故事是用来劝喻君王在其位要谋其政。

暴政篇

哀鸿遍野

典出《诗经·小雅·鸿雁》。

鸿雁于飞，肃肃其羽。之子于征，劬劳于野。爰及矜人，哀此鳏寡。鸿雁于飞，集于中泽。之子于垣，百堵皆作。虽则劬劳，其究安宅？鸿雁于飞，哀鸣嗷嗷。维此哲人，谓我劬劳。维彼愚人，谓我宣骄。

春秋战国时代，诸侯互攻，战争不息，老百姓经常被派遣在外服役，诗人们便借用“鸿雁”为题，写了一首替人民诉说辛劳的诗，以道出人民的苦难。

全诗的意思是：对对的雁儿在空中飞行，它们的翅膀发出沙沙声。那个人的儿子出门，到郊外去做牛马卖命。我们都是受苦难的人，可怜的是既老又无亲。鸿雁儿对对飞去，一同聚集在湖沼里。那个人去筑墙，百丈墙身都已筑起；他吃尽了辛苦，何处是他安身的地方呢？雁儿们已经飞去，它们在空中发出声声叫啼，明白我们的人，说我们是劳苦的；只有那些糊涂虫，还觉得我们不安分！

“哀鸿遍野”便是从这首诗引申出来，比喻到处可以看到呻吟呼号、流离失所的灾民。

倒行逆施

典出《史记·伍子胥列传》。

伍子胥，战国时楚国人，他的父亲叫伍奢，是皇太子的太傅。楚平王为太子娶秦国之女为妻，秦女来了，平王见她绝美，便自己要了，又怕太子不满，派人去杀太子，太子逃走了，便把忠于太子的伍奢抓了起来。楚平王知道伍奢有两个儿子，一个叫伍尚，一个叫伍员（即伍子胥），都很能干，怕杀了伍奢后两人作乱，就派使者去召两人，说：“你们来，我不杀你父亲；不来，我马上杀他。”使者一到，伍尚说：“我知道，去了不过和父亲一起死而已，但不去，心里不安。”他去了，果然和父亲一起被杀。伍子胥说：“我去，和父亲一起死，何益？不如活着给父亲报仇。”于是弯弓搭箭对着使者，使者不敢抓他，他逃了。

他逃到昭关，过不了，急得一夜须发皆白，才混过关。于是独身疾行，至江边，追兵在后，江上一渔夫可怜他，把他渡过长江。行至丹阳，病了，只好靠讨饭生活。总之，受尽千辛万苦逃到吴国，成为吴王阖庐的谋臣。5年后，楚平王死了。9年后，他带领吴兵五战而占领楚国的国都。于是，伍子胥把楚平王的尸首挖了出来，鞭打三百才泄愤怒。他的朋友申包胥派人对他说："你这样报仇，未免太过分了吧！"伍子胥说："请你原谅，我实在是被逼得无路可走了，所以行事才违背常理啊！"

后人用"倒行逆施"比喻违背历史潮流的反动行为。

防民之口，甚于防川

典出《国语·周语上》。

西周的周厉王是一个暴君。老百姓对他恨透了，大家遇到一起就讲他的暴行。有一个大臣叫邵公，见人民对周厉王越来越不满，很忧虑，就劝周厉王说："大王，到处都在议论你。"

周厉王一听，吼道："谁敢议论我，立即处死。"他从卫国找来了一个巫师，让他整天在街上转悠，不知有多少人因为说了对周厉王不满的话而被巫师告密后送掉了性命，这样一来，老百姓都不敢议论国君了，甚至连一起讲话也不敢了，两个熟人在街上偶尔遇见，只能互相递个眼色，谁也不敢张口。从此再也没有怨恨之声传到周厉王耳朵里，他得意地对邵公说："你看，我能禁止百姓发议论，现在没人敢说我坏话了吧？"

邵公叹气说："你这是用堵的办法呀！防民之口，甚于防川。所以治理河流的办法是疏导，治理国家的办法呀是让老百姓说话。古代圣贤的君主为政，总要让公卿大臣甚至士大夫发表自己的意见，还要广开言路，让天下百姓都有议论政治的机会，老百姓嘴里讲的都是心里所想，怎么可以不让他们说出来呢？"周厉王根本听不进邵公的劝导，反而变本加厉地镇压百姓。三年后，他终于激起民愤，被流放到国外去了。

川：河流。"防民之口，甚于防川"指不让老百姓说话，造成的灾祸比河水泛滥还可怕。现用来比喻压制言论自由造成的危害。

烽火戏诸侯

典出《史记·周本纪》。

褒姒不好笑，幽王欲其笑万方，故不笑。幽王为烽燧大鼓，有寇至则举烽火。诸侯悉至，至而无寇，褒姒乃大笑幽王说之。数举烽火其后不信诸侯益不至。

周宣王死后，他的儿子即了王位，即周幽王。这位天子怠忽朝政，一心只想吃喝玩乐，除了酒肉，就是女人。他喜欢谄媚的人，对于劝告他的人却怀恨在心。最令他嫌恶的是赵叔带大夫，因为他竟胆大包天，写了一份奏章，说："国家正面临许多灾难，一些地方发生了地震、山崩、饥荒。天子应当想法子访求能干的人来辅佐朝政才对，怎么能在这节骨眼上找美女寻欢取乐呢？"

周幽王恼羞成怒，革去赵叔带的官职，把他赶出宫去。周幽王这么做为的是"杀鸡儆猴"，免得别人再到他跟前说些不中听的话。没想到另一位大臣褒珦还是怀着忠义之心去见天子，并对他说："天子不把天灾看在眼里，不关心国家大事，反而亲信小人，赶走大臣。你再这样下去，咱们的国家恐怕要保不住了！"周幽王大怒，不想与他争辩，仅吆喝了一声，就下令把他囚禁到监狱里。

褒珦在监狱里待了三年，一直没有获得释放。他的家人非常着急，四处奔走。他们想："天子既然贪爱美色，我们就在这上面动脑筋吧。"于是，他们到处寻觅，终于找到了一个花容月貌的美女。他们花了许多绢、帛，买下那个乡下姑娘。但小姑娘怎么也不愿意，哭得死去活来，就是不肯走。她的爹娘过怕了穷困的日子，不肯错失这笔买卖，就一边流着泪，一边劝女儿发发孝心，照顾照顾他们这又穷又苦的老两口。小姑娘无奈，就咬紧牙根随着褒珦的家人到了京城。她就是在中国历史上鼎鼎有名的美女褒姒。

周幽王一看见褒姒，心花怒放，褒姒的美色，他梦也没有梦见过，宫里的美女跟她一比，一个个都黯然失色。他立刻赦免了褒珦的罪，放他出狱。从此以后，天子日日夜夜迷恋这位美女，把她当成心肝宝贝。但褒姒却不喜欢他。她总觉得自己是个苦命女子，被买了来听人的摆布，像个玩物一般。因此她入宫以后，老是心事重重、愁眉不展。周幽王想尽办法要逗她一笑，都没有用。于是，天子就诏告天下："有谁能叫娘娘笑一下，就赏他一千两黄金。"

这个消息一经传出，就来了许多想发财的人。可是他们徒然令褒姒生气，有的甚至被她撵了出去。有个专会奉承天子的小人，叫虢石父，颇有点儿小聪明，想出了一个"好"法子。他对周幽王说："从前的君王为了防备西戎侵犯京城，就在骊山那一带造了30多座烽火台。万一敌人攻过来，就燃起一连串的烽火，示意附近的诸侯出兵相救，现在天下太平，烽火台就没有用了。我想请天子跟娘娘到骊山去玩几天，到晚上，咱们把烽火点着，戏弄诸侯，叫他们上个大当。娘娘见到一大批的兵马一会儿奔过来，一会儿跑过去，肯定会笑弯了腰。你说我这个办法好不好？"周幽王眯着眼睛，拍手叫道："太好了，就这么办吧！"

他们立即动身，带着褒姒到了骊山。周宣王的兄弟、周幽王的叔叔郑伯友听到这个消息，怕他们酿成事端，马不停蹄地一口气赶到骊山，劝天子别这么做。周幽王正兴致勃勃，哪儿听得进劝告，他生气地说："我在宫里闷得慌，难得和娘娘出来玩一趟，放放烟火，跟诸侯开开玩笑，这也用得着你管吗？"

周幽王随即下令点燃烽火，诸侯一个个领兵点将，连夜赶到骊山。没想到，到了那儿，一个敌人的影子也没看见，只传来饮酒作乐的声音，大伙儿你看我、我看你，都不知道是怎么回事。周幽王派人对他们说："辛苦了，各位！没有敌人，放烽烟只是为了博得娘娘的欢笑，你们回去吧！"诸侯们这才发觉上了天子的大当，一个个愤然离去。

褒姒见大批人马在那儿忙来忙去地瞎撞，果然笑了。周幽王立刻就把一千两黄金赏给了虢石父。

褒姒生了一个儿子，名叫伯服。公元前771年，周幽王废了原来的王后和太子宜臼，改立褒姒为王后，伯服为太子。宜臼的母亲是申侯的女儿，于是宜臼就逃往申国去。申侯得知周幽王要攻伐他，还要杀害宜臼，就联合西戎兴兵进攻周室。周幽王赶忙叫虢石父把烽火点起来。但由于先前被戏耍了一次，诸侯以为天子又在开他们的玩笑，全都按兵不动。烽火兀自燃烧着，却没有一个救兵前来。镐京城里的兵马本来就不算多，很快被敌人团团围住。周幽王和虢石父以及伯服仓皇逃往骊山，半路上都被西戎军杀了。

官官相护

典出《老残游记》。

我去是很可以，只是于正事无济，反叫站笼里多添一个屈死鬼。你想，抚台一定要发回原官审问；纵然派个委员前来会审，官官相护……他是官，我们是民……这官司打得赢打不赢呢？

曹州于家屯那个地方，有个财主名叫于朝栋，他有两个儿子。有一年秋天，他家被强盗抢了一次，于家即到官府报案，结果有两个小强盗被捉去杀了，因而强盗与于家结了仇。强盗为了报复，在一次抢劫之后，把一部分赃物悄悄地放进于家一间放杂物的屋子里。

曹州长官玉贤带领人马追捕强盗，途中在于朝栋家搜出了强盗所藏的赃物，于是不由分说，将于朝栋父子三人抓去。此事明明是冤枉，但曹州府玉贤既不调查核实，又不听从下人的意见，硬把于朝栋父子三人放在站笼里活活折磨死了。

于朝栋等死后，众人愤愤不平。

不久，众人议论开了，有的人建议：此事应往上告，要上面重审。有人却不同意这样做。理由是：民家被官家害了，除了忍受，没有别的办法。倘若上告，照例仍旧发回来审问，这样又落在他手里，岂不是又要倒霉吗？当时又有人建议，请于朝栋的女婿去上告，因他是秀才，知书识礼，一定有办法。于朝栋的女婿对众人说："我去是很可以，只是于正事无济，反叫站笼里多添一个屈死鬼。你想，抚台一定要发回原官审问；纵然派个委员前来会审，官官相护……他是官，我们是民……这官司打得赢打不赢呢？"众人听了，觉得很有道理，没有办法，只好罢了。

后人用"官官相护"或作"官官相为"表示官吏们互相包庇。

鸡犬不宁

典出《河东先生集·捕蛇者说》。

虽鸡狗不得宁焉。

永州乡下有一种很特殊的蛇。这种蛇毒很重，接触草木，草木全死；人若被咬，无药可治。但这种毒蛇捉来风干之后，可以做药。捕到这种毒蛇，可以拿去抵纳租税。

有一个姓蒋的人，祖孙三代都靠捕这种毒蛇抵租税。他祖父死在捕蛇上，他父亲又死在捕蛇上，他自己也几次差点儿死在捕蛇上。有人觉得奇怪，就问他："你为什么一定要冒着生命危险去捕蛇呢？我打算告诉那些当事者们，免去你捕蛇抵纳

租税的苦差事。"那个姓蒋的听了非常悲伤地说："唉！租税重得压死人啊！……每年那些征收赋税的残暴凶横的官吏一到乡下，就到处乱喊乱叫，乱冲乱闯，到处骚扰，不仅人们被吓得提心吊胆，就是鸡狗也得不到安宁。老百姓一年劳动所得的全部东西还不够交租税。人们无法生活，被迫流落他乡，饥冻而死的人不计其数。而我呢，虽然是冒着生命危险去捕蛇抵税，但比起我的同乡来还是好一点儿啊！所以，我宁愿冒死去捕蛇，也不愿意免去我捕蛇纳税的苦差事。"

后人把"虽鸡狗不得宁焉"说成"鸡犬不宁"，用来形容骚扰十分厉害。

狡兔死，走狗烹

典出《史记·越王勾践世家》。

范蠡遂去，自齐遗大夫种书曰："飞鸟尽，良弓藏；狡兔死，走狗烹。越王为人长颈鸟喙，可与共患难，不可与共乐。子何不去？"

吴王夫差自从黄池大会之后，被越王勾践打败，心里老是闷闷不乐。西施拿着一把宝剑跪在夫差跟前，请他处死。夫差把她搀起来，说："你又没犯罪，干吗叫我杀你？"西施说："勾践无礼，得罪了大王。我本来是越国人，按理也应当领罪。"夫差豪爽地说："别这么傻啦！一个人生下来总有个落地的地方。难道说这会儿在越国刚生下来的娃娃跟我们有仇吗？你又不是勾践的女儿，为什么要替他领罪呢？你是受吴国保护的，不是受越国保护的。唉！从现在开始，你别再提这些啦！"此后，夫差灰了心，天天陪西施饮酒解闷，

索性连政事也不管了。

公元前 473 年，越王勾践带着范蠡、文种，亲自率领着大队人马又来攻打吴国。吴国兵马一连吃了几次败仗，在笠泽（江苏省松江县）更是被打得一败涂地。夫差打发王孙雄上越国兵营去求和，情愿当个属国。王孙雄来回跑了六七趟，勾践坚决不答应。夫差没有办法，只好叫伯嚭守着城，自己带着王孙雄逃到阳山（在江苏省吴县西北，近太湖）去了。范蠡、文种的兵马接连不断地攻打。伯嚭抵挡不住，先投降了。越国的兵马追上夫差，把他围困起来了。

夫差写了一封信，绑在箭上，射到范蠡的兵营里去。范蠡跟文种拿来一看，上头写着："狡兔死，走狗烹；敌国灭，谋臣亡。大夫为什么不留着吴国给自己做个退步呢？"他们写了一封回信，也用箭射了过去。夫差拿来一看，上头写着："你杀害忠臣，听信小人；专凭武力，侵犯邻国；越国杀了你的父亲，你不知道报仇，反倒放走了敌人——你犯了这么些罪过，哪能不死呢？ 22 年前，老天爷把越国送给你，你不要；如今老天爷把吴国送给越王，越王怎么能违背天命啊？"夫差念到末一段，止不住流下泪来。王孙雄说："我再去求求越王，看他还有人情没有？"

过了一会儿，王孙雄回来说："越王看在过去的情义上，愿意把大王送到甬东的岛上（浙江省定海）去，给您五百家户口，养您到老。"夫差苦笑着说："要是不废去吴国的宗庙，让吴国当个属国也就罢了，想不到要把我赶走，我已经上了年纪，何必再受这种罪！"回头又对王孙雄说："你拿衣裳挡着我的脸。我还有什么脸去见伍子胥呢？"说着就自杀了。王孙雄脱下自己的衣裳，包上夫差的尸首，他也自杀了。跟着，士兵们有的死了，有的逃跑了。剩下的都投降了越国。

越王勾践进了姑苏城，坐在吴王夫差的朝堂上。范蠡、文种和别的文武百官都来朝见他。吴国的相国伯嚭也站在那儿，等着受封。勾践对他说："你是吴国的太宰，我哪儿敢收你做臣下呢？如今你的国君在阳山，你怎么不去呀？"伯嚭听了这话，低着脑袋，垂头丧气地退出去。勾践派人追上去，把他杀了。

公元前 473 年，勾践带着大队兵马渡过淮河，在徐州（古地名，在山东省滕县南）会合了齐国、晋国、宋国、鲁国的诸侯。当初中原诸侯最怕的是楚国，自从楚国被吴国打败以后，就转过来怕吴国；如今吴国又被越国灭了，他们只好听从勾践的了。这时候，周敬王的儿子周元王当上天子。周元王派人送祭肉给勾践，承认他为东方的霸主。各国诸侯都向勾践庆贺。楚国也打发使者去朝见。勾践把以前吴国从楚国夺去的地方交还给楚国，从宋国夺去的地方交还给宋国。又叫楚国把以前从鲁国夺去的地方交还给鲁国。这么一来，各国诸侯都说勾践大公无私。

勾践从徐州回到姑苏，就在吴王的宫里开了个庆功大会，一直闹到半夜。大伙儿正乱哄哄地喝酒、唱歌、作乐的时候，勾践发现范蠡不见了，赶紧叫人去找。哪儿有他的影儿呢？勾践怕他变了心，连忙叫文种去接收他的军队，一面又派人上各处去找。大伙儿忙乱了一晚，还是找不到他。

到了第二天，勾践正担心着这件事，有几个派出去的人回来了，说："范大夫自杀了。我们在太湖边找着了他的外衣，衣服里还有一封信。"说着，就把衣裳和信递了上去。勾践赶紧先看那封信，上头写着说：“大王灭了吴国，当上了霸主，我的本分总算尽了。可是还有两个人，留着他们对大王没有好处。一个是西施，她迷惑了夫差，弄得吴国灭亡了，如果留着她，也许能迷惑大王，因此，我带她去了。一个就是我范蠡，他帮着大王灭了吴国，留着他，他也许要扩大自己的势力，因此，我也带他走了。”勾践知道范蠡杀了西施以后，他自己也死了。这才放了心。他半天没言语，拿起范蠡的衣裳，说：“我全靠你，才有今天。我正想报答你的功劳，你怎么就这么扔下我呢？”大伙儿都有点难受，文种更觉得闷闷不乐，没精打采地出来了。

过了些日子，忽然有人给文种送来一封信。文种拿过来一看，上头写着：“你还记得吴王说的话吧，‘狡兔死，走狗烹；敌国灭，谋臣亡’。越王这个人能够容忍敌人的欺负，可不能容忍有功的大臣。我们只能够同他共患难，可不能同他享安乐。你现在不走，恐怕将来想走也走不了啦！”文种才知道范蠡并没死，而是带着西施隐居起来了。其实范蠡已经带着财宝珠玉，弃官经商，改名更姓，到了齐国。后来搬到当时人口众多、交通便利、买卖发达的大城市定陶，称为朱公，财富到万万，就是后来称为陶朱公的大富商。当时文种回头叫那个送信的人，那个人早就跑了。文种就把那封信烧了。心里挂念着老朋友，可是不怎么相信他这些话。他认为勾践不过对待敌人刻薄点儿，要说他想杀害有功劳的大臣，这未免太多心了。天下不可能有这么没良心的人。

勾践灭了吴国之后，反倒没有一天过着快活的日子。和那些与他一起共患难的人慢慢地疏远了。他向来知道文种的才干，认为越有才干的人越是靠不住，万一他变了心，可就难对付了。

有一天，勾践去看望文种。他坐在文种的卧榻上，对他说：“你有 7 个好计策，我用了你 4 个计策，就灭了吴国，你还有 3 个计策没使出来呢。我灭了吴国，万一吴国的祖宗跟我报仇怎么办？寿梦、僚、阖闾他们都挺厉害的，你得替我想法儿对付他们才好！”文种听得有点糊里糊涂，不知道他葫芦里卖的是什么药。勾践起身，却把自己的宝剑落在文种的身边。文种拿起来一瞧，原来是当初夫差叫伍子胥自杀的宝剑。文种这才明白了，他对天叹息着说：“走狗不走，只好让主人烹了。我没听范大夫的话，真是该死！”他又笑着说：“这把宝剑杀了伍子胥，又杀了我。它把我们结成了‘刎颈之交’（生死朋友的意思），我还有什么不满意的！”说着，他就自杀了。

后人多用“狡兔死，走狗烹”来比喻那些患难中出谋献策、拼死卖命的勇士谋臣，功成后却被抛弃甚至杀害；影射了那些利用别人的人。

酒池肉林

典出《史记·殷本纪》。

商纣王，名辛，由于他极端荒淫残暴，人们都不提他的名字，而称他为“商纣”，“纣”是残忍不义的意思。

纣王生活穷奢极欲，他建造了许多离宫、苑囿，规模都非常宏大。譬如，京城中的鹿台有“三里大，千尺高”，里面有他从各地搜括来的珍宝、名犬、良马、奇禽、异兽，纣王自己就整日沉溺在宴饮淫乐之中。为了供宴乐的人饮用，他在一个叫“沙丘”的宫苑中开挖了酒池，池大得可以划船，里面灌满美酒，酿酒剩下的酒糟堆得像小山一样高，绵延七里；又命人悬挂了许多肉条，远远望去，像树林一样，人称“肉林”。几千个青年男女，通宵达旦侍奉纣王淫乐嬉戏。

为了满足这种糜烂奢侈的生活要求，商纣王无休止地增加赋税，还用残酷的刑罚镇压对他不满的人，“炮烙”就是其中一种，即用炭火烧热了涂有膏油的铜柱，让人赤脚在铜柱上行走，人忍受不了滚烫的铜柱，结果就会坠入炭火中活活烧死，商纣则以此取乐。

商纣的倒行逆施使他失尽民心。当周武王讨伐商纣时，纣王部下纷纷倒戈，商朝迅速覆灭，纣王自焚而死。

后人用“酒池肉林”形容生活穷奢极侈。

苛政猛于虎

典出《礼记·檀弓下》。

孔子过泰山侧，有妇人哭于墓者而哀。夫子式而听之，使子路问之，曰：“子之哭也，壹似重有忧者。”而曰：“然，昔者吾舅死于虎，吾夫又死焉，今吾子又死焉。”夫子曰：“何为不去也？”曰：“无苛政。”夫子曰：“小子识之，苛政猛于虎也。”

孔子和他的学生在泰山旁边走过，听到一位妇人在坟边哭得很厉害。那悲惨沉痛的哭声，竟使孔子的态度也严肃庄重起来。他叫子路过去问明白。

子路走到妇人身边，问他。那妇人摇头。子路又说：“我们听你哭得很凄惨，想必有些使你特别伤心的事情吧？”那妇人才勉强点点头，刚开口，泪水又滚滚出来了：“就是呀！这一带老虎很多，时常吃人。早先，我的公公在这儿被老虎吃掉，后来，我的丈夫又被老虎吃掉了。唉，前几天，我的孩子又被老虎咬死啦。”

孔子听了，怪这妇人真不懂事，还带了点儿责备的口气问她：“哎呀！那你们这家人为什么不趁早搬走呢？”这话一出口，更引起了对方的伤心，她说：“先生，你讲得好容易。可是，我们办不到。你要知道这儿老虎会伤人，但是这儿却没有苛捐杂税呀！”

妇人的这番话给了孔子很大的启发，他像觉悟到什么深奥的道理似的，对子路说：“子路，你该记住这话：苛捐杂税，不知真比老虎吃人厉害多少倍呢！”

后人用“苛政猛于虎”比喻残酷压迫、剥削人民的政治。

民不聊生

典出《史记·张耳陈馀传》。

财匮力尽，民不聊生。

秦朝末年，陈胜、吴广领导的农民起义军打下陈地（今河南省淮阳）以后，曾派一个名叫武臣的人，带领三千士兵北渡黄河向河北进攻。武臣是一个善于用兵的人，他觉得自己的兵力不足，必须加以壮大和充实。于是，一过黄河，他就把当地一些有影响的人物召集起来并对他们说：“秦朝的残酷统治已经很多年了。他们派差出役接连不断，苛捐杂税多如牛毛，弄得老百姓家家无余财，户户没劳力，实在是民不聊生啊。”

武臣的政治宣传得到了当地百姓们的支持，因而很快扩充了部队，并占领了十几座城市，使陈胜的农民起义军在黄河以北一带接二连三地取得了重大胜利。

后人用“民不聊生”比喻老百姓没有赖以生活的东西。现常用来形容在剥削阶级的残酷统治下，劳动人民极端贫困，无法生活下去。

民生凋敝

典出《汉书·循吏传》。

孝武之世，外攘四夷，内改法度，民用凋敝，奸宄不禁。

西汉武帝刘彻是西汉皇帝中的一位佼佼者。他在位 47 年。在位期间，打击富商大贾，同时兴修水利，移民西北屯田，有利于农业的发展。他曾派张骞两次至西域，加强了对西域的统治，并发展了经济文化交流。

但是，汉武帝崇尚武力，在位期间，连连进行战争。虽然这些战争打击了匈奴贵族，保障了北方经济文化的发展，但连年战争也消耗了大量的人力财力，使人民遭到了严重的灾难。

《汉书》作者班固在编写《循吏传》时指出：汉武帝在位期间，连年对外用兵，内政也必须适应战争需要，军费开支浩大，广大农民负担沉重，以致民生凋敝，犯罪行为增多。

后人用“民生凋敝”形容在剥削阶级统治和压迫下，社会经济衰败，人民生活极端困苦。

尸位素餐

典出《尚书·五子之歌》。

太康尸位，以逸豫灭厥德，黎民咸贰。

又见《汉书·朱云传》。

今朝廷大臣，上不能匡主，下亡以益民，皆尸位素餐。孔子所谓“鄙夫不可以事君，苟患失之，亡所不至”者也。

尸是古代祭礼中的一个代表神像端坐着而不需要做任何动作的人。《书经》中有句话：“太康尸位。”“尸位”就是源出于此，用来比喻一个有职位而没有工作做的人，正如祭礼中的尸，只坐在位子上，不必做任何动作一样。

“素餐”见于《诗经》：“彼君子也是出兮，不素餐兮。”后人于是用“素餐”来比喻无功食禄的人。

后人用“尸位素餐”比喻居位食俸而不理政事。

弹冠相庆

典出《汉书·王吉传》。

吉与贡禹为友，世称“王阳在位，贡公弹冠”，言其取舍同也。

汉朝王吉和贡禹是一对好友，他们二人自幼好学，通晓五经，学识渊博，为人廉洁。由于他们爱好相同，抱负相同，所以关系特别亲密。正因如此，在当时的人们看来，王阳做了官，贡禹就会弹去帽子上的灰尘，准备去做官。后来，王吉、贡禹都当了官。汉宣帝时，王吉为博士谏议大夫，因他对宣帝的宫室陈设、车服装备太盛，上书劝谏，被宣帝认为是迂阔，因而不得宣帝信任。王吉心中闷郁，就称病辞官归家。与此同时，贡禹也有类似的遭遇，他做河南令也被罢官掉职。由于他们为官比较廉正，汉元帝刚继位就派使臣前往征聘。二人被召之后，做事勤谨，忠心耿耿，因而颇得元帝的信任。

后人把“王阳在位，贡公弹冠”说成“弹冠相庆”，指一个人当了官或升了官，他的同伙也互相庆贺将有官可做。

五马分尸

典出《战国策·秦策》。

卫鞅亡魏入秦，孝公以为相，封之于商，号曰商君。……孝公行之八年，疾且不起，欲传商君，辞不受。孝公已死，惠王代后，执政有顷，商君告归。……商君归还，惠王车裂之。

秦孝公见卫鞅得了西河，打了个大胜仗，就封他为侯，把商于（在河南省淅川县西）一带十五座城封给他，称他为商君。卫鞅就叫商鞅了。

商鞅谢恩回来，非常得意。家臣们和亲友们都向他庆贺。有的说，秦国能够这么富强，全是他的功劳；有的说，他是自古以来最出名的改革家；有的说，他改变了土地制度，真了不起；有的说，他压住了贵族，实行连坐法，哪一件不是大事情。大伙儿你一言、我一语，说得商鞅心里挺舒服。他自傲地问大家：“我比五羊皮大夫怎么样？”大伙儿都奉承着他，说：“他哪儿比得上你呢？”其中有位门客叫赵良，听了这些话，实在忍不住了，大声地说：“你们都在商君门下吃饭，怎么不替他担心，反倒胡说八道，一味地奉承他！”大伙儿听了，不敢出声。商君有点不高兴，

问赵良：“先生有什么话要说？”赵良说：“您要知道一千个人瞎称赞，不如一个人说真话。要是您不见怪的话，我就说给您听听。”商鞅于是恭敬地说：“俗语说，‘良药苦口’，请先生指教。”

赵良一想，要说就说个透，要骂就骂个够。他郑重地对商鞅说：“您说起五羊皮大夫，我就把他跟您来比一下吧。百里奚在楚国给人看牛，秦穆公知道了，想尽法子，请他来当相国。您呢？三番两次地托个小人景监给您介绍。百里奚得到了秦穆公的信任，就推荐别人。百里奚当了六七年相国，一连三次平定晋国的内乱，中原诸侯个个佩服，西方的小国都来归附。您呢？冤了朋友，夺了西河，只讲武力，不顾信义，谁还能诚心诚意地相信您？百里奚处处替老百姓着想，减轻兵役，不乱用刑罚，叫老百姓能够安居乐业。您呢？把老百姓当作奴隶，拿最严厉的刑罚管理老百姓。百里奚自己平时生活非常俭朴，出去的时候不用车马，夏天在太阳底下走，也不打伞。您呢？每逢出去的时候，车马几十辆卫兵一大队，前呼后拥，吓得百姓

来不及躲。百里奚一死，全国男男女女痛哭流涕，好像死了自己的父亲。您呢？把太子的师傅公子虔割了鼻子，在太师公孙贾脸上刺了字，一天之中杀了七百多人，连渭河的水都变红了。上上下下，哪一个不恨您，说句不中听的话，他们恨不得您早点儿死呢。别人一味地奉承，我可真替您担心哪。”

商鞅听了这番话，叹了口气，说：“我这么为秦国尽心竭力地打算，怎么反倒叫人家都怨恨起来？这是什么道理？”赵良说：“我知道您替老百姓打算，可是您的办法很不妥当。您有两个最大的毛病：第一，您光是说服了国君，得到他一个人的信任，可是没有别的人来帮助您；第二，只管替百姓打算，不管人家愿意不愿意，就推行新法，可不许老百姓替自己打算。老百姓就算得到了好处，也不感激您，甚至还都怨恨您。您自以为事事都替老百姓着想，其实，您的心目中连一个小民也没有。”商鞅插嘴说：“他们知道什么？”赵良说：“您以为用不着听从老百姓的意见？自古以来，没有一个国君或是一个大臣单凭着自己的威力，违反老百姓的意志，就能够成功的。俗语说，‘顺天者昌，逆天者亡’。这句话一点也不错。违反了老百姓的意志，就是违反天意。违反了天意，没有不失败的。天是什么啊？天没有耳朵，他凭着老百姓的耳朵来听；天没有眼睛，他凭着老百姓的眼睛来看。我看着上上下下的人都怨恨您，就知道天也怨恨您。为这个，我非常替您担心。为什么您还不快点推荐别人来代替您呢？要是您现在能够立刻回头，安分守己地去种地，也许能够保全自己的生命。”商鞅听了赵良这些话，心里头闷闷不乐。可是他哪舍得把大权交给别人？

公元前 338 年，秦孝公得了重病。秦孝公一死，太子驷即位，即秦惠文王。他做太子的时候，为了反对新法，被商鞅定了罪，割去了公子虔的鼻子，又在公孙贾脸上刺了字。如今太子当上了国君，公子虔和公孙贾他们就得了势。这一帮人都是商鞅的冤家对头。以前的仇恨可得清算一下。秦惠文王就加了个谋叛的罪名，下令逮捕商鞅。

商鞅打扮成一个老百姓，打算跑到别国去。他到了函关（在河南省灵宝县南），天黑下来了，只好到客店去投宿。客店老板要检查凭证，商鞅交不出来。老板说：“这位客人真不明白。商君下过命令，不准我们收留没有凭证的人。我要是收留你，我的脑袋可就保不住了。”商鞅一听，这可真是哑巴吃黄连——有苦说不出。

当天晚上，他混出了函关，连夜逃到魏国。魏惠王恨他当初欺骗了公子卬，夺去了西河，正想抓他。商鞅这才觉得这么大的天下，容不下他这么一个人。他又跑回商于。秦惠文王立刻发兵转往商于，将商鞅逮住，用最残酷的刑罚把他弄死。有的说，他的身子是叫车马撕开的。有的说，他的脑袋和两只手两只脚上各拴上一匹马，有 5 个人往 5 个方向打马，那 5 匹马分头一跑，商鞅的身子就这么扯成五六块。这就叫“五马分尸”。

五马分尸是一种极其残酷的刑罚，商鞅推行变法，立下不小的功劳，在历史上也有很深的影响，但他自己却没有处理好多方面的关系，因而得到了一个走投无路的结局。

下马作威

典出《汉书·序传》。

定襄闻伯素贵，年少自请治剧，畏其下车作威，吏民竦息。

西汉有个叫班伯的少年，家世显贵，常出入宫中，很受皇帝的信任。

当时，定襄石、李两家大姓对抗朝廷，捕杀地方官吏，弄得定襄一带人心惶惶。班伯正准备出使北方的匈奴，听到此事，主动向皇上请求去定襄做太守。

定襄的豪绅大姓听说来了一位年少气盛的新太守，料定他走马上任初期要雷厉风行，大抓大杀，显示一下威风。因此，他们把犯了罪的人藏起来，然后静静地观看。

班伯首先请来了当地的豪绅大姓，对他们客气地说：“在座的都是父兄师父，今后有什么事，还需要大家鼎力支持。班伯一人治理不好定襄，也不打算在定襄待得太久。定襄是在座诸位的，要治理好也是诸位的事。我这次来，只同大家交上朋友。”说完，班伯对年长的行了儿孙礼。从这以后，班伯果然不问定襄的事，日日广交朋友。久而久之，他结交了不少的人，逐渐了解到那些犯法的人匿藏在何处。于是，班伯召集民吏，分头捕获，不到10天，郡中震动。定襄很快恢复了秩序。

后人将此典概括为“下马威”，指新官上任，装腔作势地显示威风。

挟天子以令诸侯

典出《三国志·蜀书·诸葛亮传》。

东汉末年，汉室日趋衰败，曹操专权，以皇帝的名义号令诸侯。当时，诸葛亮隐居乡间以耕种土地为生。

一天，诸葛亮的好友徐庶拜见刘备，对刘备说：“诸葛亮像一条卧龙，将军难道不想见一见他吗？”

刘备求贤心切，便去拜访诸葛亮，前

后去了三次，才见到诸葛亮。刘备虚心地向他请教时局和发展趋势。诸葛亮回答道："如今曹操已经拥有百万大军，而且挟天子以令诸侯，实在无法与他一决雌雄。孙权占据了江东地区，已经经历了三代，有天险可依，并且人民又依附他，贤能的人为他出谋划策，他可以做您的盟友，您却不可能吞并他。荆州北有汉水、沔水，南通南海诸郡，东与吴郡和会稽郡相连，西与巴郡、蜀郡相通，这是个便于用兵的地方；益州四面都是险阻的要塞，中间是肥沃的平原，它们的主人却不能很好地治理，简直是上天赐给您的！您是汉朝王室的后代，以信义名闻天下，统领各路英雄。如果占据了荆州和益州，依靠险要的地形，然后西面与各少数民族媾和，南面安抚好百越各部族，对外与孙权结盟修好，对内治理好政务，一旦天下有变化，可有攻有守，那么就可以完成霸业，复兴汉室了。"从此，刘备对诸葛亮言听计从，诸葛亮也尽心着力扶持刘备建立蜀汉，与魏、吴三分天下。

后人用"挟天子以令诸侯"比喻借着权威者的名义发号施令。

只许州官放火，不许百姓点灯

典出《老学庵笔记》。

宋朝有个州官叫田登，一贯横行霸道、飞扬跋扈，竟不许州内的老百姓说出与"登"字同音的字，不管是写文章还是谈话，凡遇到与"登"同音的字，都必须用别的字来代替。比如"点灯"只能说成"点火"；元宵节放花灯，只能说"放火"。

每一年的正月十五元宵节，城里有钱有势的人家都要放灯，就是点各式各样的花灯，通宵让人观赏。这一年，田登假惺惺地允许老百姓进城观灯，还特地命令手下人在街上张贴布告。可是布告中要写"灯"字，这可怎么办呢？写布告的官吏是挨过田登板子的，再也不敢犯忌了，便在布告中写道："元宵节晚上，本州照例放火三日。"布告贴到了大街上，外地的客人不了解内情，看了布告大吃一惊，以为一定发生了什么不寻常的事儿，赶紧向别人打听原因。被问的人，开头都不敢直说，唯恐让田登知道了又要受罚。后来经不住客人再三追问，才悄悄将本州的忌讳一五一十说了一遍，客人听后，又好气又好笑，挖苦道："这真是'只许州官放火，不许百姓点灯'呀！"

后人用此比喻反动统治者可以任意做坏事，而百姓的正当言行却受到种种限制。

司法篇

大义灭亲

典出《左传·隐公四年》。

石碏纯臣也，恶州吁而厚与焉。大义灭亲，其是之谓乎？

战国时代，卫国百姓因州吁杀了卫桓公自立为王，又任意驱使他们去打仗，十分不满，要派人到洛阳告诉周王。州吁大急，便和他的同谋者石厚商量怎样稳定人心，石厚说："我父亲在朝廷德高望重，如果把他老人家请出来，就好办了。"

石厚父亲石碏本是卫桓公重臣，因不满卫州吁的所作所为，告老还乡。今见石厚来问，便说："诸侯即位应得周王许可，要是周王答应了，还有什么说的。"石厚继续问："怎么才能得到周王许可呢？"

石碏答道："陈桓公得宠于周王，又和我们相好，如你们得到陈桓公帮助，在周王面前说几句好话，那周王一定会答应的。"石厚把他父亲的话转告州吁，两人大喜，立即带些礼物到陈国去。

石碏也写了一封信，暗地里打发人送给陈桓公，大意说：卫国不幸，出了祸国殃民的乱臣，这全都应由州吁和石厚两人负责。我年老了，无力处治他们，只好想法叫他们上贵国，请你本着正义，把他们办罪，给卫国除害。

州吁和石厚一到陈国，就被陈桓公捉住了。陈桓公派人到卫国问怎样处置这两个人，卫国派右宰丑赴陈国杀了州吁。关于石厚，大家为了讨好石碏，都主张从轻处治。但石碏说："小子不忠不义，留他何用。"立即派管家獳羊肩赴陈国把石厚杀了。石碏以国家之大义灭父子之私亲的做法，得到后世人的赞许。

"大义灭亲"本指为君臣大义而灭父子的私亲，后泛指为正义而不顾私亲的行为。

奉公守法

典出《史记·廉颇蔺相如列传》。

以君之贵，奉公如法则上下平，上下平则国疆，国疆则赵固。

战国时，赵国有一个叫赵奢的人，当

过田部吏（主管土地、租税等的官）。因他善于用兵，后来当了赵国的大将。在秦赵交兵中，他曾率军大破秦军。因功被封为马服君。

在赵奢当田部吏的时候，有一次征收租税，平原君赵胜（赵惠文王的弟弟）家拒不交租，赵奢依法杀了在平原君手下为虎作伥的九个打手。为此，平原君大怒，要杀掉赵奢。赵奢毫不畏惧，他对平原君说："你身为赵国的贵公子，纵容家人抗租不交，这是无视国家法律的行为。国家的法律削弱了，国家就要衰败，国家衰败了，各国诸侯就会出兵攻赵，各国诸侯出兵攻赵，我们赵国就要灭亡了。到那时，你怎么还能有现在这样的荣华富贵呢？以你这样的权势和地位，如果能够奉公守法，那么上上下下都会敬佩你，从而使国家强盛，人民安宁，希望你能以国家的利益为重。"平原君听了赵奢的这番话，觉得很有道理，于是向赵王作了汇报，说赵奢是一个很贤明的大臣，赵奢也因此得到了赵王的进一步重用。

后人用"奉公守法"这个典故比喻遵守国家规定的法令制度。含褒义。

画地为牢

典出《报任少卿书》。

故士有画地为牢，势不可入……

西汉时，李陵战败投降匈奴，汉武帝十分生气。大臣中原来赞颂过李陵士气旺盛的人，见此情况都反过来责骂李陵。唯独司马迁对李陵持有不同看法，他爽直地向汉武帝陈述了自己的意见。他说："我和李陵素来没有什么交情，各走各的路，但我看他的为人，很讲交情，很讲义气，恭敬俭朴。他常常想'奋不顾身'以殉国家的急难，确有国士的风骨。现在李陵出了问题，大家都全盘否定他，我实在想不通。这次，李陵只带5000步兵，深入敌境，尽心杀敌，不顾个人生死。他与单于打仗十多天，杀敌之数超过了自己军队的人数，杀得匈奴个个震惊恐怖。匈奴单于在这种情况下，动员全国军事力量，共同攻击李陵，在敌强我弱的不利处境下，李陵辗转战斗，拼死鏖战，最后因箭射完了，粮食吃光了，归路被切断了，士兵很多伤亡了，才被迫停止战斗。他的投降实在处于迫不得已，他不是真投降，而是想等待有利时机报答国家。"司马迁最后还说，李陵的功劳也可以抵补他战败的罪过。武帝听了司马迁的话，大发雷霆，立即把司马迁关进了监狱。廷尉杜周为了迎合讨好皇帝，对司马迁施行了当时最残酷、最耻辱的"腐刑"。

司马迁因身体和精神受到如此严重的摧残，内心极为痛苦，很想一死了之。但他冷静一想，如果真的死去，在达官贵人

的眼中，不过像“九牛亡一毛，与蝼蚁何以异”？那样死了不但得不到同情，反而惹天下人耻笑。他认为“人固有一死，或重于泰山，或轻于鸿毛”（人本来都有一死，但有的人的死比泰山还重，有的人的死比鸿毛还轻），为什么要轻易了结自己的生命呢？至于人身受到侮辱，是完全在意料之中的事。他想到猛虎在深山里为王时，百兽见了都震惊害怕，一旦被关进槛圈坑阱之中，也只得向人摇尾乞食，所以士子见到地上画了一个算是监牢的圈儿，都不肯跑进去，而今我已被关进了监牢，有什么办法呢？历史上的王侯将相，如文王、李斯、韩信、魏其都受过侮辱，何况我们这些人呢！于是他决心活下去，忍受奇耻大辱，效法文王、屈原、左丘、孙子等人，在自己的残生尚存之日从事著述。凭借顽强的毅力，他终于写成了《史记》这部伟大著作。

后人用“画地为牢”比喻只许在规定的范围内活动。

明察秋毫

典出《孟子·梁惠王上》。

明足以察秋毫之末，而不见舆薪，则王许之乎？

战国时，有一次齐宣王请求孟子讲有关齐桓公、晋文公称霸的事，孟子回答说：“孔子的学生只学仁、义、道、德，从来没听说过以武力称霸的事，所以我不会讲。当然，如果大王愿意听有关‘王道’的事，我会尽力讲好的。”齐宣王说：“您讲统一天下的事吧！”孟子回答道：“大王只要有同情心，就可以统一天下。”齐宣王笑了，说：“哪有这么简单，同情心与统一天下又没有联系。”孟子接着说：“我听人说，有一天，大王坐在堂上，有人牵着牛从堂下经过，大王看见了，就问去哪里。那人说，准备杀牛用它的血祭钟。你就叫那人放了，并说：‘牛又没有罪，为什么要杀它呢？我不愿看到它被杀时那可怜的样子。’那人说：‘那祭钟怎么办呢？’大王就叫他用一只羊代替。由此看出，大王是有同情心的，因为有同情心就会爱护老百姓，爱护老百姓国家就强大。”

齐宣王听了，摸着头说：“现在想来，真有些不能理解，齐国即使小，也不至于连一只牛都没有，难怪老百姓说我吝啬呀。”

孟子说：“这没有什么奇怪，老百姓不理解大王的深意。表面看，牛和羊都是死，大与小又有什么区别，但实质上却不同了。”齐宣王说：“我这种心情与王道有什么相同呢？”孟子回答道：“假使有人向大王报告：我的力量能举三千斤，却拿不动一根羽毛；我的目力能看清鸟兽的细毛，却看不清眼前的一车子柴火。大王相信吗？肯定不信。大王只要有同情心，就应该把同情心推广到全国，这是能做到的。”

后人用“明察秋毫”比喻目光敏锐，连极小的事物都看得清楚。

鞅法太子

典出《史记》。

令行于民期年，秦民之国都言初令之不便者以千数。于是太子犯法。卫鞅曰：“法之不行，自上犯之。”将法太子。太子，君嗣也，不可施刑；刑其傅公子虔，黥其师公孙贾。明日，秦人皆趋令。

新法令在秦国施行不到一年，然而来京城咸阳申诉新法不便的人数以千计。

太子也犯了法。商鞅说：“法令行不通是上面人犯了法的缘故。”于是想要依法处治太子。太子是国君的继承人，不可加以刑罚。于是商鞅便加刑给太子的辅佐公子虔，将太子的老师公孙贾涂面刺字。第二天，秦国人都急忙按新的法令办事了。

“鞅法太子”是说太子犯法与民同罪。

约法三章

典出《史记·高祖本纪》。

与父老曰，法三章耳：杀人者死，伤人及盗抵罪。

秦二世荒淫无道，宠信赵高，陷害忠良，以致民不聊生，天下大乱。陈胜、吴广揭竿而起，继之江东项羽、丰沛刘邦也举起义师，拥立楚王孙心为怀王，建都盱眙。这时楚军上将军为宋义，项羽为次将，范增为末将，刘邦则自领丰沛起兵的军队，隶属于楚怀王。不久，刘邦封为沛公。

楚军志在灭秦，必先取得关中之地（函谷关以西，今陕西等地）。楚怀王这日登殿，询殿前诸将，谁愿进取关中？项羽、刘邦俱应声愿往。楚怀王说：“谁先进入关中，谁即为关中王。”项羽、刘邦整军出发，项羽从北路进发，刘邦从西路进军。

刘邦受命之后，率领参谋萧何、曹参，武将夏侯婴、樊哙、周勃等从彭城出发，西征暴秦。

西征军道经昌邑县城，就改道高阳（今河南杞县境）西进。在高阳又获得了一位谋士郦食其，因而取陈留、攻开封。在曲遇、白马等地，大败秦军。夺南阳，下宛城，经舟水，出胡阳，所过之处，有征无战，直入武关。

刘邦兵进关中，接连打了几个胜仗，秦地人民为秦政所苦，楚军进关，反而箪食壶浆，夹道相迎。秦军望风而逃，刘邦直扑咸阳城下，秦二世、赵高等人，惊骇不已。

赵高杀了秦二世，另立秦王婴，想与楚军谋和。但秦王婴杀了赵高，素车白马，出城向刘邦投降。

刘邦进入咸阳，就留恋皇宫的舒适，不肯出皇宫。这位泗上亭长出身的刘沛公，布衣时代，就贪酒好色，一旦身入宫廷，尽力享受荣华富贵，忘了自己干什么来的。樊哙进宫，劝他离去，他不听。张良又进宫劝说：“秦皇无道，天下大乱，你才能兵进咸阳，为的是替天下扫除残贼。你刚到了咸阳，就安于宫室犬马，醇酒妇人之乐，这岂不成为助纣为虐？”刘邦大悟，遂出宫回至灞上，召集关中豪杰开会，订立约法三章：杀人者死；伤人者要抵罪；盗窃者要判罪。

刘邦对大家说：“我这次出关，是为父老们除害，不是来侵犯父老们的，请你们放心。我不住在咸阳宫中，回到灞上行辕，为的是等待山东六国诸侯会师咸阳，而后再定约束。”

秦国父老们大喜，回家之后，牵着牛羊，抬着酒食，到刘邦军中劳军。刘邦不受，婉转地对父老们说：“我们军中有的是军粮，不能接受你们的酒食，但我们非常感谢你们的盛情，如果我们吃了你们的东西，花费了你们的钱食，就失去我们进关拯救你们的初衷了，东西请你们带回，心意我们领了。”

这和秦军搜刮民脂民膏唯恐不尽的作风完全相反。关中百姓争相走告：“如果刘沛公不回关东，在我们关中做秦王，我们就有好日子过了。”

刘邦入关，与民约法三章，把关中的人心立刻收买住了。

后人用“约法三章”比喻订立必须遵守的规章条款。

做贼心虚

典出《梦溪笔谈·权智》。

陈述古密直知建州浦城县日，有人失物，捕得莫知的为盗者。述古乃绐之曰：“某庙有一钟，能辨盗，至灵。”使人迎置后阁祠之，引群囚立钟前，自陈：“不为盗者，摸之则无声。为盗者摸之则有声。”述古自率同职，祷钟甚肃。祭讫，以帷围之，乃阴使人以墨涂钟。良久，引囚逐一令引手入帷摸之，出乃验其手，皆有墨，唯有一囚无墨，讯之，遂承为盗。盖恐钟有声，不敢摸也。

枢密直学士陈述古任建州城知县时，有人丢失了东西，抓到一些人却不知道哪个是真正的盗贼。于是陈述古骗他们说：“某某庙里有一口钟，能辨认盗贼，特别灵验。”他派人把那口钟抬到官署后阁，祭祀起来，把这一群囚犯带到钟前，自己对犯人说：“没有偷东西的人，摸这口钟，它不响，偷了东西的人一摸它，钟就会发出声响。”陈述古亲自率领他的同僚，在钟前很恭敬地祈祷。祭祀完毕后，用帐子把钟围起来，并暗地里让人用墨汁涂钟，过了很久，钟涂好以后，带领被捕的犯人一个个让他们把手伸进帷帐里去摸钟，出来就检验他们的手，发现都有墨汁，只有一人手上无墨。陈述古对这个人进行审讯，于是他才承认自己是盗贼。原来这个人是害怕钟响，没有敢去摸。

“做贼心虚”这个典故告诉人们，陈述古善于抓住“为盗者做贼心虚”这一致命弱点，巧设机关，很快破获了一起盗窃案。后人用此词指做了坏事怕人觉察出来而心里惶惶不安。

军事篇

哀兵必胜

典出《老子》。

祸莫大于轻敌，轻敌几丧吾宝。故抗兵相加，哀者胜矣。

《老子》第六十九章，是老子关于军事问题的一篇论述。其主要论点是：

不要发动侵略战争；

各国统治者都懂得“柔胜刚”的道理，天下就将没有战争；

抗击侵略者决不可轻敌；

反侵略的国家必胜。

老子说：“古代用兵的人有这样的话：我不敢做主动发动战争的‘主’，而要做被迫进行战争的‘客’。我不敢进入别国领土一寸之近，可以退回本国领土一尺之远。王侯能这样‘守柔’，国家就将没有战争。这就是说，在军事行动中，可以没有行伍，不用严阵；可以不用缠起衣袖，露出胳臂，表现出武打的架势；手里可以不拿兵器，可能不战而胜，要捉的敌人，可能根本没有了。这就是‘柔弱胜刚强’的道理。如果真有敌人来攻，则万万不可轻视。灾祸莫大于轻视敌人。轻视敌人，差不多要丧失我们国家的土地、人民和主权。两国举兵相争，受侵略而怀着悲愤心

情的一方（哀兵），必将打胜仗。”

后人用“哀兵必胜”的典故比喻被压迫、受欺侮而奋起反抗的军队一定能打胜仗。

百战百胜

典出《孙子·谋攻篇》。

是故百战百胜，非善之善者也；不战而屈人之兵，善之善者也。

《谋攻篇》是《孙子兵法》上卷的第三篇。主要论述如何用计谋征服敌人。

孙武认为，领导战争的法则是：使敌人举国完整地屈服是上策，起兵去打破那个国家就差些；使敌人全军完整地降服是上策，击破敌人一个军（古时以12500人为一军）就差些；使敌人全旅（古时以500人为一旅）完整地降服是上策，击破敌人一个旅就差些；使敌人全连完整地降服是上策，击破敌人一个连就差些；使敌人全班完整地降服是上策，击破敌人一个班就差些。因此，百战百胜，还不算是高明，只有在进行具体战斗之前就能够使敌人处于必败的地位，才算是高明中最高明的。

“百战百胜”就是打一百次仗，胜一百次，即每战必胜。后人用这个典故比喻每战必胜，所向无敌。

兵不血刃

典出《荀子·议兵》。

故近者亲其善，远方慕其德，兵不血刃，远迩来服。

《议兵》是战国时的思想家、哲学家荀子论述军事问题的一篇论文。荀子认为，战争是为了“禁暴除害”，它的胜利是建立在政治上争取民心，取得人民支持的基础上的。因此，军事手段与政治手段应当结合起来。有时，政治方面的工作搞得好，可以起到军事上所起不到的作用。

荀子认为：用兵的目的在于禁暴除害，而不在于争夺。仁义之兵统治的地方，就会达到大治的局面，仁人之兵所经过的地方，人民就会得到教化，就好像得了及时雨，没有人不高兴的。尧伐驩兜，舜伐有苗，禹伐共工，汤伐有夏，文王伐崇，武王伐纣，都是以仁义之兵行于天下。因此，近处的人都喜爱他们的美德，远方的人都仰慕他们的仁义。这样，军队用不着刀兵相见，远近的人就都来归服了。德行如果达到这样好的程度，它的影响就会遍及四方远近的地方。

人们常用这个典故形容未经血战就获得了胜利。

兵无常势，水无常形

典出《孙子·虚实篇》。

夫兵形象水。水之形，避高而趋下；兵之形，避实而击虚。水因地而制流，兵因敌而制胜。故兵无常势，水无常形。能因敌变化而取胜者，谓之神。

用兵作战的情形就像水流一样，水的流向是避高而就低；作战的动向是避开敌方坚实之处而攻其薄弱环节。水因地形而制约其流向，用兵则要依据敌情而决定其制胜的方针。所以说，用兵作战没有固定不变的方式方法，就像水流没有固定的形状一样。能依据敌情变化而取胜的，就叫用兵如神。

在这里，孙武根据自己多年来的作战经验，提出了用兵打仗应当根据敌情决定取胜的方针，不能墨守某种既定的作战方法。他认为，同自然界的流水一样，战争的情况也是千变万化的。因此，指挥者只有根据战局的变化，采取灵活机动的战略战术，才能因势利导，夺取战争的胜利。

步步为营

典出《三国演义》。

渊为人轻躁，恃勇少谋。可激劝士卒，拔寨前进，步步为营，诱渊来战而擒之：此乃反客为主之法。

刘备统率大军前去攻取汉中。守将夏侯渊得知消息，便差人报知曹洪；曹洪星夜赶去许昌，禀知曹操。曹操闻之大惊，遂起兵40万亲率抵敌。不一日，曹操军至南郑，曹洪向他汇报战斗情况。曹洪说张郃被打得大败，夏侯渊知大王兵到，今固守定军山，未曾出战。曹操说不出战是怯懦，赶快叫夏侯渊进兵。夏侯渊得令，便派夏侯尚引3000军前去诱敌。蜀将黄忠见曹兵前来叫阵，即派牙将陈式出战迎敌。夏侯尚与陈式交战，不数合，尚诈败而走，陈式赶去，行到半路，两山上滚木擂石打将下来，不能前进。正准备撤回时，背后夏侯渊突至，把陈式生擒了去。部卒多降。有败军逃回，报知黄忠，黄忠慌忙去找法正商议。法正说：“渊为人轻躁，恃勇少谋。可激劝士卒，拔寨前进，步步为营，诱渊来战而擒之，此乃反客为主之法。”黄忠用其谋，遂把各种物资赏与军士，军士欢声满谷。黄忠军步步为营，每营住数日之后又前进。之后，黄忠又生擒了夏侯尚，占据了杜袭守卫的阵地。为此，夏侯渊怒不可遏，立即要出战黄忠。张郃劝夏侯渊说：“这是法正的计谋，将军不可出战，只宜坚守。”夏侯渊拒不听从劝谏，分军围住对方，大骂挑战。任凭夏侯渊百般辱骂，黄忠就是不出战。下午，法正见曹兵倦息，乃令军士鼓角齐鸣，顿时喊声大振，黄忠一马当先，驰下山来，犹如天崩地塌之势。夏侯渊措手不及，被黄忠一刀砍为两段，黄忠斩了夏侯渊，曹兵大溃，各自逃生。

后人用“步步为营”形容进军谨慎。有时也用来比喻行动、做事谨慎。

出其不意

典出《孙子·计篇》。

攻其无备，出其不意。此兵家之胜，不可先传也。

《计篇》是《孙子兵法》上卷的第一篇，是孙武军事思想的概述，主要论述决定战争胜败的各项基本条件。

孙武在论述到军事家取胜的办法时说：打仗是一种奇诡多变的行动，要因时、因地、因事制宜，临机决断。实际能打而向敌人表示为不能打；实际准备要打而向敌人表示为不想打。准备从近处进攻，而表示为将从远处进攻；将从远处进攻而表示为将从近处进攻。敌人贪利就用利诱，乘敌人混乱而夺取胜利。敌人坚实，应严密戒备；敌人强大，应避开他们的锋锐。敌人暴躁易怒，就扰乱他，使之轻举妄动；敌人卑怯，就设计使之骄傲而丧失警惕。

敌人安稳，就设法使他疲劳被动；敌人内部团结，就设法离间他。要以神速的行动，乘敌人不及防备、意料不到之时进击。这就是军事家取胜的办法，不能预先作出死板的规定。

后人用“出其不意”的典故比喻在敌人意想不到的时候进行袭击。

从天而降

典出《汉书·周勃传》。

涉曰：“……将军何不从此右去，走蓝田，出武关，抵雒阳，间不过差一二日，直入武库，击鸣鼓。诸侯闻之，以为将军从天而下也。”

汉文帝时，有一年匈奴侵犯边境。汉文帝命周亚夫为将军，陈兵细柳。

汉文帝带领大臣们去慰劳军队。到了细柳周亚夫的驻军营地，见军士全部铠甲在身，手执兵刃，严阵以待敌军。皇帝的侍骑先驰到军营，守卫营门的士兵说：“将军有令，不能随便进入军营！”侍骑重新拿着皇帝的令牌来到营门，守门兵士才放他们进营。但军吏又拦挡车骑，说：“军内有规定，营内骑马不得奔驰！”汉文帝只好按辔缓行。皇帝一行人来到中营，

周亚夫将军才出来，他向皇帝作了一个揖说：“铠甲在身，不能叩拜，请允许我以军礼拜见！”皇帝离营后，大臣们就议论纷纷说：“周亚夫太傲慢了，对陛下也不恭敬……”汉文帝却赞扬周亚夫说：“他是真正的将军。”不久汉文帝便提升周亚夫为中尉。

汉文帝生了重病，临终前告诫太子说：“记住，国家有了危险要任用周亚夫，这个人可以安定朝廷的。”

汉景帝即位后，任命周亚夫为车骑将军。汉景帝执政才 3 年，吴王和楚王就开始谋反。周亚夫受命带兵去平叛。

周亚夫领兵出征，走到灞上，赵涉拦住他诚恳地说：“你这次去平叛吴王和楚王，事关重大呀！吴王刘濞很强，他养了许多勇士，组成了敢死队。他知道你率兵去打他。他预先必有伏兵，你最好走右边的路线，过蓝田，出武关，到雒阳，迟不过一二日，可以直入武库，击鼓鸣金，诸侯听见了会以为将军从天而下，必然惊慌失措……”

周亚夫接受了赵涉的意见，派精兵去断绝了吴王、楚王军队的粮道。吴、楚军内缺乏粮食，将士恐慌。周亚夫趁机击败吴军。吴王刘濞逃跑到江南，1 个月后被越人斩首了。

“从天而下”后演变为成语“从天而降”。

短兵相接

典出《楚辞·九歌·国殇》。

操吴戈兮被犀甲，车错毂兮短兵接。

又见《史记·季布栾布列传》。

季布母弟丁公，为楚将。丁公为项羽逐窘高祖彭城西，短兵接，高祖急，顾丁公曰："两贤岂相厄哉！"于是丁公引兵而还，汉王遂解去。

秦末楚汉相争的初期，汉王刘邦攻占彭城（今江苏徐州）。楚王项羽从山东回军南下包围彭城，刘邦大败而走，项羽的部将丁公率军紧追。追到彭城之西，汉军不得不接战，两军挥剑阵前搏杀，形势非常危急，刘邦看情形很难脱身，便回头对丁公说："你我都是英雄，何必苦苦相逼呢？"丁公听了这话，便卖了个情面，引兵退去，刘邦才得以脱身。

短兵相接意思是说丁公追逐刘邦到彭城之西时，两军迫近，用刀剑等短兵器交接战。古时打仗的兵器，弓箭称为"长兵"，刀剑称为"短兵"，近身作战，必须用短兵器，故叫作"短兵相接"。

其实，这个典故应该追溯到战国时楚国大诗人屈原所著的《九歌》，他在描写古代战争的《国殇》篇中，便已有"短兵接"的说法，所以司马迁不过是最早把它当作成语来运用而已。

后人用"短兵相接"这个成语形容敌我逼近，战斗激烈。

疾风扫落叶

典出《三国志·魏志·辛毗传》。

以明公之威，应困穷之敌，击疲弊之寇，无异迅风之振秋叶矣。

北朝时，初步统一了北方的前秦皇帝苻坚，打算一举消灭南方的东晋王朝，统一中国。这时候他的弟弟苻融及一些有见识的大臣都劝他不可贸然从事，主要理由

是：东晋当时比较安定、强大，而前秦王朝的军队是各少数民族联合的队伍，人数虽多，各族士兵却各怀异心，这场战争是没有必胜把握的。可是苻坚却十分自信，他说："我率领百万大军南下，投鞭可以塞断江流，较其强弱之势，犹疾风之扫落秋叶耳。"于是命令大军出发。军队的前锋已抵淮南，后军还未出都城，迤逦八百多里。苻坚和苻融亲临前线。这时，东晋派出了它最精锐的"北府兵"，由大将刘牢之为前锋，以谢玄为前锋大都督，率8万人迎战。在洛涧这个地方与前秦军相遇。刘牢之说："要乘敌军还未到齐的机会作战，等待观望必死！"于是大呼进击，一下子杀掉前秦军1万多人，大大地挫伤了秦军的锐气。这时苻坚亲率援兵20余万人赶到，两军夹淝水对峙。苻坚登上高山望敌，看见晋军队伍严整，说："啊！这也是劲敌啊！"谢玄请求秦军略微退一点儿，好让晋军渡过淝水来决战。苻融想到兵法中有"等待敌人渡过来一半时攻击敌人"的说法，便同意谢玄的请求，挥军后退。这时，后面的部队不知道为什么队伍后撤，而前秦军中的汉族官员乘机造谣，大呼"前秦军败了"，于是军队大乱。晋军乘机渡水攻击，苻融奔下山来整顿队伍，

马跌倒了被晋军杀死。于是，前秦军大溃，一败不可收拾，互相践踏抢逃，死伤不计其数。逃兵望见八公山草木，都以为是埋伏的晋兵，听见风声鹤唳也以为晋兵追来了。这一战就是历史上著名的以少胜多的“淝水之战”。战后，前秦精锐丧尽，苻坚也被人杀死。

后人用“疾风扫落叶”的典故比喻军队力量强大，以迅猛之势扫除溃败的军队或腐朽的东西。

坚壁清野

典出《三国志·魏书·荀彧传》。

东汉末年，军阀混战。曹操派人接父亲来兖州，结果他父亲在路上被徐州牧陶谦的部将杀死。于是，曹操与陶谦结下很深的怨仇。

公元194年，曹操亲率大军进攻徐州。曹操大军出征后，他的下属陈昌太守张邈等乘后方空虚，发动叛乱，暗中迎接军阀董卓的部将吕布来当兖州牧。曹操的谋士荀彧留守兖州，料到张邈作乱，立即布置军队，保住了下鄄城等三城。直到曹操率军从前线赶回，才陆续收复一些失地。

不久，徐州牧陶谦病死。曹操想先夺取徐州，回过头来再收拾吕布。他把自己的想法告诉荀彧。但荀彧却认为当务之急是先对付吕布，巩固根据地。他先对曹操说明巩固根据地的重要性：“从前汉高帝保住关中、光武帝占据河内，都是先建立巩固的根据地，从而控制天下。有了巩固的根据地，进可以胜敌，退可坚守，所以他们虽然有困难失败的时候，但最后还是完成了统一的大业。”

接着，荀彧分析了曹操目前的处境：“将军本来是凭借兖州起事，在这里打了不少胜仗，平定了山东的祸乱，老百姓无不心悦诚服。况且兖州是天下的战略要地，现在虽然受到破坏，但还是容易凭借它来保住自己。这里等于是将军的关中和河内，不能不首先使它平定。如果现在丢开吕布去东征徐州，多留兵则东征兵力不够，少留兵则要动员老百姓来保城。这样，老百姓连砍柴都不能去。如果吕布乘虚侵犯，民心会保不住。那时只有鄄城等三城可以保全，其余都不是自己所有，这样等于没有兖州。还要考虑到，如果徐州攻不下来，您将归向何处呢？”

荀彧见曹操皱起眉头在沉思，便有意停了一会儿，然后再说道：“再说，陶谦虽然已经死去，但不等于徐州就容易攻下来了。他们将吸取往年失败的教训，互相结盟依靠。现在徐州那里都已经收获麦子，他们一定坚壁清野，并以此来等待将军。将军进攻不得取胜，一无所获，用不了10天时间，10万大军不战自困！”

曹操听了荀彧的分析，决定停止东征徐州，而是先集中力量收麦子，然后再与吕布作战。不久，吕布失败逃跑，兖州也平定了。

坚壁：坚固壁垒。清野：清扫田野。“坚壁清野”形容使敌人攻下城堡后一无所获。

金城汤池

典出《汉书·蒯通传》。

先下君而君不利，则边地之城皆将相告曰：“范阳令先降而身死”，必将婴城固守，皆为金城汤池，不可攻也。

秦朝末年，陈胜领导的农民起义军打下阵县（今河南淮阳）以后，派一个叫武臣的人为将军，带3000士兵渡过黄河，攻打河北各地。武臣一过黄河，攻打城池，招兵买马，使起义军的力量迅速扩大。但也有不少城池防守严密，守城者据险顽抗。东郡范阳（在今山东省梁山县西北）是起义军攻打的一大目标。范阳令徐公非常害怕，传令兵士日夜提防，加强守备。这时，有个叫蒯通的人来见徐公，劝徐公派他去见武臣，以免城破人亡。徐公派蒯通去见武臣。他见了武臣后说：“你知道范阳令徐公为什么不肯投降吗？就是因为怕投降了也被你杀掉。如果你真的把已投降的徐公杀了，其他城池的守将就会互相转告说：‘反正投降也是死，还不如据城固守。’这样，那些城池就可能像金城汤池（金属铸造的城郭，滚烫的护城河）一样坚固，再攻起来就难了。如果你能优待徐公，其他城池的守将定会纷纷来降。”武臣接受了蒯通的建议，优待了范阳令徐公。其他城的守将见此，果然纷纷来降，武臣没费多大劲儿，就得到了30多座城池。

后人用“金城汤池”的典故比喻城防坚固，极难攻入。

令行禁止

典出《荀子·议兵》。

以守则固，以征则强，令行禁止。

《议兵》是荀况的一篇军事论文。荀况从加强地主阶级专政、统一天下的政治需要出发，总结了战国末期兼并战争的经验，提出了自己的军事思想。他认为，进行统一战争是为了“禁暴除害”，它的胜利是建立在政治上争取民心，取得人民支持的基础上的。

荀况指出：单纯的兼并并不难做到，但要保持和巩固下去就很困难了。他列举了历史上许多能夺人之地而不能固守的事例后，指出只能兼并不能巩固，那就一定会得而复失；不能兼并又不能巩固其原有

的土地、政权，那就一定亡国。如果得到了土地而且能够使它巩固下来，然后再去进行兼并,那么再强大的敌人也不在话下。用礼来巩固士；用政来巩固民，这才是最大的巩固。如果能达到这样的政治局面，用来守住国土就会十分巩固；用来征讨别国就会十分强大，就会令行禁止。这样王者的事业就完备了。

后人用“令行禁止”（意即有令就行，所禁必止）来比喻纪律严明。

千军万马

典出《梁书·陈庆之传》。

陈庆之是南北朝时梁朝的著名战将。有一年,梁武帝授命陈庆之率军进攻北魏。陈庆之一路攻城占池，所向披靡，率军赶到荥阳城下,立即对守城的魏兵发动猛攻。但由于荥阳城防守坚固，梁军连攻数天都被击退。

这时，北魏的大批援军相继赶到，梁军腹背受敌，形势万分危急。陈庆之见部下士气低落，就召集起三军将士，鼓舞大家说：“我自北伐以来，攻克魏城数十座，而诸位将士们杀死的魏兵也不可计数。现在，魏兵有 30 多万，都把我们看成不共戴天的仇敌。可我军才 7000 人，我们只有与敌人拼死一战，才有可能获救啊！否则，大家的身家性命就难保了。”

陈庆之的一番话使梁军士气大振，结果荥阳城一下子就被梁军攻克了。陈庆之乘胜杀到洛阳城下，洛阳守军不战而降。当时，陈庆之麾下的将士一律身着白色战袍，在洛阳城中往来驰骋，显得十分威武。魏人见了，无不感慨，就编了一首民谣：名师大将莫自牢，千军万马避白袍。

后人用“千军万马”形容兵马很多或声势浩大。

前徒倒戈

典出《尚书·武成》。

会于牧野，罔有敌于我师，前徒倒戈，攻于后以北，血流漂杵。

商朝的纣王是个暴虐的国君。人民对他非常痛恨。

当时，周国是商朝的附属国。周国的国君周文王精心治理国家,积极准备力量，决心消灭纣王。他很得人心，因此许多诸侯国都背离商朝，归附了周国。

周文王死后，他的儿子武王继位。周武王决心继承父亲的遗志，完成灭商的大业。

公元前 1066 年，武王率领兵士 4.5 万人，勇士 3000 人，战车 300 辆，出征讨伐商纣王。各诸侯国纷纷响应，出兵参战。

周武王指挥大军向商朝别都朝歌（今河南省淇县）发起猛烈的进攻。他没有遇到多大抵抗，就攻到牧野，即现在河南省汲县北部，距朝歌只有七十里路。周武王在牧野召开誓师大会，列举了纣王的种种罪状，号召将士团结战斗，奋勇杀敌。

此时，商纣王正在和妃子饮酒取乐，突然听到周武王进攻的消息，慌了手脚，匆忙率领 70 万大军，赶到牧野迎战。商军官兵不愿替纣王打仗，战斗一开始，纣王前锋部队的士兵就调转矛头,配合周军，反戈向纣王杀去。结果商军大败，死伤无数，尸体堆积如山，血流成河。纣王走投无路，自焚而死，商朝灭亡了。

后来人们从这个故事中引出“前徒倒

戈”和“血流漂杵”两个成语。“前徒倒戈”用来比喻军队背叛，调转枪口攻击自己；“血流漂杵”用来形容战争中死伤众多，血流成河。

深沟高垒

典出《孙子·虚实篇》。

故我欲战，敌虽高垒深沟，不得不与我战者，攻其所必救也。

又见《韩非子·说林下》。

将军怒，将深沟高垒；将军不怒，将懈怠。

《虚实篇》是《孙子兵法》中卷的第二篇，主要论述如何使敌虚而我实，达到战斗中以实击虚，夺取胜利。

孙武说：“进攻时，要使敌人不能抵御，就要急冲敌人空虚之处；退却时，要使敌人不能追击，就要退得迅速，使敌人无法追及。如果我军想打，敌人即使坚守深沟高垒，也要逼他打，要去进攻他不能不去援救的要害之地。如果我军不想打，就要划定地区坚守，使敌人想与我交战也不可能。这就要设计迷惑敌人，使他不知道向哪个方向前进。”

“深沟高垒”即指军队扎营时，把壕沟挖深，把壁垒筑高。后人用“深沟高垒”比喻防御工事的坚固。

师直为壮

典出《左传·僖公二十八年》。

晋师退。军吏曰：“以君辟臣，辱也。且楚师老矣，何故退？”子犯曰：“师直为壮，曲为老，岂在久乎？微楚之惠不及于此，退三舍避之，所以报也。背惠食言，以亢其仇，我曲楚直。其众素饱，不可谓老。我退而楚还，我将何求？若其不还，君退臣犯，曲在彼矣。”

春秋时，晋楚两国都很强盛，其他的小国如宋、郑、曹等国一向都屈从于楚国，但后来宋国忽然背叛了楚国改投晋国。楚国立即出兵伐宋。宋国在强兵压境的时候，派使者求救，晋文公听了大夫先轸的话，一面叫宋国去劝秦、齐两国和楚国交涉，一面将曹、卫两国君扣留起来作为要挟。楚将子玉派人去通知晋兵说：“你们送曹、卫君回去，重新把曹、卫恢复，我也就解除对宋国的围攻。”晋文公把楚国使者囚在卫国，又暗中答应恢复曹、卫两国，于是曹、卫便与楚国断绝关系。

子玉听到这个消息非常生气，便指挥军队进攻晋兵，晋兵奉令后撤。军官很是不满，晋大夫狐偃说：“出兵而理直者，就是壮盛的；理亏者，就是衰落的，何必在乎时间的长久？我们若无楚国的恩惠（晋文公曾得楚君之助，得以回国接君位），到不了今天，退九十里避开他们，就是为报楚国旧日的恩惠。若我们忘恩失信，以仇怨相对，那么，我们理亏，他们理直，

他们的士气很旺盛，不能算衰落。如我们退了以后，他们仍要进军，那就是他们理亏了。”

后人便将狐偃的这句名言“师直为壮”引为成语，指出兵理由正当，因而斗志旺盛，战斗力强。

失之东隅，收之桑榆

典出《后汉书·冯异列传》。

冯异是东汉著名的将领，跟随光武帝刘秀南征北战，立下赫赫战功。

一年，刘秀身陷重围，连夜带兵突围南逃，来到饶阳县无蒌亭。这时天降大雨，寒风凛冽，将士们都饥寒交迫，人人灰心丧气。冯异见此情景，就亲自带人冒雨找来了柴禾、干粮，烧了一大锅热气腾腾的菜汤。刘秀等人吃完，恢复了精神，重新斗志百倍地踏上征程，终于脱离了险境。

刘秀称帝后，封冯异为征西大将军，命他率军会同邓禹、邓弘军队一同西进，讨伐占据在关中地区的赤眉军。

当时赤眉军屯兵20万，兵势强大。冯异建议先派人去赤眉军中诱降，涣散敌人军心，然后由邓禹、邓弘二将领军打击东边敌人，自己率军西进，对赤眉军两边夹击，方可确保战斗的胜利。但邓禹、邓弘二将求功心切，没听冯异的劝告，仓促领兵攻击赤眉军，结果大败而归，损兵三千。

冯异闻讯，忙率军转移，等候战机。几天之后，冯异在渑池设下埋伏，让手下士兵换上赤眉军的装束，藏在路旁，诱敌深入。赤眉军入了圈套，冯异一声令下，顿时伏兵四起，杀得赤眉军人仰马翻，四

散奔逃。

渑池一战，冯异消灭了8万敌人，大获全胜，这个捷报传到京城，刘秀立即写了一封诏书，送到前方表示慰问。刘秀在信中说：前方将士打了胜仗，非常辛苦，虽然开始时你们像斗败了的鸟儿，垂着翅膀逃到溪坂，但最终在渑池振翼高飞起来了，真可谓“失之东隅，收之桑榆”呀！

东隅：日出的地方，也指早晨。桑榆：落日所照的地方，也指日暮。比喻开始时在这一方面失败了，但最终却在另一方面取得了成功。

孙子练兵

典出《史记·孙子吴起列传》。

孙子武者，齐人也。以兵法见于吴王阖庐。……阖庐曰：“可试以妇人乎？”曰：“可。”于是许之，出宫中美女，得百八十人。孙子分为二队，以王之宠姬二人各为队长，皆令持戟，……即三令五申之。于是鼓之右，妇人大笑。……复三令五申而鼓之左，妇人复大笑。……乃欲斩左右队长。吴王从台上观，见且斩爱姬，大骇，趣使使下令曰：“……愿勿斩也。”孙子曰：“臣既已受命为将，将在军，君

命有所不受。”遂斩队长二人以徇，用其次为队长。于是复鼓之。妇人左右前后跪起皆中规矩绳墨，无敢出声。

伍子胥请来了孙武，一同去见阖闾。阖闾从朝堂上跑下来迎接孙武。随即问他用兵的方法。孙武把他自己写的13篇兵法送给他。阖闾叫伍子胥从头到尾朗诵一遍。每念完一篇，阖闾就不停地点头称赞。他对伍子胥说：“这13篇兵法真是扼要精粹，好极了！可是咱们吴国国小兵微，怎么办？”孙武说：“有了兵法，只要大王有决心，不仅男子，就是女子也行。男男女女，全都能够打仗，还愁什么人马。”阖闾笑着说：“女人怎么能打仗，这不是笑话吗？”孙武一本正经地说：“大王要是不相信，请先拿宫女们试一试。我如果不能把她们训练得跟士兵们一样，我愿意认罪受罚。”阖闾于是派了180名宫女，让孙武去操练。孙武请阖闾挑出两个爱妃当队长。阖闾也答应了。最后，孙武请求说：“军队首重纪律。虽说拿宫女们试试，也得讲究纪律。请大王派个执掌军法的人，再给我几个武将当助手。不知道大王答应不答应？”阖闾全都答应了。

180名宫女全都穿戴着盔甲，手执兵器，在操场上集合。孙武首先出了三道军令：“第一，队伍不许混乱；第二，不许吵吵闹闹；第三，不许故意违背命令。”接着，他把宫女们排成了两队，操练起来。那两个妃子队长以为她们穿上军衣，拿着长枪、短刀，是出来玩的，就带头嘻嘻哈哈地不听使唤，其他的宫女也跟着笑闹成一团。她们或坐，或站，或摆姿弄势，或来回奔跑，根本不拿训练当回事。孙武于是传令，叫她们归队立正。其中还有人说说笑笑，不听命令。孙武传了3次令，那两个妃子队长和宫女们还是嬉笑如故。孙武大怒，瞪着眼睛大声地跟那个执掌军法的人说：“士兵不听命令，不服约束，按照军法应当怎么处治？”军法官连忙跪下，说：“应当斩首！”孙武就发出命令，说：“先把队长正法，做个榜样。”武士们就将两个妃子绑起来，吓得宫女们全都花容失色。

阖闾在高台上远远瞧着她们操练，忽然看见两个妃子被绑上了，立刻打发人拿着“节枝”（代表君王权力的一根手杖）去求救，叫他传令，说：“我已经知道将军用兵的才能了。这两个妃子是我最心爱的，请饶了她们吧！”

那人急急忙忙地来见孙武，传出阖闾的命令。孙武对他说：“军中无戏言。我既然受了大王的命令做了将军，就得由我管理军队。要是不把犯法的人治罪，以后我还能够指挥军队吗？”他还是把这两个妃子正了法，另外又挑了两个宫女当队长，重新操练起来。这批宫女在孙武严厉的训练下，居然操练得有模有样。

阖闾虽然佩服孙武的兵法，却仍不大愿意重用他。伍子胥对阖闾说：“大王打算征伐楚国，领导各国诸侯，做一番惊天动地的大事业，就非得有个像孙武那样的大将不可。”阖闾经他这么一说，才拜孙武为大将，又称呼他为军师，吩咐他准备征伐楚国的事情。

孙武提议说：“大王如果打算发兵远征，就必须先除掉内患才行。王僚的兄弟掩余在徐国，烛庸在钟吾（在江苏省宿迁县西北），他们两人随时都可能衔恨到吴国来报仇。咱们必须先铲除他们，然后再发兵。”阖闾和伍子胥都赞成他的主张，就派遣两个使臣分别去要求那两个小国交出逃犯来。徐国和钟吾不乐意，把掩余和烛庸都放了。阖闾怒不可遏，立刻命令孙武发兵去征伐这两个小国。孙武追上了掩余和烛庸，把他们杀了，又将徐国和钟吾并吞了。阖闾想乘胜打到郢都去。孙武说："不能让士兵们太劳累。先休息休息，逮到个好时机再去打，才能够百战百胜。"

这个故事讲述了治军必须纪律严明，带兵要遵循法则。

天下无敌

典出《孟子·离娄上》。

夫国君好仁，天下无敌。

又见《庄子·说剑》。

臣之剑十步一人，千里不留行。王大悦之，曰："天下无敌矣！"

有一次，有人去问孟子："怎样才能做到天下无敌？"

孟子说："现在有些弱小国家想以强大的国家为师，但又以接受别人的命令为耻，这就好比学生以接受老师的命令为耻一样，这行吗？"来访者问："不以强国为师就没有别的办法了吗？"孟子沉思了一下回答说："当然不是说只能以强大的国家为师，因为我们可以文王为师。以文

王为师，强大的国家只需五年，较小的国家只需 7 年，就一下可以得到统治天下的大权。""怎样才能做到以文王为师呢？"来访者问。孟子说："这就是要施行仁政。孔子说过：仁德的力量，是不能拿人的多少来计算的。如果君主爱好仁德，则'天下无敌'。"

后人用"天下无敌"来形容战无不胜，哪里都没有能抵挡的。

危在旦夕

典出《三国志·吴书·太史慈传》。

太史慈是东汉末年人，家境贫寒，多亏孔融接济他们，他母亲才把他拉扯成人。

黄巾农民起义爆发后，这时身为北海相的孔融在都昌被农民军将领管亥的部队团团围住，形势万分危急。太史慈的母亲对他说："儿啊，如今孔大人遇到危难，你该去帮帮他！"

太史慈越过了封锁线，只身潜入了都昌城。农民军将都昌城围得越来越紧，孔融坐立不安，更加焦急。有人提议，平原相刘备为人重信义，急人所难，不如再派人突围去向平原相报信求援，请刘备赶快来解围。孔融面有难色，说："主意倒是不错，可无奈这城被围得水泄不通，前几次突围送信的人，死的死，伤的伤，没有一个人冲出去。"

这时，太史慈站了出来，向孔融请求出城送信。

第二天，都昌城紧闭多日的城门突然打开了，只见太史慈披挂一新，纵马驰出，身后只跟了两名骑兵。城外围军一时惊骇，竟不知如何对付是好。太史慈下马滚入沟

堑，搭弓射箭，连中两名敌兵，随着跃身上马，一溜烟进了城，城门又紧紧地关上了。

此后几天，太史慈天天如此骚扰围军一番，围军只当这是守军的杀伤战术，渐渐习以为常，不加警惕。可是第五天早上，城门一开，太史慈飞马加鞭，竟然直冲围军而去，围军急忙躲闪，居然给他让出了一条路。等到围军醒悟过来，太史慈早已越过重围，朝远处急驰而去。

太史慈到了平原郡，见到了平原相刘备，告急道：“今北海孔大人被围，孤军无援，危在旦夕，请您马上派兵相救。”说罢，递上孔融的亲笔信。

刘备读罢信，当即派出3000名精兵跟随太史慈去援救孔融，解了都昌城之围。

旦：早晨。夕：傍晚。旦夕：指时间极短。“危在旦夕”指危险就在眼前了。

一成一旅

典出《左传·哀公元年》。

春秋时期，吴王夫差为了替父亲报仇，率兵攻打越国，把越王勾践和他的5000名残兵败将围困在会稽山上。勾践听从了大臣范蠡的主张，打算求和。

勾践便派大臣文种到吴王营里去求和。夫差打算同意，可吴国大夫伍子胥坚决不肯。他告诫夫差说：“古语说得好，‘建树德行最好是不断培植，去掉毒害最好是消除干净’。”接着，他就给夫差讲了夏朝时期的一个故事。

夏朝的时候，过氏部落首领浇杀了斟灌，攻打斟鄩，灭了夏朝的后相，后相的妻子后缗逃走了，后来生下了一个儿子，名叫少康。少康逃到有虞部落里，做了官。酋长还把两个女儿嫁给少康为妻，并将纶邑封给他。纶邑虽然地方不大，只有十里见方，人口也只有500，也就是所谓的一成一旅。但少康到那里以后，广施恩德，安抚下属，积极训练军队。当时机成熟了，就率兵攻打过国、戈国，灭了它们，恢复了夏朝的天下。这就是“少康中兴”的故事。

伍子胥讲完这个故事后，接着又说：“如今的吴国不如当时的过国，而越国却超过了少康的纶邑。假如将来上天让越国强大起来，对吴国将是极大的威胁。我们如果不乘胜消灭勾践，将后患无穷啊！”

可是夫差早被胜利冲昏了头脑，根本听不进伍子胥的意见，还是同意了越国的求和要求。伍子胥失望地对大臣们说：“唉！越国用10年生息繁衍，再用10年教育训练，20年后一定会来报仇的。”

20年之后，越国真的强大起来，勾践率兵打败了吴国，并且连吴王投降都不允许。吴王懊悔莫及，只得自杀而死。

古时以方圆十里为一成，以士兵500人为一旅。“一成一旅”比喻力量虽小却有所建树。

一鼓作气

典出《左传·庄公十年》。

既克，公问其故。对曰：“夫战，勇气也。一鼓作气，再而衰，三而竭。彼竭我盈，故克之。”

齐桓公采信鲍叔牙的话命管仲为相国。

这个消息传到鲁国，鲁庄公十分气愤。他开始操练兵马，打造兵器，企图报仇。齐桓公知道了，想先趁鲁国措手不及时攻过去。管仲劝阻他说："主公刚即位，军政都还没安定，不宜急着用兵遣将。"但是齐桓公不听劝告，他一心想耀武扬威，证明自己的能力远远超过公子纠，以使大臣们心悦诚服。如果按照管仲的意见，先使政治、军事、生产等一件件都上了轨道，那还不知道要等到哪年哪月，他叫鲍叔牙当大将，率领大军直逼鲁国的长勺。

鲁庄公愤慨至极，对施伯说："齐国欺人太甚了！咱们跟他们拼了！"施伯说："我推荐一个人，保证他对付得了齐国。"鲁庄公迫不及待地问："谁？"施伯回答："这人叫曹刿，能文能武，是将相之才，要是咱们诚心去请曹刿，他也许愿意效命。"鲁庄公就叫施伯尽快去召请曹刿。

施伯见到曹刿，把本国遭人欺负的事向他说明了，又用犀利的言词刺激他，想叫他出来替国家出点力气。曹刿终被他说动了，就跟着他去见鲁庄公。鲁庄公问他用什么法子可以击退齐国人。他说："这很难说，打仗全凭随机应变，没有一成不变的法则可以依循。"鲁庄公很赏识他，就和他带着大军直驱长勺。

鲁国的兵马到了长勺，摆好阵势，和齐国的兵营遥遥相对。鲍叔牙因在乾时一役大败鲁庄公的人马，难免有几分轻敌之心，即刻下令击鼓进兵。鲁庄公一听对方鼓声震天，就叫鲁兵也擂鼓对敌。曹刿制止他，说："等一等，他们上次打赢了，现在锐气还很旺盛，一直想再大干一番，咱们不如暂时以静制动，别跟他们交手。"鲁庄公就下令："不准喧嚷！不准开打！严阵以待！"齐国人在鼓声催促下冲了过来，却只遇到钢铁般的阵容挡在眼前，没办法打杀进去，只得退后。过了一会儿，齐国又打鼓冲锋，鲁国仍然不动声色，未见一个人杀出来。齐国人找不到对手交锋，

悻悻然退回去了。但鲍叔牙仍然兴致勃勃，他说："他们不敢打，八成是在等救兵。咱们再冲一次，看他们上不上！"于是齐军第三次擂鼓。那些士兵连冲了两次，以为鲁国人只守不战，已经兴味索然，但军令不能不服从，只好勉强跑过去。谁知这时对方忽然鼓声大作，鲁国的将士霍地喊杀而出，刀砍箭射，打得齐国兵马七零八落，溃败而逃。鲁庄公想追过去，曹刿说："慢着，让我瞧瞧再说。"他就站在兵车上，极目远望，又下车审视齐兵的车印和脚印，再往四周瞧了瞧，才跳上车，说："追吧！"他们一连追了三十多里，抢获敌人的辎重和兵器无数。鲁庄公大败齐兵后，问曹刿："头两次他们击鼓进兵，你为什么不许咱们也击鼓呢？"曹刿说："打仗全凭一股气势。击鼓就是叫人打起劲儿来，头一次的鼓，力量最盛；第二次的鼓就差了；到了第三次，鼓就是震天价响，也不能带动兵马的劲头了。趁着他们松懈的时候，咱们'一鼓作气'打过去，怎么会不赢呢？"鲁庄公一再点头表示赞同，但是他依旧不明白为什么对方逃了，还不尽快追上去。曹刿解释说："敌人逃跑也许是诈，说不定前面还有埋伏，非得瞧见他们旗倒了，车子乱了，兵也散了，才能确定他们已经溃不成军，也才能放胆地追上去。"鲁庄公十分佩服曹刿。

迎刃而解

典出《晋书·杜预传》。

昔乐毅藉济西一战以并强齐，今兵威已振，譬如破竹，数节之后，皆迎刃而解，无复著手处也。

晋武帝时，有一个叫杜预的人，不但学问非常渊博，而且见识又很广，他做了7年度支尚书，贡献很多。当时的人都称赞他无所不能，叫他"杜武库"。后来他调任镇南大将军，都督荆州军事，建议攻伐吴国，待到出兵以后，只用十天的时间，就接连占领了长江上游许多城市；紧接着又占领沅、湘两水以南一带的州郡，并俘虏了吴军督孙歆以下的文武官员200多人。这时，有人说吴国是强劲的敌人，不能一下子完全打败；而且时值夏季，河水正在泛滥，恐怕有疫病流行，应该等到来年春天再集中力量攻打。但杜预坚定地说："从前乐毅由于在济西打了一仗，就吞并了强大的齐国。现在我们士气旺盛，用这样旺盛的兵力去打吴国，犹如去破竹，等到劈破几节之后，下面便都'迎刃而解'，不会有碍手的地方了。"结果他带着队伍继续进军，真好像破竹子一样顺利和迅速，终于把吴国灭掉了。

后人用"迎刃而解"来形容处理事情（学习上、工作上或人事上等）很容易。

玉汝于成

典出《正蒙·乾称篇》。

贫贱忧戚，庸玉女于成也。

北宋哲学家张载，字子厚，凤翔郿县（今陕西眉县）横渠镇人，世称横渠先生。他青年时代学过兵法，曾想组织一些人收复被西夏夺去的洮西失地。后来，在范仲淹的引导下，张载专心研究学问，并逐渐形成了自己的哲学思想。张载曾当过崇文院校书，后讲学关中。宋神宗熙宁二年（1069年），张载回到横渠镇，并在那里读书治学。

横渠镇地处穷乡僻壤，自然条件很差。张载家中收入不多，生活很清苦。但是，张载面对清苦的生活却怡然自得。他认为，只有艰苦的环境，才能磨炼人们的意志，帮助人们取得成功。正是在这种思想的指导下，张载刻苦自励，成了一位颇有成就的学者。他的哲学思想及其著作《正蒙》《经学理窟》《易说》等，对后世产生了很大影响。

据记载：张载在家乡治学期间，曾把《正蒙·乾称篇》的一部分写在书房的两扇门上，左书《砭愚》、右书《订顽》。后由理学家程颐将《砭愚》改称《东铭》；将《订顽》改称《西铭》。在《西铭》中，有一句话叫作“贫贱忧戚，庸玉女于成也”。意思是说，贫穷低贱和令人忧伤的客观条件，其实可以磨炼人的意志，用来帮助你达到成功。这是张载一生治学的宝贵经验，也是一句警世之言。

后人将“贫贱忧戚，庸玉女（汝）于成也”写成“艰难困苦，玉汝于成”，用以激励人们在艰苦环境中努力奋斗，取得成功。

振臂一呼

典出《文选·答苏武书》。

死伤积野，余不满百，而皆扶病，不任干戈。然陵振臂一呼，创病皆起。

西汉时，匈奴屡次侵略边境，汉武帝在忍无可忍之下，派李陵率领5000人马去抵抗。李陵遇到了顽敌，孤军深入敌阵。以5000人马，对抗匈奴10万大军，等于以卵击石，以肉投饿虎，但李陵凭着他的英勇，身先士卒，却把敌人打得人仰马翻，并杀了他们的主将。后来匈奴动员了全国的人马来对付李陵。当时，李陵的部队陷在众寡悬殊的恶劣情势下。敌人熟识地形，又有精锐的骑兵参战，一个人抵抗着千百个敌人。兵士们都忍住创痛，争先奋勇地杀敌，直至死伤积野，剩下几十个人，还不肯放下武器。这时，李陵仍挥动着手臂，号召残余的兵士们努力杀敌，直到箭射完了，刀折断了，大家手无寸铁的时候，失去了天时地利的条件，依然不肯投降，还徒手和敌人拼个你死我活。李陵的英勇，部下视死如归的精神，实在令人无限感动！

后人就用“振臂一呼”来形容在战斗情绪低潮时奋起呼喊，以提高士气。

壮士解腕

典出《三国志·魏志·陈泰传》。

古人有言：“蝮蛇螫手，壮士解其腕。”

陈泰是三国时期魏国的将领，曾担任过游击将军、并州刺史、尚书右仆射等官职。

陈泰在代理征西将军时，有一年蜀将

姜维、夏侯霸分兵三路进攻魏国边境。雍州刺史王经连忙向陈泰报告。当时姜维率领几万兵马，准备直取狄道。陈泰命令王经进驻狄道，结果王经作战失利。只有1万多士卒退到狄道城内坚守，其余的都逃散了。姜维乘胜把狄道城围住。陈泰领兵昼夜兼往，路上与邓艾的兵马会合，一同进往陇西。邓艾对陈泰说：“如今王经军队受到很大挫伤，姜维打胜了，士气很高涨。他们的气势不可阻挡，再说我们是继续在败军之后，将士信心不足，所以依我看，不如暂时放弃狄道城不管，避开姜维的锋芒。待他松懈下来以后再找机会救援狄道，这样可以自保，失去局部保全整体。古人说过：毒蛇咬手，壮士就把手腕子砍下去，以便保护身体不被毒害。《孙子兵法》上不是也有兵有所不击、地有所不守这样的话吗？我的意见请你斟酌！”

陈泰沉吟了半晌，摇摇头说：“不行啊，王经已经败了，若让姜维乘胜进兵向东，占据栎阳，积存粮草，收降残兵，招纳羌人、胡人，与我们争夺关、陇要地，那我们就被动了。现在必须速战，要迅雷不及掩耳那样袭击他！”

陈泰说服了邓艾，派兵进入高城岭，夜里偷偷登上狄道东南的高山，点燃烽火，吹起号角。狄道城内守兵看见援军已到，士气倍增，纷纷请战，姜维看援军来得这样快，以为必有奇谋，心中惊惧，便下令撤军。于是狄道城也就解围了。

后人以该文中的“壮士解腕”作为一句成语，比喻当机立断，不要因为犹豫而因小失大。

经济篇

抱鸡养竹

典出《古今谭概》。

唐新昌县令夏侯彪之，初下车，问里正曰："鸡卵一钱几颗？"曰："三颗。"彪之乃遗取十千钱，令买三万颗，谓里正曰："未便要，且寄鸡母抱之。遂成三万头鸡，经数月长成，令县吏与我卖，一鸡三十钱，半年之间，成三十万。"又问："竹笋一钱几茎？"曰："五茎。"又取十千钱付之，买到五万茎。谓里正曰："吾未须笋，且林中养之，至秋成竹，一茎十文，积成五十万。"

唐朝新昌县令夏侯彪之，刚到任，就向里正打问道："鸡蛋一钱几颗？"里正回答说："三颗。"县令便叫人取出一万

钱，买三万颗鸡蛋，并对里正说："我现在不要这些鸡蛋，你可让孵卵的母鸡给孵化出来，就得三万只鸡，过几个月，等它们长大后，让县吏给我卖掉，一只鸡三十个钱，半年之内就是三十万钱。"

过了一会儿，县令又问里正："竹笋一钱几根？"里正回答说："五根。"于是又取出一万钱交给里正，让买五万根竹笋，并吩咐里正说："我现在不要笋，你就在林园里给我培育起来，到秋天长成竹，一根卖十钱，便可得五十万钱。"

后人用"抱鸡养竹"这个典故鞭挞那些贪官是如何利用职权，想方设法剥削劳动人民的。

楚人遗弓，楚人得之

典出《孔子家语·好生》。

共王曰："止，楚人遗弓，楚人得之，又何求焉？"

一次，楚共王带了随从出去打猎，中午野餐时，把弓矢解下来，放在地上，大家欢饮后，继续去打猎。走了二十多里山路，楚共王忽然发现自己把弓遗失在地上，忘记拿了。这张弓是上品，是用最好的材料做成，饰以金玉，深为共王所爱。左右侍者很惶恐，立刻要去找回来。楚共王说："不必找了，我是楚国的人，拾到弓的人也必然是楚国的人。楚人遗弓，楚人得之，

何必一定要找回来呢？”左右大臣都认为楚王心胸开阔。这句话后来压缩成四字成语“楚弓楚得”。后人用“楚人遗弓，楚人得之”这个典故比喻利益并未外流。

点石成金

典出《神仙传》。

许逊，南昌人。晋初为旌阳令，点石化金，以足逋赋。

晋代初年，有一个县令叫许逊。他经常装神弄鬼，咒符作法，并编造一些离奇古怪的故事，让人们相信他是位道术高深的仙人。

据晋代葛洪编的《神仙传》记载，这位许逊在当旌阳令的时候，老百姓交不起租子，他施展法术，把石头点化成黄金，替百姓上缴欠租。

后人常用“点石成金”来比喻把别人不好的文章改为好文章。

囤积居奇

典出《史记·吕不韦列传》。

战国时候，卫国濮阳（今属河南）有个商人叫吕不韦，来往于各国。当他到了赵国都城邯郸时，得知秦国昭襄王的孙子异人正在赵国做人质，被羁留在丛台，而且穷困潦倒。吕不韦便根据他平时做生意赚钱的思想，想把异人当作一件奇特的货物积囤起来，好待机发个大财。于是，他回家后问他父亲：“耕田的利益有几倍？”他父亲回答说：“10倍。”他又问：“如果扶助一个人当上国君，掌握天下的土地

山河，这种利益有几倍呢？”他父亲笑道：“怎能得一个人把他扶助做国君呢？若能这样，利益便有千千万万倍，无法估计。”于是，吕不韦便拿出钱来结交了监守异人的赵国大夫公孙干，由公孙干介绍认识了异人，并且私下对异人说，他准备拿出一千金子到秦国劝说秦太子和太子最宠爱的妃子华阳夫人，想法把异人弄回秦国去。异人听了当然求之不得。

不久，吕不韦的计谋果然成功，异人逃回秦国，华阳夫人认他做嗣子，太子安国君叫他改名为子楚。后来，秦昭襄王和太子安国君相继死去，子楚便继位，称庄襄王，拜吕不韦为相，封为文信侯。

后人用“囤积居奇”或“奇货可居”比喻把某种货物或所擅长的学识、技能暂时隐藏起来，等待好的价钱或机会。

夫妻争度金

典出《迂仙别记》。

里中有富家行聘，盛筐篚而过公门者。公夫妇并观之，相谓曰：“吾与尔试度其

币金几何？”妇曰：“可二百金。”公曰：“有五百。”妇谓必无，公谓必有。争执至久，遂相詈殴。妇曰：“吾不耐尔，竟作三百金何如？”公犹诟谇不已，邻人共来劝解。公曰：“尚有二百金未明白，可是细事？”

乡里有一富户举行订婚礼，竹筐里盛满礼金走过迂公的大门。迂公夫妇一同看见了，互相说道：“猜一猜这筐里的钱币有多少？”

妻子说：“大约有二百金。”

迂公说：“我看有五百。”

妻子说绝对没有那么多，迂公说必定有。争执很久不下，就互相打骂起来。

妻子说：“算啦，算啦！我也没有耐心了，最终做三百金怎么样？”

迂公还是责骂不止，邻人们都来劝解。迂公说：“还有二百金没弄明白呢，这是小事吗？”

后人用这则寓言说明人和人相处时，在一些非原则的小事上就应该糊涂一点儿，这样才能求同存异、和睦相处。如果事无巨细都要辩个是非，那就像迂公一样，日子是一天也过不下去的。

好逸恶劳

典出《后汉书·方术传·郭玉传》。

为其疗也……好逸恶劳，四难也。

东汉时，有一个叫郭玉的人，对医学特别是针灸术很有研究，曾著有《针经》《诊脉法》等书。郭玉家境贫困，曾讨过饭。他的医术学成后，给差役杂工治病，却有时治不好。有一次，汉和帝让一个贵人（妃嫔的称号，东汉光武帝刘秀时开始设置，仅次于皇后）穿上杂工的衣服，换了个地方，让郭玉去给她看病。郭玉问了问病情，只一针就给扎好了。汉和帝觉得很奇怪，就问郭玉是什么原因。郭玉说：“王公贵族处于尊贵的地位，哪一个都在我之上，给他们治病的时候，我总是怀着一种恐惧的心理。给这些人治病有四难，其中一难，就是这些人长期以来好逸恶劳，所以得了病就比较难治。”和帝觉得郭玉说得挺有道理。

“好逸恶劳”指喜欢安逸，厌恶劳动。

患得患失

典出《论语·阳货》。

其未得之也，患得之。既得之，患失之。苟患失之，无所不至矣。

有一次，孔子在批评一些品德恶劣的人时说：“难道可以和这些品德恶劣的人一起侍奉君主吗？这些人在没有得到（官位）时，总担心得不到。既得到了（官位），又担心失掉。一个人假如担心失掉（官位），那就会无论什么事情都做得出来。”后人用“患得患失”形容老是考虑个人得失。

见利忘义

典出《汉书·樊哙郦商传赞》。

夫卖友者，谓见利而忘义也。

汉高祖刘邦死后，其子刘盈继位，就是汉惠帝。惠帝继位之初还能亲理朝政，但因其懦弱无能，大权逐渐落入他的母亲吕后手中。吕后是一个野心家。刘邦死后，她曾想将刘邦时期的文武大臣一网打尽，后因大臣郦商反对，未能得逞。但为了掌握大权，吕后将她的侄子吕产、吕禄分封为王，吕氏及其亲信掌握了中央的军政大权。

汉惠帝做了7年名义上的皇帝后，忧郁而死。吕后先后立了两个小皇帝，又都被废掉。到吕后死时，并没有正式的皇帝。这种安排无疑是企图让吕氏取而代之。

但是，吕氏不得人心。吕后死后，大臣周勃、陈平等便密谋诛灭吕氏家族。因吕禄掌握着北军，周勃等人不能靠近，便劫持了郦商，让他的儿子郦寄欺骗吕禄，并一块儿出外游玩，给周勃造就了机会，将吕氏一网打尽。

郦寄欺骗吕禄一事，天下人都说郦寄卖友。后人用“见利忘义”这个典故比喻看见私利就忘掉了正义。

开源节流

典出《荀子·富国》。

故明主必谨养其和，节其流，开其源，而时斟酌焉。

《富国》是阐述荀况经济思想的一篇重要著作。文章以富国之道为中心，提出了许多重要的经济思想和经济政策。荀况指出：若要国家富强，朝廷就要爱护百姓，使老百姓安居乐业，并积极参加生产。只有这样，才能增加积累，充实国库，使国家富强起来。荀况说田野与农村是财的本，官府的货仓和粮仓是财的末。百姓得到好的天时，耕作又适时，这是财货的源，按照等级征收的赋税纳入国库这是财的流。所以，贤明的君主必须谨慎地顺应时节的变化，开源节流，时时慎重地考虑这些问题。

根据荀况的这些论述，人们引申出了“开源节流”这个成语，比喻经济上增加收入，节省开支。

取之不尽，用之不竭

典出《前赤壁赋》。

惟江上之清风与山间之明月，耳得之而为声，目遇之而成色，取之无禁，用之不竭。

《前赤壁赋》是宋代文学家苏轼被贬到黄州以后写的一篇文辞华美的赋。苏轼在这篇赋的第四自然段中写道：“流逝的一切如同这江水一样，然而它又没有因流去而消失，始终还是一江的水；圆缺的东西好像月亮一样，然而它并没有减少或增长，始终还是一轮月亮。如果从变的一面来看，天地不到一转眼的工夫就完了；如果从不变的一面来看，万物和我都没有穷尽。然而这又有什么值得羡慕的呢？况且天地中间，万物各有各的主人，如果不是我所有的，就是一根毫毛也不拿取。只有江上的清风和山间的明月，耳听风成为声音，眼看明月成为景色，拿取这个没有止禁，使用这个不会枯竭。这虽然是造物者的无穷无尽的宝藏，但也是我和您所共有的。”

后人将“取之无禁，用之不竭”这个典故引申为“取之不尽，用之不竭”，比喻非常丰富，取不完，用不尽。

杀鸡取卵

典出《伊索寓言》。

在古代希腊，流传着这样一个故事：

有一个贪婪的人，家里喂养一只母鸡。他每天拿鸡下的蛋去卖钱。然而卖鸡蛋的钱毕竟有限，不够他花销，所以他整天冥思苦想，妄想能有一天发大财。

一天清晨，他照例去鸡窝摸鸡蛋。他将母鸡刚下的鸡蛋托在手上：“嗬，鸡蛋怎么这样黄呀？”原来这枚鸡蛋与别的蛋不同，它的蛋皮是金黄色的，还有一点发亮。他突然放声大笑：“哈哈，这是金蛋呀！我发财的时运到了，这鸡肚子里一定有很多金蛋，不然怎么会下金蛋？！”

他回屋拿起尖刀，一刀将母鸡杀死，剖开鸡肚子，又小心翼翼地切开鸡胃、鸡肠，甚至把鸡血管也翻腾一遍，然而什么东西也没有发现。不用说金蛋，就是铁蛋也没有一个！他失望了。他倚在门框上悲哀地自言自语说：“全完了！连一只下蛋的母鸡也没了！”

人们从这个故事中概括出一句“杀鸡取卵”，作为现代汉语的成语用以比喻贪得无厌的人营求暴利，也比喻贪图眼前微小利益而损害长久利益。

贪得无厌

典出《史记·赵世家》。

襄子立四年，知伯与赵、韩、魏尽分其范、中行故地。……知伯益骄，请地韩、魏，韩、魏与之；请地赵，赵不与，以其围郑之辱。知伯怒，遂率韩、魏攻赵。赵襄子惧，乃奔保晋阳。……三国攻晋阳，岁余……襄子惧，乃夜使相张孟同私于韩、魏。韩、魏与合谋，以三月丙戌，三国反灭知氏，共分其地。

知伯是战国时代野心勃勃的人，不断想扩展自己的土地。有一次，他联合赵、韩、魏三国的兵，去攻打中行氏，把中行氏灭掉，侵占了中行氏的领土。他休息了几年，又派人去向韩国要求割地，韩国怕他，给了他一块有一万户人家的地方。知伯很欢喜，又派人去向魏国要求割地，魏国本想不给，但怕他起兵攻打，只好也和韩国一样，给了他一块土地。知伯更欢喜了，又派人到赵国去，要求割让蔡和皋狼的地方。赵襄王不给他，知伯暗中勾结韩、魏两国去征伐赵国。赵襄王采纳了张孟谈的计策，迁到晋阳去住，准备充足的粮食和兵器去抵抗知伯。知伯把晋阳围攻了3年，始终没有办法攻打下来。这时赵襄王的粮食差不多要完了，着急起来，于是又叫张孟谈去游说韩、魏两国，建议他们联合赵国，倒戈攻打知伯，韩、魏答应了。赵国乘夜出兵，韩、魏两国也响应，结果把知伯击败，杀死了知伯，最后弄得身死地分。那时的人，都讥笑知伯因“贪得无厌”必遭报应。

后人用“贪得无厌”指贪求权势、财利的愿望永远没有满足的时候。

卧寝之旁，岂容他人鼾息

典出《宋史·徐铉入聘》。

江南亦何罪，但天下一家，卧榻之侧，岂容他人鼾睡耶！

宋朝初年，宋太祖统一中原地带后，又灭南汉、灭蜀国、平湖湘，接南唐，以期统一全国。南唐派宰相徐铉来做说客，希望说服宋太祖不要进兵。徐铉博学，有干才，而且极善辩论。这次来见宋太祖时，日夜计谋，该说些什么，怎么讲才有理、有利，想得很细致。宋太祖的大臣们事先告诫太祖说："这个人不好对付，要充分准备。"宋太祖笑道："不怕，你去叫他来。"徐铉一来，叩见后，就说："南唐主无罪，您师出无名。"太祖说："你讲充分些。"徐铉说："南唐服事宋朝，如儿子孝敬父亲，一点过失也没有啊！为什么攻打它？"说了又说，引申发挥，讲了无数道理。宋太祖等他说完，笑道："你说的很有道理。你把南唐比成宋朝的儿子，那么，你说说看，父子变成两家，合不拢来可以吗？"徐铉张口结舌不能答，只好回去。

不久，南唐被攻危急，南唐主又派徐铉来，再三说南唐无罪，而且责备宋朝太

欺侮人，越说声音越响。宋太祖大怒，手按着剑喝道："不要讲了。南唐有什么罪呢？没有。但是，天下一家，'卧寝之旁，岂容他人鼾息'？"徐铉灰溜溜地走了。

"卧寝之旁，岂容他人鼾息"，即在自己睡觉的床铺旁边，不容许别人呼呼大睡。

后人用"卧寝之旁，岂容他人鼾息"比喻在自己管辖范围之内不许存在其他势力。

一狐之腋

典出《史记·赵世家》。

简子曰："大夫无罪。吴闻千羊之皮，不如一狐之腋。诸大夫朝，徒闻唯唯，不闻周舍之鄂鄂，是以忧也。"

春秋末期，有一些诸侯国家名义上是国君掌权，但实权往往操在一些有势力的卿和士大夫手中。晋国就是这样一个国家。公元前 511 ~前 475 年，晋国的国君是晋定公，但大权却掌握在赵鞅、范氏、中行氏这些卿的手中。为了争权夺利，他们发生了内讧。在内讧中，赵鞅打败了范氏和中行氏，扩大了自己的封地，为以后建立赵国奠定了基础。

赵鞅，即赵简子，又名志父，亦称赵孟。他是一个机智谋略，善于用人处事的贵族。晋定公十九年（公元前 493 年），在袭击护送粮饷给范氏的郑国军队时，赵鞅誓师说："克敌者，上大夫受县，下大夫受郡，士田十万，庶人工商遂，人臣隶圉免。"结果鼓舞了军心，激励了士气，大获全胜。

赵鞅手下有一个大臣叫周舍。此人为

人耿直，经常很直率地给赵鞅提意见，声称自己愿意做一个“鄂鄂之臣”，因而很得赵鞅的赏识。后来，周舍死了，赵鞅非常难过，每次上朝都表现得很不高兴。大夫们见此情形，都来问是不是自己做了什么错事得罪了他。赵鞅说：“你们没有得罪我。但是，我听说，一千只羊的皮也不如一只狐狸腋下的皮值钱，现在朝廷之上，只是听到你们唯唯诺诺的顺从，听不到周舍据理直谏的声音了，所以我才闷闷不乐。”

后人用“一狐之腋”比喻珍贵的物品。

一日不作，一日不食

典出《夜客丛书》。

一日不作，一日不食。

百丈寺有个老和尚名叫怀海禅师，他非常热爱劳动。凡是种菜、种田的时候，他总是比大家做得多。众和尚看他那么老了，又是方丈，都劝他少干一些，他不听。有一天又要劳动了，大家事先把怀海禅师的劳动工具偷偷藏了起来，让他无法去劳动。哪知怀海禅师整整一天不吃不喝，找个不停，大殿、食堂、地窖，什么地方都找遍了，累得更厉害。从此，全寺传遍了怀海禅师“一日不作，一日不食”的事，再也不敢不让他去劳动了。

后人用“一日不作，一日不食”这个典故比喻一天不劳动，一天便没有饭吃。

以备不生

典出《吕氏春秋·遇合》。

人有为人妻者，人告其父母曰：“嫁不必生也，衣器之物可外藏之，以备不生。”

其父母以为然，于是令其女常外藏。

姑知之，曰：“为我妇而有外心，不可畜！”因出之。

妇之父母，以谓为己谋者以为忠，终身善之，亦不知所以然矣。

有个女子要出嫁，有人告诉她的父母说：“嫁人不一定能生儿子。衣服财物可以设法在外面偷偷存藏一些，以便准备着不生儿子被休回来。”

她的父母以为很对，于是便叫女儿常常把衣服财物偷藏在外面。

婆婆公公知道了这件事，说：“给我家做媳妇，却有外心，要不得！”因而便休了她。

这女子的父母还认为给自己出主意的人是对他们忠诚，一辈子感谢他，却不问女儿所以被休的原因是什么。

这个寓言的主旨在于揭示：明明上了当，还要终身善之，可以算是不辨是非，不识好歹，糊涂至极，至死不悟。

盈成我百

典出《金楼子》。

楚富者，牧羊九十九而愿百，尝访邑里故人。

其邻人贫有一羊者，富拜之曰：“事故羊九十九，今君之一盈成我百，则牧数足矣。”

楚地有一个富人，家里放牧的羊有99只，他想凑足百数。为此，他遍访了城镇乡里的亲友近邻。

他有一个邻居，家中很穷，只有一只

羊，这个富人便去拜访说："我已有了99只羊，现在您把这一只羊送给我，就可以让我凑满100，这样我的牧羊数字就够足数了！"

这则寓言揭露了为满足个人欲望而不顾别人死活的可耻行径。

有钱走遍天下，无钱寸步难行

典出《明朝佥载》。

谚语讲"有钱走遍天下，无钱寸步难行"。

唐朝，吏部是管理官员的选用和升迁的，权力很大，主要长官是尚书，其下为侍郎。有个名叫郑的人，担任吏部侍郎，贪污受贿、卖官鬻爵。有钱的候选人，缴纳贿赂后立刻分到好位置，没钱的人一等几年，也不分配。这时有个候选官已经等了两年了，心里又气又急，这天就在鞋上系上一百多个钱，一走一晃地去见郑。郑见了很奇怪，指着钱说："你怎么把它系在脚上？"那人说："谚语讲'有钱走遍天下，无钱寸步难行'，因为寸步难行所以才系上它啊！"郑听了，知道是讽刺他，面红耳赤，心中恼怒，口头上应酬了一下，事后干脆把那人的候选资格也取消了。

后人用"有钱走遍天下，无钱寸步难行"这个谚语比喻社会风气不正，贿赂成风。

予取予求

典出《左传·僖公七年》。

唯我知女，女专利而不厌，予取予求，不女疵瑕也。

春秋时，楚国有一个大夫叫申侯，因为能说会道，献媚于楚文王，楚文王非常宠信他。他是一个专爱贪利而永不知足的人。楚国的人都痛恨他。后来楚文王病得快要死了，便将申侯叫来，以最好的玉赐给他，并说："只有我最了解你，你为人贪爱财利，而且永远不觉得满足，从我这里要了这样又求那样，但我并不加你的罪。将来楚国的君主可不能这样待你了，他们会判你的罪的。我死后，你必须迅速离开楚国，不要到小国去，小国是没法收容你的。"楚文王死后，申侯出奔到郑国。最后被郑文公给杀了。

后来的人，便将楚文王封申侯时说的这一句话引为成语，形容一个人贪得无厌，要了这样又要那样，永远不会得到满足。

哲理篇

杯水车薪

典出《孟子·告子上》。

有一家药店挂牌开张，一串串鞭炮闪着火光，噼里啪啦地响，突然，一串鞭炮落在干草堆上，顷刻间，浓烟腾起，亮起火光，风助火势，烈焰冲天。药店里账房先生听见“救火”的喊声，也探出头来，看见火堆就在眼前，他二话没说，端起一杯水，拨开众人，冲出门外，对准火焰正旺的地方浇下去，大声说：“没事了，大家自己忙去吧。”可是，只听见“哧”的一声，水没了，而火照样旺盛，而且越烧越猛。

账房先生呆住了。看了一会儿，愤愤不平地斥责道：“这火真不像话，竟然用水都灭不了，真是岂有此理！”转念又想，莫非天道已变，水已不能胜火了？如果真这样，那就不是人力所能做到的。他后退了几步，对大火观望起来。不久，火焰渐渐熄灭，草堆塌成红红的一堆灰烬。

“杯水车薪”指用一杯水去救一车柴烧起的火。比喻力小办大事，无济于事。

不可同日而语

典出《战国策·赵策二》。

夫破人与破于人也，臣人之与臣于人也，岂可同日而言之哉。

战国时期，苏秦是主张“合纵”的，他建议燕、赵、韩、魏、齐、楚六国联合起来，共同对付秦国。为了说服赵国的君主采纳他的意见，他从燕国来到赵国。赵王比较年轻，做君王的时间不长，很想听他的主张，便热情地接待了他。

苏秦婉转对赵王说：

“现今贵国疆域有二千多里，军队有几十万，战车千部，战马几万匹，粮食够吃十年。就地形而论，西有常山，南有漳，河东有清河，北邻燕国。目前秦国虎视眈眈，想把赵国吞掉，然而迟迟不敢举兵来征伐，是担心韩国和魏国打他的主意。所以说韩、魏两国也是贵国的屏障。可是秦国一旦占了韩、魏，那么赵国就大祸临头了。这就是我为大王忧虑的问题呀！想当年，尧没有什么地盘，舜也无一点土地，却能占有天下。禹不足一百个部属，却成为诸侯的领袖。成汤和周武王也不过三千士卒，三百战车，也做了天子。这是什么缘故呢？因为他们都具有远见卓识。圣明的君主能够了解敌国的强弱，清楚自己士兵的数目、将士的优劣，不必等到战场上厮杀，对于胜负、存亡就已经心中有数了。哪有光听议论，糊涂地决定国家大事的呢？我计算过各国的版图，六国的土地比秦国大5倍；六国的军队比秦国多10倍。如果六国合成一体，共同讨伐秦国，那秦国必定失败。可是你们现在不做长远打算，盘算着屈服秦国，情愿做人家的臣子。你们可应该知道呀，打败敌国和被敌国打败，别人当自己的臣子和自己当别人的臣子，这两种境遇可是不能够放在一起相比着说的呀！我的意见请大王深思啊！”

赵王对苏秦的主张很感兴趣，决定封他为武安君，给他一百辆车子，二万两黄金，一百双白璧和许多绸缎、衣物，让他去劝说其他几个国家。

后来便从中演变出“不可同日而语”一句，用来说明两种情况完全相反或差别很大。

唇齿相依

典出《三国志·魏书·鲍勋》。

王师屡征而有未克者，盖吴、蜀唇齿相依，凭阻山水，有难拔之势故也。

鲍勋字叔业，泰山平阳人。魏文帝时，任御史中丞。魏文帝想攻打吴国，鲍勋就面见魏文帝说：“大王的军队曾几次远征都没有取胜，究其原因是吴国和蜀国地势相连，有如嘴唇和牙齿的关系一样，他们相互支援；其次是路途太远，山水相阻，行军困难，故要战胜吴国是很困难的。”文帝不但不考虑有益的意见，反而十分愤怒，把鲍勋从右中郎将降为治书执法。

后人用“唇齿相依”来比喻关系密切，互相依存。

解铃还须系铃人

典出《指月录》。

金陵清凉泰钦禅师，性豪逸，众易之。法眼独契重。一日眼问众：“虎项系铃，是谁解得？”众无对。师适至，眼举前语问，师曰：“系者解得。”

金陵清凉山法灯禅师还是一个普通的小和尚的时候，聪明机智，性格豪迈，并不一天到晚念经拜佛。因此大小和尚都瞧不起他，只有住持方丈法眼禅师特别器重他，以为他对佛学造诣领悟最深。一天，众和尚聚会听法眼讲经，法眼突然向大家问道：“虎项金铃，是谁解得？”半天，没一个人答得出来，恰值这时，法灯从外面进来，法眼禅师又把这个问题问他，法灯不假思索地答道：“是谁把铃子系到虎颈上去的，谁就能解下来。”法眼禅师非常赞赏他的回答，向大家说道：“听见没有？你们轻视他不得呢！他将来的成就必定高于你们。”后来，法灯果然成为一代名僧。

后人用“解铃还须系铃人”这个典故比喻谁惹出来的问题，仍应由谁去解决。

盲人摸象，各执一见

典出《景德传灯录》。

有僧问：“众盲摸象，各说异端，忽闻明眼人又作么生？”师曰：“汝但举似诸方。”师经行次，众僧随从。

古时候，有个皇帝召集了一批盲人，

让他们各摸大象的一个部分。等他们摸完了，然后逐个问他们："大象是什么样子的？"摸象牙的人说："大象像一个长萝卜。"摸耳的人说："它像一只簸箕。"摸头的人说："它简直是一块大石头。"摸鼻子的人说："不，它像一根木杵。"摸背的人说："它像一张大床。"摸肚子的人说："怎么我觉得它像一只大瓮子呢？"摸尾的人说："你们说的都不对，大象像一根绳子。"他们各根据自己的触觉各执一见，争论不休，其实谁也未见整体，都说错了。

后人用"盲人摸象，各执一见"比喻不见整体者必执偏见。

前车可鉴

典出《荀子·成相》。

前车已覆，后未知更何觉时。

又见《汉书·贾谊传》。

前车覆，后车诫。

贾谊是西汉时洛阳人。有一次，他向汉文帝讲述治理国家的道理说："秦朝的时候，宦官赵高教导秦始皇次子胡亥，单教他怎么去处决犯人，他所学习的，不是斩杀犯人，就是灭绝犯人的全族！"

秦始皇死于沙丘，次子胡亥做了皇帝，第二天就射杀人了。有人用忠言去劝他，他认为是诽谤；有人给他贡献治

国的计策，他认为是妖言。他杀起人来，简直像割草一样。难道胡亥的本性生来就是那样凶残吗？不是的，是因为教导他的人教得不合道理罢了！俗语说："不熟悉做官的，只要看他所办的公事成绩如何就可以知道！"又说："前车覆，后车鉴。"意思是教人注意从前自己或别人做事的失败，作为后来做事的警戒，要特别小心，不可再蹈从前失败的覆辙。

这是用来警惕自己劝喻别人做事要谨慎的话。这句话也被人说成"前车之鉴"或"殷鉴不远"，都是劝人不要再蹈从前覆辙。

神奇化腐朽，腐朽化神奇

典出《庄子·知北游》。

臭腐复化为神奇，神奇复化为臭腐。

智慧想弄懂世间的一切道理，便到北方游历。一天，智慧来到玄水边，碰到无所谓。智慧对无所谓说："我想问你一些问题，具有怎样的思想，怎样的考虑，才真正懂得道理呢？具有怎样的地方，怎样的行动，才能与道理相处呢？从什么路径，用什么方法，才可以得到道理呢？"智慧连问三次，无所谓都没有回答。

智慧得不到解答，便来到白水的南边，无意中又碰到了狂屈，智慧又将上述问题去问狂屈。狂屈说："唉！道理我是懂得，我告诉你吧！"狂屈心里正想说出来，可立刻又忘掉了他想说的话。

智慧还是没得到解答，就回到帝宫里去见黄帝，向他请教。黄帝说："没思想，没有考虑，才能懂得道理；没有地方，没有行动，才能与道理相处；没有路径，没有方法，才能得到道理。"智慧接着问道："你能说出道理，无所谓和狂屈都说不出来，究竟谁真正懂得道理呢？"黄帝说："无所谓是真正的懂得的，狂屈还差不多，我和你终究是不懂道理的人。因为真正的道理是说不出来的，能说的就已经不是道理了。人们往往把喜欢的认为是神奇，把厌恶的认为是臭腐，但天地间的事很奇怪。"智慧听了黄帝的话后，认为黄帝说得很对，就再不想去弄懂道理了。

后人将好的东西变成不好的东西形容成"神奇化腐朽"，将不好的东西变成好的东西形容成"腐朽化神奇"。"神奇化腐朽，腐朽化神奇"两句合用则表示事物的好坏是相互转化的。

顺者昌，逆者亡

典出《史记·太史公自序》。

夫阴阳四时、八位、十二度、二十四节各有教令，顺之者昌，逆之者不死则亡。

在我国漫长的奴隶社会和封建社会中，统治阶级为了维持其统治，规定了一整套等级制的社会规范和道德规范，称之为礼。统治阶级及其御用文人们认为，"齐之以礼"是维护其统治的手段。因此，以"礼"为重点，制定了数不尽的纲常之伦，特别是"君为臣纲，父为子纲，夫为妻纲"的三纲和"仁、义、礼、智、信"这五常，成了不可侵犯的维护封建等级制的道德教条。鼓吹"作为父子君臣，以为纪纲。纪纲即正，天下大定"。《史记》的作者司马迁是封建社会的史官，因此，维护封建等级制度，鼓吹纲常之伦是他所处的时代和他的世界观所决定了的。司马迁指出，遵循这些“纪纲”是“天道之大经”，就像要遵循阴阳四时一样，顺从就生存，违抗就灭亡。

后人用“顺者昌，逆者亡”比喻不可抗拒。

星火燎原

典出《书·盘庚上》。

若火之燎于原，不可向迩。

又见《后汉书》。

涓流虽寡，浸成江河；爝火虽微，卒能燎原。

窦宝是后汉和帝的母舅，和帝接位时，因年幼由他母亲窦太后临朝，窦宝也从原来的虎贲中郎升为侍中的官。后来窦宝因犯了法请求率兵反击匈奴的侵略来赎罪，结果大破匈奴，回来后，封为大将军，从此兄弟数人执掌大权，差不多满朝都是他的爪牙。和帝成长后，疑忌他的权势，便设法治死了窦家兄弟；只有一个名叫窦环的侥幸地留在朝中。御史周纾本与窦家有怨，于是便怂恿和帝说：“涓流虽寡，浸成江河；爝火虽微，卒能燎原。”意思是说：细小的水虽少，慢慢地也会汇成江河；一把火虽很小，终能烧遍原野。劝告和帝斩草须除根，免生后患。

“星火燎原”用来比喻小事故可能酿成大祸乱，现在用来比喻起初力量虽然很微小，但是会迅速发展壮大。

欲速则不达

典出《论语·子路》。

子夏为莒父宰，问政。子曰：“无欲速，无见小利。欲速，则不达；见小利，则大事不成。”

子夏，姓卜名商，春秋时期卫国人，是孔子很得意的一个学生。

子夏当上了莒父县的县令，他向老师孔子请教，如何处理好县政、事务。孔子回答说：“不要图快，不要只顾小利。图快，反而不能达到目的；只顾小利，就办不成大事。”

《韩非子》中也记载了一个欲速则不达的故事。

春秋末期，齐景公正在海边游玩，忽然接到侍者的报告：“相国晏婴生病，十分危险！”晏婴是长期帮助景公治理国家的功臣，威望非常高。景公得到这个消息，非常着急，立刻下令火速返回都城。他挑选最好的驭手驾车，挑选最好的马拉车。在车上，他不住地催促“快点跑！快

点跑”！虽然马车跑得飞快，但景公仍然觉得太慢。于是他把驭手推到一边，自己拿起鞭子赶车。这样跑了一阵，他还是觉得不够快。他心急如焚，干脆跳下车子奔跑起来。跑了一会儿，便累得汗流浃背，上气不接下气。景公当然不会有四条腿的马跑得快，他一心想快，但这样做的结果反而更慢了，根本达不到他的预期目的。

成语“欲速则不达”就是根据孔子的话形成的。意思是说一味求快，反而达不到目的。

远水不救近火

典出《韩非子·说林上》。

鲁穆公使众公子或宦于晋，或宦于荆。犁鉏曰：“假人于越而救溺子，越人虽善游，子必不生矣。失火而取水于海，海水虽多，火必不灭矣，远水不救近火也。今晋与荆虽强，而齐近，鲁患其不救乎？”

鲁穆公为了结交晋楚两个大国，将有的公子派到晋国做官，有的派到楚国做官。犁鉏说：“孩子掉到水里了，却跑到越国去请人来搭救，越国人虽然擅长游水，孩子一定活不了。已经失火了，却跑到海边取水回来灭火，海水再多，必定救不了火；这叫远水不救近火。当今晋楚虽然强大，而齐国离我们最近，你却不联合，鲁国的祸患大概无救了吧？”

后人用“远水不救近火”比喻舍近求远，缓不济急，是要误事的。

郑人买履

典出《韩非子·外储说左》。

郑国有个人想买一双鞋，他不知道自己脚的尺寸，就拿了根草绳依自己脚的大小绞了一段，放在凳子上。他到了集市上，找到鞋铺，这才想起忘了带尺码。

店主是个有经验的人，一见他要买鞋便当即拿出一双，要他试穿，可他却说：“不行不行，我忘了带尺码，怎能买鞋？我得回去取！”

回家一看，尺码果然放在凳上，他拿起草绳，又返身往集市赶。

到了集市，集市已散，那铺子也关了门。他十分气恼，连连怪自己太糊涂，以致误了买鞋。

路人笑问：“你是给谁买鞋呀？”

“我自己。”

“那你为什么不用自己的脚去试鞋，非要去取什么尺码呢？”

那人摇头说：“那怎么行呀，我的脚怎么会有尺码那么准确呢？”

履：鞋子。后人用“郑人买履”讽刺那些只相信本本条条而不顾客观实际的教条主义者。

品行篇

安贫乐道

典出《论语·雍也》。

“贤哉回也！一箪食，一瓢饮，在陋巷。人不堪其忧，回也不改其乐。”

何晏集解引孔安国曰：“颜渊乐道，虽箪食在陋巷，不改其所乐。”

又见《后汉书·杨彪传》。

“安贫乐道，恬于进趣，三辅诸儒莫不仰慕之。”

孔丘是春秋末期的一位思想家、政治家和教育家，是儒家的创始人。为了维护封建贵族的统治，孔丘提出了“己所不欲，勿施于人”，“己欲立而立人，己欲达而达人”等论点，即所谓“忠恕之道”。在此基础上，他还提倡德治和教化，反对苛政和刑杀。在孔丘的学说中，劝人安贫守法是一项重要内容。他曾提出“不患寡而患不均，不患贫而患不安”的论点，并以此作为衡量他的学生品行好坏的一项标准。

相传，孔丘教过的学生有3000人，其中著名的有72人。在这72人中，有一个孔丘最为得意的弟子叫颜渊，他是安贫乐道的典范。孔丘曾称赞他说：“颜渊真是一个很贤德的人啊！他虽然贫居陋巷，只有一个竹篮子用来吃饭，用瓢饮水，也不改其乐。”

“安贫乐道”原是儒家所提倡的立身处世的态度，后来多指虽处于贫困境地，仍以守道为乐。这是剥削阶级提出的一种骗人的话，意思是要人们安于穷苦生活，愉快地接受他们的那套说教。

不欺暗室

典出《列女传》。

一天夜里，卫灵公突然听到一阵车马行驶的声音，由远而近，大约行到宫门口却无声无息了。过了一会儿又响起车马声，由近而远，慢慢地又无声无息了。卫灵公感到奇怪，就问他的夫人：“你知道这是什么人吗？”

夫人笑了，很自信地回答说：“这不会是别人，只能是您的大夫蘧伯玉！”

“你怎么知道一定是他呢？”卫灵公越发奇怪起来，“莫非你会占卜？”

夫人一本正经地说：“我听说凡是臣子路过王宫门前，都要下车致敬，这是朝中的礼节。忠臣和孝子既不在大庭广众之下故意做样子给人家看，也不在没人的地方疏忽自己的行为，蘧伯玉是卫国有名的贤人，最为仁智，很遵守礼节。方才一定是他经过宫门，停下来表示敬意。虽然在夜间，无人看到，他仍旧那么遵守礼仪，不是他还能有谁呢？如果您不信，可以派人去调查一下……”

卫灵公派人去问明了情况，夜里行车的果然是蘧伯玉。但他想与夫人开个玩笑，故意对她说：“哈哈，夫人猜错了，那人不是蘧伯玉！”

夫人不慌不忙地斟了一杯酒，送到卫灵公面前，恭敬地说：“我祝贺君王！”

“贺我什么？！”卫灵公莫名其妙。

“原来我只知道卫国就有一个大贤人蘧伯玉，现在看来还有一位同他一样的贤大夫，您有了两位贤人。贤人越多，卫国越兴旺，我所以才祝贺君王呀！”

“原来是这样呀，你真是明智的女人哪！”卫灵公心里十分高兴，便把真相告诉了她。

从此之后，人们都说卫灵公夫人仁智、贤良、知人、达理。

后人据此说蘧伯玉“不欺暗室”，并用它表示即使在无人的情况下，也不做违反规定的事情。

“不欺暗室”有时也写作“暗室不欺”。

不念旧恶

典出《三国志·魏书·武帝纪》。

汉末，董卓部将张济死后，他的军队就由侄子张绣统领。不久，张绣投降了曹操。后来他又背叛了曹操，射伤了曹操的右臂，杀死了曹操的长子曹昂。接着，张绣又投奔了刘表，和曹操打了好几仗。可是3年后，当张绣再次带兵投降时，曹操不仅没有杀他为长子报仇，反而给他封了侯。

魏钟，早年经曹操举荐为“孝廉”，他在兖州叛变时，曹操想，哪怕别人都背叛了，魏钟也不应该叛变。后来，曹操听说魏钟为保命逃跑了，气得骂：“魏钟，只要不逃到南粤、北胡，我一定不放过你！”可是当攻下射犬城，活捉魏钟后，曹操又因为爱惜他是个人才，亲自替魏钟松绑，还封他为河内太守，管理黄河以北地区。

还有臧霸、孙观、吴敦等人，早先追随吕布与曹操为敌。吕布兵败身亡后，臧霸等被俘，曹操都对他们很好，把徐州、青州沿海的土地划给他们管理。

曹操为了大业，不计私怨，所以《三国志》中称赞他：“不念旧恶”。

超群绝伦

典出《三国志·蜀志·关羽传》。

孟起兼资文武，雄烈过人，一世之杰，……犹未及髯之绝伦逸群也。

东汉建安十九年（公元214年），刘备领兵进攻益州（今四川），结果出师不利，只好给在荆州的诸葛亮写信，让他再派些兵马来。诸葛亮接信以后，马上召集关羽、张飞、赵云商议，决定留关羽镇守荆州，自己带张飞、赵云前去支援刘备。

来到益州不久，诸葛亮用计收降了西凉猛将马超。关羽得到消息以后，写信给诸葛亮，询问马超的才能。诸葛亮知道关羽这个人虚荣心比较强，于是回信说："孟起（马超字孟起）文武兼备勇猛过人，是一代豪杰，可以和张飞并驾齐驱，然而不及你这样超群出众。"关羽见信后十分高兴。

"超群绝伦"指超出众人，同辈中谁也比不上。

出类拔萃

典出《孟子·公孙丑上》。

有一次，孟子的弟子公孙丑和他的老师谈论孔子的人格。公孙丑问孟子："孔子与伯夷、伊尹相比怎么样？"

公孙丑提到的伯夷，是商末孤竹君的长子。孤竹君生时以次子叔齐为继承人，他死后叔齐让位，但伯夷不接受，后来，两人都投奔到周。到周后，反对周武王讨伐商王朝。武王灭商后，他们逃避到一座山上，坚持不吃周人生产的粮食而死。

公孙丑提到的伊尹，曾帮助汤攻灭夏桀。汤去世后，他辅佐过两个王。太甲继位后，因破坏商汤法制，不理国政，被伊尹放逐。三年后太甲悔过，伊尹又接他回来复位。

孟子评论伯夷和伊尹说："伯夷的处世态度是，不是他理想的君主他不去侍奉，不是他理想的百姓他不役使；天下太平他就出来做官，天下纷乱他就隐居起来。伊尹的处世态度是，什么样的君主他都可以去侍奉，什么样的老百姓他都可以役使；天下太平做官，天下不太平也做官。而孔子的处世态度是，可以做官就做官，可以隐居就隐居，可以继续干下去就干下去，可以马上离开就马上离开。他们三人都是古代的圣人，我个人就是要学习孔子。"

公孙丑又问："他们三人不是一样的吗？"

孟子回答说："不，自从有人类以来，就没有出现过像孔子那样伟大的人物。"

公孙丑又问："那么三位圣人有相同的地方吗？"

孟子说："有，假如让他们做君王他们都能够使诸侯归服，天下统一。但假如要他们去做一件不合道理的事情，或者去杀一个无辜的人，因而得到天下，他们都不会干的。这就是他们相同的地方。"

公孙丑又问："他们的不同又表现在什么地方呢？"

孟子回答说："听听孔子的学生是怎样评论孔子的吧。宰我说：'我的先生比尧舜高明得多。'子贡说：'先生看见一国的礼制就了解它的政治，听到一国的音乐就知道它的德教，一百代以后的君王，也不会背离孔子之道。'有若说：'难道只是人类有高下之分吗？麒麟对于走兽，凤凰对于飞鸟，泰山对于小丘，江海对于小溪流，何尝不是同类？圣人对于百姓也是同类，但孔子却远远超过了他的同类，大大高出了他那一群。自从有人类以来，没有哪一个能像孔子那样伟大的。’”

成语“出类拔萃”就来源于孟子对孔子的评价。出、拔均指超出。萃指丛生的草，比喻在一起的人或事物。“出类拔萃”用以形容才能超过一般的人。

出淤泥而不染

典出《爱莲说》。

出淤泥而不染，濯清涟而不妖。

周敦颐是北宋著名的学者，他很喜欢花，尤其喜爱莲花。他还专门为莲花写了一篇文章，题目叫作《爱莲说》。文章的大意是这样的：

水里边和陆地上的草木，开的花招人喜欢的有很多。晋代的大诗人陶渊明偏偏喜爱菊花。可是从唐朝建立以后，世上的人们又偏爱牡丹花。我却喜欢莲花。我喜欢莲花从污泥中生长出来，自己却不被沾染，莲花在清水中洗过，却不显得妖艳。它的梗中间空、外部直挺，不生藤蔓，也不长旁枝。它的气味清香，越远越觉得它香；它端庄、雅静地挺立在水面，人们可以远远地欣赏它，但不能轻慢地赏玩它。我看，菊花是花中的隐士，牡丹花是花中的富贵者，莲花才是花中君子呀！唉，爱菊的人在陶渊明之后不多了。像我一样爱莲花的人还能有谁呢？然而爱牡丹的人世上却是很多很多哩！

“出淤泥而不染”指在污泥中而不受

沾染。形容在混浊的世俗社会中不受沾染，永远保持高尚的品质。

大瓠之用

典出《庄子·逍遥游》。

夫子固拙于用大矣。……今子有五石之瓠，何不虑以为大樽而浮于江湖，而忧其瓠落而无所容，则夫子犹有蓬之心也夫！

战国时，有一次惠子对庄子说：“我种了一种瓠（葫芦），容量达到五石。由于大而无用，我就把它打破了。”

庄子听后，嘲笑惠子说：“怎么能说大而无用呢？只是你不善于使用大的东西罢了。同样的东西，在不同人的手里，却有不同的用法。你有容量五石的瓠，为什么不把它做成船呢？那样，可以乘上它遨游在江河湖泊之上。而你却感到忧心忡忡，最后打破了它。看来，是你的思想飘忽不定，没想到罢了。”

后人用“大瓠之用”比喻量才使用。

井臼亲操

典出《后汉书·冯衍传》。

冯衍是西汉末年时人。那时，天下大乱，王莽篡汉，农民起义不断。后来，刘玄称帝，冯衍被尚书仆射鲍永征召为立汉将军，与太守田邑等一起镇守上党一带。不久，刘秀做了皇帝，田邑听说刘玄已败，就投降了刘秀，而冯衍坚持不肯投降，并且严词斥责田邑不顾大义，对更始皇帝怀有二心，一直到知道刘玄已死的确实消息，

冯衍才不得已收兵投降。

冯衍一共做了20多年的官，曾经身居高位，但他不失清廉的品格，不羡高官厚禄，不贪千金的财富，他写给皇帝的“上书”中曾说：“家无布帛之积，出无舆马之饰。”后来他被刘秀打发回家之后，即断绝了与官宦、名士的交往，闭门作赋写文。

因为生活清贫，冯衍自己得亲自下地耕耘，以求一家温饱。他娶了一个姓任的北方女子为妻。妻子十分凶悍，家中仅有的一个婢女也被她折磨得奄奄一息，不能干活，只得由年幼的子女做舂米、打水之类的家务事。就在这样困顿的生活中，冯衍“井臼亲操”，保持了晚节，直到年老去世。

井：打井水。臼：舂米。“井臼亲操”形容亲自做家务事。

木人石心

典出《晋书·夏统传》。

西晋时的某年三月初三，京都洛阳城

的王公贵戚、才子佳人都到洛河两岸宴饮游春。权势显赫的太尉贾充也来游玩。

贾充忽然发现在河边一只小船上，有个人神情庄重，端坐船上，对周围的花花世界无动于衷，便好奇地问他的姓名。原来这人叫夏统，会稽永兴人，因母亲病重，来京都买药。

贾充问他家乡有没有三月初三游乐的风俗，夏统傲然回答："我们那里，性情平和，节操高尚，不慕荣华，有大禹的遗风。"

贾充又问："你家居水乡，会划船吧？"夏统便驾船在河面上往返三次。他高超熟练的驾船本领，惊呆了两岸的游人。

贾充再问："你能唱家乡的歌吗？"夏统唱了三首赞颂大禹、孝女曹娥和义士伍子胥的歌曲，歌声慷慨激越，动人心弦。

贾充觉得夏统是个人才，便要保举他做官，不料夏统便再也不愿答话。贾充调来威武的仪仗队，在夏统面前显示荣耀，调来一大群美女，载歌载舞，引诱夏统。然而，夏统稳坐船中，冷漠而又严肃，贾充等人议论："这个家伙真是木人石心呀！"

后人用"木人石心"比喻意志坚决，不受名利诱惑。

蓬生麻中

典出《荀子·劝学》。

蓬生麻中，不扶自直。

汉武帝第五个儿子刘胥，被封为广陵王。他年轻时能把沉重的铜鼎扛起来，甚至可以徒手与棕熊和野猪搏斗。但他生性粗鲁，所以并不讨武帝的喜欢。

公元前 87 年，武帝去世，传位给他最宠爱的小儿子、年仅 8 岁的刘弗陵，即汉昭帝，由大司马大将军霍光等辅政。刘胥虽然没有什么才学，但野心倒不小，见昭帝年少无子，就希望他早日死去，好轮到他当皇帝。

刘胥请来一个女巫，叫她诅咒昭帝早死。那女巫装神弄鬼，说是武帝的阴魂附到了她的身上，传话要让广陵王做皇帝。刘胥听了很高兴。

碰巧的是昭帝寿命不长，只活到 21 岁就死了，刘胥以为是女巫的诅咒起了作用，高兴地等待着由他继位。不料霍光等大臣决定迎立武帝的孙子昌邑王刘贺为帝。刘胥非常恼怒，又命女巫诅咒刘贺早死。

其实不用女巫诅咒，刘贺也很快被废掉了。原来他一听说朝中大臣要迎立他为帝，就滥用权力，强抢民女，甚至不顾国丧期间的规矩礼仪，整天玩乐。于是霍光采取果断措施，将他驱逐出宫。这样，他只当了 27 天的皇帝就被废去。

刘胥以为，这回总可以轮到他当皇帝了。不料，霍光等又另立武帝的曾孙刘询为帝，史称汉宣帝。于是，刘胥一方面命女巫诅咒宣帝死，另一方面与楚王刘延寿暗中勾结，阴谋以武力夺取皇位。后来事败，刘延寿畏罪自杀，刘胥则被免去死罪。

刘胥不甘心，又让女巫诅咒皇帝。这件事后来终于败露，朝廷决定查究。刘胥惊恐万状，将女巫及知情宫女二十余人全部毒死。

刘胥杀人灭口的消息传开后，朝廷公卿大臣都要求皇帝诛杀刘胥。宣帝特地派大臣去审理这个案子。

刘胥自知罪行严重，难逃制裁，所以在王府索性摆开宴席，将儿子叫来，并命宠姬来献歌献舞陪饮，直闹到天明，与大儿子诀别后，上吊自杀。

西汉的史学家褚少孙引用了《荀子》中的话并加以评论说：“蓬草生在直挺挺的大麻秆当中，不用扶它自然会挺直；白色的沙子掺在黑色的泥中，混合起来都会成黑色的，这是土地的影响才使它们这样的啊！”

后人用“蓬生麻中”比喻人在好的环境中能变好，在坏的环境中则变坏。

千人所指

典出《汉书·王嘉传》。

西汉时，汉哀帝的侍臣董贤因美貌而又善于奉承，很受宠幸。一天，董贤陪哀帝午睡，一个翻身，把哀帝的衣袖压住。哀帝醒来见他睡得很熟，怕抽出衣袖惊醒了他，便索性叫宫人用剪刀剪断衣袖起身。

董贤得宠后，他不断得到赏赐，家人也跟着得福，尽管如此，哀帝觉得对他还不够好，想找机会封他为侯。

哀帝没有儿子，又体弱多病，东平王想篡位，就和王后串通起来，暗地里诅咒他早日死去。不料，这件大逆不道的事被两个朝臣知道了。他们联名写了一道奏章，通过太监宋弦向哀帝告发。结果，东平王畏罪自杀，王后亦被处死。

事后要论功行赏，有人迎合哀帝心意，建议把通过太监宋弦送奏章改为通过董贤送，这样，便可封他为侯。哀帝大喜，亲自起草了一道诏书，把董贤和那两个大臣一起封为侯。诏书下达后，丞相王嘉和御史大夫贾延竭力反对，哀帝心虚，只好把这件事搁起来再说。过了几个月，哀帝不顾一切地下诏封董贤为侯。丞相王嘉再次竭力反对，哀帝很扫兴，从此对王嘉疏远起来。

公元前2年，哀帝的祖母傅太后去世。哀帝以傅太后有遗命为由，加封给董贤两千户。王嘉接到诏书后，把它封起来退给哀帝，并又进行劝谏。他在奏章中写道：“董贤靠着陛下的宠幸，骄奢放纵，恶名远扬，俗语说，千人所指，无病而死。臣为他今后的下场感到寒心。望陛下考虑到祖宗创业的艰难，别再这样做了！”

哀帝大怒，逼王嘉服毒自杀，王嘉严词拒绝，在狱中绝食身亡。王嘉死后，没有人再敢向哀帝直言进谏了。于是，哀帝任命董贤为三大公之一的大司马，这时董贤才22岁。

但是，董贤的好景不长。公元前1年哀帝病死，董贤失去靠山，皇太后罢了他的官。董贤和妻子恐惧地自杀了。

“千人所指”比喻品行恶劣，被众人所谴责。

人死留名

典出《新五代史·王彦章传》。

五代时期，梁朝名将王彦章，作战时爱使一杆铁枪，跃马在沙场之上，如入无人之境，被誉为“王铁枪”。

王彦章年轻时跟随梁太祖朱温征战南北，屡建奇功，深得朱温的赏识和器重。末帝牛友贞继位后，朝廷大权为一伙奸臣把持，不重用王彦章，因而梁地连连失守。后来，晋军攻破梁的郓州城，深入梁的腹地。梁朝举国上下惊恐万分。

这时，末帝听取了宰相敬翔的建议，任命王彦章为招讨使，率军迎敌。王彦章带领精锐人马，只用了 3 天时间就攻克了滑州、南州。可是梁军的后援不力，王彦章的人马终因寡不敌众而失利。末帝听信了谗言，下令撤去了王彦章的兵权。

不久，后唐军又发兵攻梁，直趋梁的重地兖州。末帝见势不妙，不得不重新起用王彦章，还把京城中的 500 名御林军给他。但由于御林军缺少训练，毫无作战能力，因而兖州一战王彦章再次失利，身负重伤，被后唐军俘获。

后唐庄宗劝诱王彦章归顺。王彦章大义凛然地说：“我是梁朝的大臣，承受皇帝的恩泽，虽死不能相报，岂能替唐朝效力呢？梁人常说：豹死留皮，人死留名。如果我向你屈膝投降，就要遭后人唾骂了。我王彦章是顶天立地的大丈夫，决不苟且偷生！”不久，王彦章便被杀害了。

“人死留名”指人生前建立功业，死后留下美名。

三省吾身

典出《论语·学而》。

曾子曰：“吾日三省吾身——为人谋而不忠乎？与朋友交而不信乎？传不习乎？”

孔子的学生曾参，年纪虽小，却勤奋好学，深得孔子的喜爱。

一天，同学们问他：“你为什么进步这么快呀？”

曾参说：“我不过每天都要多次地这样问问自己：替别人办的事情有没有尽到力啊？与朋友交往有没有不诚实的地方啊？先生教我的学业是不是学习好啦……如果发现哪样做得不合适，我就及时改正。这样慢慢地也就成了习惯！”

后人由此引出“三省吾身”的成语，指经常自我检查，反省自己。

三思而行

典出《论语·公冶长》。

季文子三思而后行。子闻之，曰：“再，斯可矣。”

春秋时，鲁国大夫季孙行父，即季文子，为人谨慎，凡事都要多次考虑以后才决定做不做和怎样做，即主张“三思而行”。

一般说来，在干一件事情之前，多考虑考虑，然后行动，总是利多弊少的。可是孔子却并不赞同季文子的这种态度。孔子出生的时候，季文子已经死去十多年了。后来，孔子听人说到关于季文子的谨慎态度时评论道：“没有必要‘三思’，只要能‘再思’，也就可以了。”

孔子为什么认为只要“再思”就可以了呢？《论语》中没有说明。宋代儒学家程颢、朱熹等的解释是：考虑一两遍，就足以决定；考虑一多，反而要患得患失、疑惑不定了。

“三思而行”的“三思”，就是指多想。“三”不是限于三次的意思，而是“再三”“反复多次”。劝人好好考虑考虑，有时也可以用到这句成语。

杀马毁车

典出《后汉书·周燮传》。

东汉时的冯良，出身低微，30岁的时候，县令调他当县尉的“从佐”，也就是随从。有一次，郡里要派一个督邮官来县里，督邮将代表太守来督察县乡的工作，县令吩咐冯良到驿路口去迎候，必须执礼恭敬，不可怠慢，把他迎到县衙，才算完成差事。冯良带着车马，来到路口。谁知从上午等到日落西山，还不见督邮人影。冯良满腹愤慨，便一口气把马车赶到十几里路外的山边无人之处，取出佩刀，杀了那匹马，又把车砍破，脱下“从佐”的公服，撕成了碎片，再狠狠地把帽子踩坏。之后，逃到一个叫犍为的地方，投在名师杜抚门下，学习《诗》《礼》《易》，决心大长学问。

当晚，冯妻急了，四处寻找，都不见踪迹。十几天以后，在山边的草丛里，找到了破车、死马和冯良那件破碎的公服，以为冯良必是遇到了野兽或是被强盗所害，性命早已完结了。冯妻哭哭啼啼，替他办了丧事。

过了十几年，冯良回到家乡。这时候，冯良已学了更多的礼法，行为品德更加高洁，真是非礼不动，对妻子也客客气气，如同君臣相处。乡里人议论说：“冯良这一去十几年，回来像是换了个人了，真可以做大伙的表率了。”后来，冯良多次被公车征召做官，都以有病推辞，可是他的名望却更高了。

“杀马毁车”意思是将马杀了，将车毁了。比喻弃官归隐。

舍身取义

典出《孟子·告子上》。

生亦我所欲也，义亦我所欲也，二者不可得兼，舍生而取义者也

春秋时代，晋国的义士豫让曾受到智伯的重用。智伯后来被三晋打败身亡，因赵襄子是杀智伯的主谋，所以豫让要杀赵襄子替智伯报仇。他扮成一个残废的人，走到襄子的厕所去，假装成粉饰墙壁的人，想伺机刺死襄子。襄子去小便，忽然觉得心里有点跳动，知道有人要刺杀他，便叫人捉住粉饰墙壁的人，一问原来就是豫让。襄子知道他是替智伯报仇，感念他是义士，所以把他释放了。

后来豫让又用漆涂在身上，剃去胡须和眉毛，毁了容貌，扮作一个乞丐，连他的妻子也认不出来，但说话的声音还没有改变，于是他又吞炭改了声音。一天，他预先躲在赵襄子必经的桥下，赵襄子将要走到桥上时，忽然他的坐骑惊叫起来，赵襄子知道一定又是豫让来行刺了，叫人搜查，果然不错。赵襄子叹道：“豫让，你替知己报仇，人家都已知道你的义举了，这次我不再释放你，成全你吧，请你自己

了断吧！”豫让也被襄子的话所感动，请求襄子把袍子脱下来，他在襄子的袍子上刺了3刀，然后自杀。

孟子说过：“生，是我所喜欢的，义也是我所喜欢的，二者没有办法同时得到时，我宁愿不要生命而去争取义。”

身：生命。取：求取。“舍身取义”指舍弃生命以求得正义。

舍儿救孤

典出《东周列国志》。

春秋时代，晋灵公的武将屠岸贾恃宠专权，陷害忠良。大臣赵盾家属三百人全部被杀害，只剩下一个刚出生不久的孤儿赵武，被赵盾的门客程婴救出，期望以后为赵家报仇。屠岸贾知道了赵氏有遗孤，下令要将晋国境内半岁以下的婴儿全部杀尽，以绝后患。

程婴为了拯救晋国婴儿，保存赵家孤儿，找晋灵公的退职老臣公孙杵臼商量，甘愿以自己才生下来的儿子冒充孤儿献出，把赵武作为自己亲生的儿子隐藏下来。公孙杵臼与赵盾是“刎颈之交”，他愿意假冒隐藏孤儿的人，让程婴出首去告密。

屠岸贾得知孤儿下落，立即派武士跟着程婴去抓来公孙杵臼和婴儿，果真将程婴的儿子误认为是赵氏孤儿，把他活活地摔死了。公孙杵臼受尽严刑拷打，触阶而死。屠岸贾以程婴告密有功，收为门客，作为心腹，还将孤儿认作义子。

20年后，赵武学成文武技艺，经过程婴点破，领悟自己的身世，乘机砍杀屠

岸贾，为赵家报了仇。

“舍儿救孤”比喻为了他人而牺牲自己的利益。

桃李不言，下自成蹊

典出《史记·李将军列传》。

太史公曰：“……余睹李将军悛悛如鄙人，口不能道辞；及死之日，天下知与不知，皆为尽哀……谚曰：‘桃李不言，下自成蹊’。此言虽小，可以喻大也。”

西汉初期，北方的匈奴不断南下骚扰，陇西（今甘肃省东部）的名将李广奋勇抗击，匈奴既怕他，又敬重他，称他为“飞将军”。一次，李广率领4000名骑兵，从右北平出发，博望侯张骞带领1万骑兵和他在一起。他们分两路围剿匈奴。李广这一路前进几百里后，被匈奴左贤王率领的4万骑兵包围。面对优势敌人，李广竭尽全力组织抗击。后来张骞的大军赶到才得以解围。这一次，李广几乎全军覆没，只得撤兵回去。事后，朝廷追究责任，张骞因拖延行程应处死刑，后出钱赎去死罪降为平民；李广杀敌有功，但部队损失太大，功过相抵既没有被处罚，也没有受封赏。

有一次，李广私下对占卜天象的王朔说：“自从汉朝抗击匈奴以来，我李广没有一次战役不参加的。我率领过的部队当中，职位低的校尉中，才能不及一般人，而以抗击匈奴有功被封侯的，有数十人之多。我李广比起别人来不算落后，但却从来没有因为积功而取得侯爵的封邑，这是为什么呢？”

王朔反问他说：“你曾经做过什么可以引以为遗憾的事没有？”

李广想了想说：“我镇守陇西的时候，羌人曾经起来造反，我用计哄骗他们，使他们投降了。后来我又用诡计，把这800多投降者在同一天内杀死了。这是我所引为最大遗憾的事。”

王朔叹息道：“给人带来灾祸的事，最严重的莫过于把已经投降的敌人杀掉。这就是将军之所以没有被封侯的原因。”

公元前119年，朝廷决定对匈奴再发动一次大规模的攻击，分两路向匈奴进军，已经60多岁的李广主动请战，担任前将军，归卫青指挥。李广在行进途中几次迷路。等他赶到会合地点，已比指定的时间迟了好几天。当时，匈奴已被卫青的大军打败。会合后，卫青派手下的人问李广迷路的经过情况，并催促李广的部下快到卫青那里去听审受问。李广气愤地说：“我的部下并没有罪，误期迟到的责任全在我一人身上，要审问就审问我。我现在亲自去大将军的幕府去听候审问。”接着，李广对部下说，“我一生跟匈奴打了大小70多次仗，这次跟着大将军出战，本来很幸运可以同单于的军队接触，没想到大将军又把我的队伍调开，让我走那条迂回遥远的路，而偏偏又迷失了路径，这岂不是天意吗？况且我已经 60 多岁了，毕竟不能再同那些舞文弄墨的小吏去打交道了！”说完，拔刀自刎。

司马迁评论说：“孔子曾经说过：‘如果本身正派，做得对，就是不发号施令也没有行不通的事；如果本身不正派，做得不对，就是发号施令也没有人听从。’这好像是针对李将军而说的。我看李将军诚实得像个乡下人，嘴里不会花言巧语。他死后，天下人不论是否与他相识，都非常悲痛。俗语说：‘桃花和李花是不会说话的，但它开放的时候，欣赏的人都在树下踩出小路。’这话虽然讲的是小事，但却可以用来比喻大事。”

蹊：小路。原指桃树、李树虽不会向人打招呼，但其花朵艳丽动人，其果实甘美，引人喜爱，树下自然会走出路来。比喻为人真实坦诚，必然会有极大的感召力。

瓦器蚌盘

典出《陈书·高祖纪》。

陈霸先生于南朝梁代天监年间。梁代末年，侯景起兵反叛，梁武帝忧愤而死。陈霸先北上声讨侯景，与王僧辩会师，兵临建康城下，侯景沿河设防。

王僧辩与陈霸先商讨对策。陈霸先见各路大军不敢打前锋，便主动请求走在前面，他针锋相对地修筑了工事。陈霸先采用了分兵把守、分散敌军的策略。于是各军分别布兵，陈霸先大败侯景，声名大振。

凯旋南归后，陈霸先与王僧辩共同把萧方智迎接到建康，而北齐却抢先一步，将萧渊明送回来做梁朝君主，企图以此操纵梁国政权。陈霸先坚决反对，而王僧辩却在北齐的威逼利诱下屈服了。于是陈霸先从京口起兵，杀死王僧辩，拥立萧方智为帝。从此陈霸先总揽朝政，晋爵为陈王。公元 557 年，梁敬帝让位于陈霸先，陈霸先建立陈国，这就是陈武帝。

陈霸先一生南征北战，胆略过人，审时度势，抓住有利时机，当机立断，决不优柔寡断。在处理政务上，务求宽松、简练，除紧急军务外，不轻易征用兵力。加上他勤俭朴素，日常饮食每每不过几个菜，即使宴会，也没有山珍海味，盛食物的器具都是用陶土或蚌壳制成。陈霸先富有远见卓识，又能严于律己，因此他能得天下，又能治理天下。

“瓦器蚪盘”泛指粗劣的食具。形容生活俭朴。

一毛不拔

典出《孟子·尽心》。

战国初期，魏国的哲学家杨朱主张“贵生”“重己”，也就是重视个人生命的保存，反对别人对自己的侵夺，也反对侵夺别人。思想家墨翟与杨朱的主张正好相反，他主张“兼爱”，反对战争，提倡生产劳动，谴责贵族奢侈糜烂的生活。

有一次，墨翟的学生禽滑厘问杨朱道：“如果拔你身上一根汗毛，使天下人得到好处，你干不干？”

杨朱说：“天下人的问题，绝不是拔一根汗毛所能解决得了的！”

禽滑厘又说：“假使能的话，你愿

意吗？”

杨朱默不作声了。

有人问孟子对杨朱和墨翟这两位学者的观点如何评价。

孟子坦率地说：“杨朱主张一切为自己，连拔下自己的一根汗毛有利于天下的事，他都不肯干，这也太自私了。墨翟与杨朱正相反，他提倡爱世上的所有人，只要对天下有利，他一切事情都愿意做，哪怕磨秃头顶、走破脚跟，也心甘情愿，这是多么难得呀！但这恐怕不容易做到，尤其是要每个人都来做，更困难。鲁国贤人子莫提倡中道，我觉得主张中道情况就差不多了，但也要有灵活性，要会变通，不然坚持一点，不顾其余，就有损于仁义之道了。”

“一毛不拔”意思是说一根毫毛都不肯拔掉。形容非常吝啬。

煮酒论英雄

典出《三国演义》。

东汉末期，刘备被吕布打败后，到许

昌投奔曹操。他为了不引起曹操的猜忌和怀恨，便假装对天下大事毫不关心，成天在后园种菜。实质上，他胸怀称王天下的大志，而且还与国舅董承密谋除掉曹操。为此，他心中对曹操非常戒备。

一天，曹操邀请刘备去小亭中喝酒，桌上摆好了一盘青梅、一壶煮酒。二人开怀畅饮。酒兴正浓时，天上阴云密布，暴雨将临，一团浓云如飞龙悬挂天边。二人靠在栏杆上欣赏那天空中水墨画似的奇景，曹操有意问刘备："先生知道龙的变化吗？"刘备说："请您说说看。"曹操说："龙能大能小，能显能隐，随时变化，如当世的英雄，纵横四海。先生您知道谁是当世的英雄吗？"刘备一连举了当时有势力的好几位，如袁术、袁绍、刘表、孙策等，曹操都认为够不上称"英雄"。最后，刘备只好假装糊涂地说："那么还有谁才称得上英雄，我实在不知道。"曹操用手指指刘备，又指指自己，然后说："天下英雄，只有您与我二人罢了。"

刘备一听这话，大吃一惊，手里拿的筷子"啪"的一声掉在地上。正好这时天上雷声大作，刘备乘机从容地拾起地上的筷子说："雷声的威力可真大呀。"将自己惊惶失措的真正原因巧妙地掩饰过去，没有引起曹操的怀疑。

后人用"煮酒论英雄"或"青梅煮酒论英雄"的典故比喻人与人之间评论功绩。

中山猫

典出《郁离子·枸橼篇》。

赵人患鼠，乞猫于中山。中山人予之猫。善捕鼠，及鸡。月余，鼠尽而其鸡亦尽。其子患之，告其父曰："盍去诸？"其父曰："是非若所知也。吾之患在鼠，不在乎无鸡。夫有鼠，则窃吾食，毁吾衣，穿吾垣墉，毁伤吾器用。吾将饥寒焉，不病于无鸡乎？无鸡者，弗食鸡则已耳，去饥寒犹远。若之何而去夫猫也。"

赵国有一户人家被老鼠害苦了，便从中山国讨取捕鼠的猫。中山人给了他一只。那只猫很会捕老鼠，也喜欢捉鸡。一个多月以后，他家里老鼠捉尽了，但他养的鸡也被吃光了。他儿子认为那只猫是个祸害，告诉他父亲说："为什么不赶跑它呢？"他父亲说："这件事，不是你能了解的。我们的祸患在于有老鼠，不在于没有鸡。有了老鼠，便偷吃我家的粮食，咬烂我家的衣服，钻穿我家的墙壁，啃坏我家的家具。这样，我们就要挨饿受冻，比没有鸡不是更有害吗？仅仅没有鸡，我们最多不吃鸡罢了，离挨饿受冻还远得很呢。为什么要赶走那只猫呢？！"

这个故事说明做事、用人都要权衡利害大小；做事不要怕付出代价，因噎废食；用人不要责备求全，以瑕掩瑜。

学问篇

不耻下问

典出《论语·公冶长》。

子贡问曰："孔文子何以谓之'文'也？"子曰："敏而好学，不耻下问，是以谓之'文'也。"

春秋时，卫国有一个叫孔文的大夫，死后被谥为"文"。子贡就这件事询问孔子说："孔文子凭什么谥为'文'？"孔子回答说："他聪明灵活，爱好学问，并且谦虚下问，不以为耻辱，所以用'文'字做他的谥号。"

"不耻下问"的意思是不以向学识、地位不如自己的人请教为耻。

不求甚解

典出《五柳先生传》。

好读书，不求甚解。

从前有这样一个人，不知叫什么名字，因为他住宅旁边有五棵柳树，所以大家都叫他五柳先生。五柳先生有些沉默寡言，不大喜欢说话，但是他对各种问题都喜欢思考，对各种社会现象都留心观察，并且有他独到深刻的见解。不大喜欢说话并非他的天性，只要遇到知己，他可以慷慨激昂地抒发胸中的积闷，抨击官场的劣迹、社会的弊端。他"好读书"，但"不求甚

解"，一心领会它的精要之处；一旦解除了一个疑团，懂得了一些新的道理，便乐得手舞足蹈，有时甚至连饭都忘记吃了。五柳先生尤其可贵之处是不羡慕名利，不愿低三下四逢迎拍马，对那些仗势压人高高在上的官僚，他极为轻蔑鄙视，总是避而远之。由于他不愿与世浮相处，所以隐居故里。

"不求甚解"在这里是指读书只领会要旨，不在文句上下功夫。后人用"不求甚解"来说明学习不够认真，不求深入了解，或了解情况不深入。

不学无术

典出《汉书·霍光金日磾传》。

然光不学亡术。暗于大理……

我国东汉时期的著名史学家、文学家

班固，用了20年的时间写了一部《汉书》，书中叙事详赡，文辞渊。在《霍光金日磾传》的卷末，他写了这样一段赞语：

“霍光以结发内侍，起于阶闼之间，确然秉志，谊形于主。受襁褓之托，任汉室之寄，当庙堂，拥幼君，摧燕王，仆上官，因权制敌，以成其忠。处废置之际，临大节而不可夺，遂匡国家，安社稷。拥昭立宣，光为师保，虽周公、阿衡，何以如此！然光不学亡术，暗于大理，阴妻邪谋，立女为后，湛溺盈溢之欲，以增颠覆之祸，死才三年，宗族诛夷，哀哉！”

班固这里谈论的是汉代大司马大将军霍光，由于生前犯了一个大错误而导致死后祸灭九族之罪。霍光曾是朝廷上举足轻重的大人物，受到朝野上下万人景仰。他跟随汉武帝28年，深得皇帝的器重。汉武帝刘彻临终时，将幼子弗陵交给他辅佐。汉昭帝死后，他又改立刘询为皇帝。霍光掌握朝廷上的军政大权长达40多年，可以说对刘氏朝廷功勋显赫。可是，有一件事情他没有做对，因此而带来了祸患。

那是刘询刚刚继承皇位的时候，霍光的妻子出于私利，想把小女儿成君嫁给刘询做皇后。然而刘询立了许氏为皇后，霍光妻子因此想阴谋害死许后。她买通了女医淳于衍，趁许后生病的时候，下毒药谋害了她。许后暴死，朝廷逮捕了女医淳于衍，关进大牢里严加审问。这件事霍光事先并不知道。他的妻子看女医下了狱，害怕事情败露，才如实告诉了丈夫。霍光一听，大为惊骇，想去举发，又不忍心让亲人伏罪，便将此事隐瞒起来，还替女医说情，把案子包庇下来了。

可是没有不透风的墙，纸里是包不住火的。等霍光死了以后，有人把这件事向皇帝告发了。皇帝派人调查处置这个案子。霍光妻子和家里人听到风声，又惊又怕。知道自身性命难保，便生了杀机，企图谋反朝廷，召集兄弟姊妹女婿一同策划举事。不料朝廷早已发觉他们的计谋，派兵将霍氏家族搜捕、杀戮。因这个案子受牵累的近亲、远戚有几千户人家，均被诛杀。

班固在评价霍光的功过时，指出霍光对自家人缺乏管教，过分宽容、放纵，所以才招致这样的结局。班固还说这是由于霍光不学无术，不明白大道理的缘故。

成语“不学无术”，意思是说人没有学问和办事的本领。

囫囵吞枣

典出《湛渊静语》。

客有曰：“梨益齿而损脾，枣益脾而损齿。”一呆弟子思久之，曰：“我食梨则嚼而不咽，不能伤我之脾；我食枣则吞而不嚼，不能伤我之齿。”狎者曰：“你真是囫囵吞却一个枣也。”遂绝倒。

有个客人说：“梨子对牙齿有益处，却损害脾脏；枣子对脾脏有好处，却损害牙齿。”一个呆头呆脑的青年人想了很久，猛然醒悟地说：“我如果吃梨子，就只嚼不吞，那就不能伤害我的脾脏了；我如果吃枣子，就只吞不嚼，那就不会伤害我的牙齿了。”有个熟人跟他开玩笑说：“你真是囫囵吞下个枣子啊。”满座的人都笑得前俯后仰。

“囫囵吞枣”这个成语比喻不求甚解。

将勤补拙

典出《自到郡斋，公经旬日，方专公务，未及归游，偷闲走笔题二十四韵》。

救烦无若静，补拙莫如勤。

公元825年，唐敬宗李湛任命大诗人白居易为苏州刺史。当时的苏州已是一个交通发达，商业繁盛，人口众多的重镇。白居易被派到此任职，深感自己肩负着重大的责任。

到职以后，白居易顾不上一洗旅途的疲劳，更顾不上去玩赏苏州的名胜古迹，马上投入了紧张的工作。他召集下属，询问公务，调查研究，制定治理措施，每天从早忙到晚，有时甚至工作到深夜。白居易喜好饮酒和音乐，但到苏州以后，由于公务繁忙，往往十天来滴酒不沾，个把月不听一次音乐。

后来，白居易给他的朋友写了一首诗，谈了自己当时的心情，诗中写道：自己笨拙，担当不起苏州刺史这样的重任，除用勤奋来补救外，没有其他办法。

“将勤补拙”指用勤奋补救笨拙，含自谦之意。

举一反三

典出《论语·述而》。

举一隅不以三隅反，则不复也。

孔丘是我国历史上的一位教育家，据说，他门下的弟子有3000人。《论语》是记录孔丘和他的学生对话的一本书。

据记载，有一天孔丘对他的学生们说：“我举出一个墙角，你们就应独立思考，融会贯通，而联想推类到其余三个墙角，并用其余三个墙角来反证我指出的一个墙角；如果不是这样的用心去学习和灵活运用，那么我就不再教你们了。”

后人用“举一反三”比喻善于推理，能由此及彼。

脍炙人口

典出《孟子·尽心下》。

脍炙，所同也；羊枣，所独也。

春秋时的曾参是个孝子。他的父亲曾晰喜欢吃羊枣（一种野生小柿子，俗名牛奶柿）。曾晰死后，曾参竟不忍心再吃羊枣。因此被儒家传为美谈。

有一次，孟子的学生公孙丑就这件事向孟子提出了问题：“脍炙（精美的肉食）和羊枣哪样东西好吃？”孟子说：“当然是脍炙好吃。”公孙丑说：“那么曾参父子一定都爱吃脍炙了，可为什么父亲死后，曾参只戒羊枣，不戒脍炙呢？”

孟子回答说：“脍炙，人所同嗜，是大家都爱吃的；羊枣却是曾晰的特殊嗜

好，所以曾参继续吃脍炙而不吃羊枣。”

后人用“脍炙人口”比喻人人赞美和传诵（多指诗文）。

门墙桃李

“门墙”也叫“宫墙”，典出《论语》。

譬之宫墙：赐之墙也，及肩，窥见室家之好；夫子（指孔子）之墙数仞，不得其门而入，不见宗庙之美、百官之富。得其门者或寡矣。夫子（指叔孙武叔）之云，不亦宜乎！

子贡，春秋时卫国人，姓端木，名赐，是孔子的得意门生之一。鲁国大夫叔孙武叔曾在朝中向其他大夫说：“看来子贡要比他老师强些。”这话传到了子贡的耳朵里，他就说：“拿住宅四周的围墙来说，我家的围墙，才肩头那么高，从墙外向里一望，屋子里有什么比较好的东西，谁都能全部看得清清楚楚；而我老师家的围墙却有几仞高（周尺七尺为一仞），要是找不到大门、走不进去，就根本没法看到里面祖庙的雄伟美观、各种房屋的富丽堂皇。不错，有幸而从我老师的大门走进去的人，恐怕是不多的。这样看来，武叔他老人家说出那样的话，不是也难怪吗！”

子贡这段话是说自己的品德学问都肤浅有限，无法同他高深渊博的老师相比。

后来，人们就称师门为“门墙”。形容初步学得一点东西，叫作“入门”。

“桃李”典出《说苑·复思篇》。

阳虎在卫国犯了罪，便来到北边的晋国，对赵简子说：“今后我再也不培养人了。”

赵简子问：“为什么？”

阳虎说：“坐在厅堂上判事的人一半以上是我培养的，朝廷的官吏、边境的将士，经我荐举的也都在一半以上。可是现在，堂上之人叫国君冷落我，朝中之吏叫大伙仇视我，边境之士叫军队搜捕我。”

赵简子说：“种桃李的人，夏天可以在它们的绿荫下乘凉休息，到秋天还可以有果子吃；种蒺藜的人，夏天既不能从它们那里得到乘凉的荫地，到秋天它们还会长出许多刺来刺人。现在看来，你所植的都是蒺藜。以后一定要先择对象，而后加以培植，不要先培植，后选择。”

门墙：指师长之门。桃李：比喻后辈学生。“门墙桃李”用以尊称他人培养出来的学生。

妙笔生花

典出《开元天宝遗事·梦笔头生花》。

唐代诗人李白是继屈原之后我国古代又一位伟大的浪漫主义诗人。他的诗歌在

我国文学史上闪耀着灿烂的光芒。传说，他少年时代曾做过一梦，梦见他的笔头上生了花。后来便天才赡溢，文思敏捷，斗酒百篇，超群出众。

而今天看来，李白在诗歌创作上的伟大贡献绝非得力于梦，而是他丰富的经历和刻苦学习的精神所铸成的。

后人把“梦见笔头生花”说成“妙笔生花”，用来称赞别人杰出的写作天才。

名人酒徒

东晋偏安江南约100年，当时最流行的风俗是清谈。有人不务世事、高谈空论；有人放浪形骸，饮酒高歌，竹林七贤中的刘伶就是纵酒放荡最出名的一个。

刘伶当时在东晋做建威将军，每天都要饮一石酒。有时不醉、有时微醉，酒醒以后又继续饮五斗。刘伶一想喝酒就向其妻要，他的妻子很不赞成刘伶这样狂饮，就对他说：“喝酒非养生之道。”劝他戒酒，刘伶回答说：“你的意见很对，我发誓从此戒酒，今天你给我买五斗酒，饮最后一次。”刘伶拿到五斗酒以后，又说：“天生刘伶，以酒为名，一饮一石，五斗解醒，妇人之言，慎莫可听。”说完又狂饮起来。

当时，如刘伶这样嗜酒的不乏其人，下面略举一二。

晋末宋初的陶渊明是闻名遐迩的田园诗人，他辞官以后就住在庐山的栗山与里山之间的一块大石头旁。这块大石可坐10人，在此可仰视瀑布，他在兴致来时坐在大石上饮酒，酒醉后就仰卧在大石上。他的朋友颜延之顺路来看他。就与他同饮。见他生活困顿，临走留下二万钱让他买米，而陶渊明得到钱却又送给酒家了。

据说吴兴太守陆纳与大司马桓温是酒友。陆纳问桓温的酒量，桓温说：“饮酒三升就会醉，吃肉不过十块。”陆纳临行时邀桓温喝酒，桓温欣然接受。陆纳只带来酒一斗，鹿肉一块，同座的人怪他带的酒肉太少。陆纳则说：“桓公的酒量只有三升，我的酒量只有二升，所以只带一斗酒来。”说完，宾客们才觉得陆纳为人的确率真，他只管自己和约好的酒友。

牛角挂书

典出《新唐书·李密传》。

闻包恺在缑山，往从之。以蒲鞯乘牛，挂《汉书》一帙角上，行且读。越国公杨素适见于道，按辔蹑其后，曰：“何书生勤如此？”密识素，下拜。问所读，曰：“《项羽传》。”因与语，奇之。

隋代襄阳人李密，专心向学，从来不浪费一分钟，因此，他的学习生活是相当紧张的。有一次，他到绥山（又作猴山）去，怕旅途之中耽搁时间太多，出发以前，想出了个一面行路一面读书的好办法：他用蒲公英编织了个鞍子放在牛背上，把要看的汉书挂在牛角上。就这样，他很舒服地骑着牲口，一手拿书本，一手牵缰绳，走着看着，几乎跟在屋子里没有两样。

走在途中，因为李密的注意力太集中了，他一动也不动，像是一座雕塑摆在牛背上。正巧，当朝大臣杨素也经过这里，见到牛上还有这般好学的人，便顾不得自己赶路，偷偷地紧跟在后边，走上一大段路，李密一点都不知道。直到他挪转牛头，准备另换一本书的时候，杨素才和他谈话，问他看什么书。这时候，李密也只是勉强动了动脑袋，向身边一瞥，漫不经心地说：“看《项羽传》！”

后人用“牛角挂书”比喻勤奋读书。

歧路亡羊

典出《列子·说符》。

杨子之邻人亡羊，既率其党，又请杨子之竖追之。杨子曰：“嘻！亡一羊，何追者之众？”邻人曰：“多歧路。”既返，问：“获羊乎？”曰：“亡之矣。”曰：“奚亡之？”曰：“歧路之中又有歧焉，吾不知所之，所以返也。”

杨子是战国时代的一个大学问家，有一天，他的邻居丢了一只羊。那人央请了许多亲戚朋友一道去寻找。杨子说：“丢了一只羊，何必要这么多人去寻找呢？”邻居说：“因为岔路太多，不多请些人，就不能分头寻找呀！”等了一会儿，找羊的人都先后空手回来。

杨子说：“这么多的人去寻找，怎么还会让一只羊丢了呢？”邻居说：“因为岔路太多呀！每条岔路之中又有许多岔路。因此没有办法寻找，人们只得回来了。”杨子听了，低下头，整天闷闷不乐。一个学生问杨子，说：“邻居丢走了一只羊，这算不得什么大事，也和老师没有什么牵连，又何必为了这事整天发愁呢？”杨子说：“你说的也不错，但我整天想的并不单是邻居丢了羊这件事情；而是连带想到求学问的道理。我们求学问要是没有正确的方向而只是盲目地东钻钻、西钻钻，那

就会白白花费了很多的时间与精力，永远达不到目的。结果将要像岔路上寻羊一样，还是寻找不到。”

后来人们用“歧路亡羊”比喻迷失方向，或者比喻事理复杂、事绪纷繁，容易犯错误。

取长补短

典出《孟子·滕文公上》。

今滕，绝长补短，将五十里也，犹可以为善国。

战国时代，滕文公做太子时，曾去各国访问。有一次，他去楚国路经宋国时，会见了孟子。孟子给他讲了一些人性本是善良的道理，又勉励他要以尧舜之道来治理天下。滕文公回国时又在宋国会见了孟子。孟子怕他还不明白人性本善和以仁政治理天下的道理，又给他讲了文王、周公的治国之道。当谈到滕国还是可以治好时，他说：“现在的滕国，如果截长补短，将近有方圆五十里的国

土，如能以仁政来治理天下，滕国还能成为一个好国家。”他停了一下接着说：“但如不振作精神去痛除积弊，那也就难说了。”滕文公听了孟子这番议论未置可否，只是微微笑了一笑。

后人把“绝长补短”说成“取长补短”，用来表示虚心学习别人的长处，用以弥补自己的短处。

失之毫厘，差之千里

典出宋代司马光《资治通鉴·汉纪》。

赵充国是西汉时代的上邽（今甘肃清水县）人。有一次他奉汉宣帝的命令去西北地区平定叛乱。

到了那儿，一看地势，发现叛军的力量虽大，但军心不齐，他就决定采取招抚的办法。经过他的努力，果然有1万多叛军前来投诚。赵充国便打算撤回骑兵，只留一小部分部队留驻原地开垦土地，等待叛军全部归顺。

可是还未等到他把情况上报皇帝，皇帝却已下达了限时全面攻击叛军的命令。经过再三考虑，赵充国决定还是按照自己原来的打算去做招抚叛军的工作。

赵充国的儿子赵卯听到这个消息，急忙派人劝他父亲接受命令，省得因违抗皇帝命令而遭杀身之祸。这使得赵充国想起了种种往事。

赵充国曾向皇帝建议让酒泉太守辛武贤去驻守西北边境，但皇帝却派了不懂军事的义渠安国带兵，结果被匈奴人杀得大败。

有一年，金城、关中粮食大丰收，赵充国向皇帝建议收购300万石谷子存起来，那么边境上的那些人见到军队的粮食充裕，他们想叛变也不敢动了。

可是后来耿中丞只向皇帝申请买100万石，皇帝又只批40万石，义渠安国又轻易地耗费了20万石。正由于做错了这两件事，才发生了这样大的动乱。

赵充国想到这些，深深地叹了口气说："真是'失之毫厘，差之千里'啊！如今战事未停，危机四伏，我一定要用生命来坚持我的正确主张，替皇帝扭转这个局面。我想，明达的皇帝是可以对他讲真心话的。"

于是赵充国把他撤兵、屯田的设想奏报皇帝。宣帝终于接受了他的主张，最后招抚了叛军，取得了安邦定国的结果。

毫厘都是长度单位。"失之毫厘，差之千里"形容稍微相差一点，就会导致极大的错误。

食肉寝皮

典出《左传·襄公二十一年》。

食其肉，而寝处其皮矣。

晋国有个人叫州绰，此人聪敏、勇敢而又善战。有一次，齐晋两国在平阴打仗，州绰获胜，并生俘了齐国勇士殖绰和郭最。后来，州绰的好友栾盈与晋国当权的范宣子有矛盾，栾盈被囚，州绰因此出奔齐国。

有一天早朝，齐庄公指着殖绰、郭最说："他们是我的勇士啊！"州绰心中不服，便说："大王认为他们是勇士，谁又敢说不是呢？不过在平阴一战，他们是被我生俘过的。"

不久，庄公准备封一批勇士，其中有殖绰、郭最，但却没有州绰。为此，州绰很不满意地对庄公说："前次齐晋之战，我从平阴打到了齐国的都城，在都城的东门从容不迫地数点过东门的门板，难道还不算勇敢吗？"庄公解释说："你那时是替晋国打我们齐国啊！你到我们齐国来还不久啊！"州绰十分恼怒地说："我在齐国虽是新仆，但殖绰、郭最被我生俘时，他们好比禽兽一般,我恨不得吃他们的肉，把他们的皮剥下来垫着睡觉，那算什么英雄！"齐庄公不管州绰如何恼怒，还是没有封他为勇士。

后人把"食其肉，而寝处其皮"简缩成"食肉寝皮"，用来表示仇恨极深。

司马懿攻八卦阵

典出《三国演义》。

诸葛亮出师北伐，魏国将军司马懿率军到祁山，与蜀汉军对抗于渭滨。这里一边是河，一边是山，中央平原旷野，确是一处好战场！

两军相迎，各用箭射住阵脚。三通鼓罢，魏阵中门旗开处，司马懿出马。这边孔明端坐在四轮车上，手摇羽扇，态度安闲。司马懿劝孔明回兵。孔明笑答："等我收了中原，自然回兵。"司马懿大怒，要与孔明决一胜败。孔明笑问："你想要斗将、斗兵，还是斗阵法？"司马懿要先斗阵法。孔明轻摇羽扇，把早在汉中操练精熟的八卦阵布成，问："识得此阵吗？"司马懿说："这是八卦阵，怎么不识！"孔明又问："识是识了，可敢攻打？"司马懿说："识了便敢打。"他叫3名将领各引30名骑兵，吩咐他们从正东生门杀入，往西南休门杀出，再由正北开门杀入。三人领兵杀入生门，往西南冲去，却被蜀兵射住，冲突不出。阵中门户重重迭迭，难分方向。三将不能相顾，只管乱冲乱撞，弄得魏军精疲力竭，昏昏沉沉，一个个都被缚住。孔明下令将他们的衣服脱了，脸上涂墨。放出阵去。叫他们回去告诉司马懿，“再读兵书，策观战策，那时再来决雌雄，也不为晚”。

3个魏将和90名军士，面涂黑墨，光着上身，从蜀阵中步行逃出，向魏阵奔来。司马懿一见，咬牙切齿，怒气冲天，说：“如此挫败锐气，有何面目见中原大臣！”他拔剑在手，指挥三军，向蜀军冲来，想一举攻破八卦阵，报仇雪耻。结果，八卦阵没有攻破，魏兵反被伤亡了十分之六七，司马懿只好败退了。

“司马懿攻八卦阵”比喻态度不老实，不了解事情的真相假装了解，结果自己吃亏。

王寿负书而行

典出《韩非子·喻老》。

王寿负书而行，见徐冯于周涂。

冯曰：“事者，为也。为生于时，知者无常事。书者，言也。言生于知，知者不藏书。今子何独负之而行？”

于是，王寿因焚其书而舞之。

王寿背着一大包书走路，在四通八达的大道上碰见了徐冯。

徐冯说：“做事情，是人们的行为。人们的行为都是在适当的时机中产生的，因此，智者没有固定不变的行为。书本上所记载的，都是人们的言论。言论是由人们的知识而产生的，因此知者不藏书。现在，你为什么要背着书走路呢？”

于是，王寿便烧了那些书，并且高兴地跳起舞来。

“知者无常事”，固然是对的，教人不要死读书、不要读死书、不要读书死，也都是对的；可是，“知者不藏书”，反知识，反学习，以致“焚其书而舞之”，这就成为读书无用论的老祖宗，无非是原始的农民意识的反映。

韦编三绝

典出《史记·孔子世家》。

孔子晚而喜《易》，读《易》韦编三绝。

孔子到了晚年，特别喜欢阅读《易经》。司马迁在写《孔子世家》时说：“孔子晚而喜《易》，读《易》韦编三绝……假我数年，若是，我于《易》则彬彬矣。”意思是说孔子晚年喜欢读《易经》，翻来复去地读，把编简册的绳子都翻断了多次……在这种情况下，他还自言自语地说：“就这样读它几年，那我对《易经》也就学深学透了。那时，我一言一行都会更加文质彬彬的了。”

后人用“韦编三绝”来形容读书认真，百读不厌。

无益反损

典出《笑禅录》。

举：《坛经》云：“诸佛妙理，非关文字。”说：一道学先生教人只体贴得孔子一两句言语，便受用不尽。有一少年向前一恭，云：“某体贴孔子两句极亲切，自觉心广体胖。”问：“是哪两句？”曰：

“食不厌精，脍不厌细。”颂曰：自有诸佛妙义，莫拘孔子定本；若向言下参求，非徒无益反损。

有一个道学先生本身就是半瓶子醋，他教育他的学生说：“只要懂得孔老夫子的一两句言语，就会受用不尽。”话刚讲完，有一个学生上前深鞠一躬说：“教师说得太好了，我对孔老先生的两句话感到非常亲切。”这位先生问：“是哪两句话啊？”学生说：“‘食不厌精，脍不厌细’。”

后人用这则寓言强调对于经典著作的言论不能寻章摘句，机械执行，否则无益反损。道学先生教人只要能体会孔子一两句话便受用不尽，他们把孔子由凡人捧为神人，认为孔子的言论一句顶一万句，完全是欺人之谈。

学而不厌

典出《论语·述而》。

学而不厌，诲人不倦，何有于我哉？

孔子在教学上有丰富的经验，常常和学生们一道研讨问题。他一走入学生群中，学生们总是提出各种问题来请教他，而孔子总是耐心地给学生解答。一天上课之余，一个学生问孔子道：“老师，你苦口婆心地教导我们，希望我们将来有出息，根据目前我们的实际情况，你觉得哪些问题应该引起我们注意，哪些事情是你最忧心的呢？”孔子和善地看了看这个学生，然后说：“品德没有很好地培养，学问没有很好地深钻巩固，听到说要做好事，却不身体力行，自己有了缺点，却不立即改正，这些都是我的忧虑。”接着另一个学生问道：“老师，我们学得的知识怎样才能巩固呢？”孔子回答说：“学了之后，要经常复习，才能把学得的知识巩固下来，才会越学越有兴趣。”孔子给学生解答问题恳切又耐心，释去了学生脑海中一个又一个的疑问，大家很受感动，情不自禁发出了感叹：老师真好啊！老师不但在学习上不知疲倦，而在教导我们上又这样耐心，真是难能可贵啊！孔子听了学生们的赞扬，谦逊地说：“学习努力不厌弃，教导别人不知疲倦，这些事我做到了哪些呢？”

后人用“学而不厌”表示专心学习，不知疲倦，不知满足。

晏子使楚

典出《晏子春秋·内篇杂下》。

晏子使楚。楚人以晏子短，为小门于大门之侧而延晏子。晏子不入，曰：“使狗国者从狗门入，今臣使楚，不当从此门入。”傧者更道，从大门入。

见楚王。王曰：“齐无人耶？使子为使。”

晏子对曰："齐之临三百闾，张袂成阴，挥汗成雨，比肩继踵而在，何为无人！"

王曰："然则何为使子？"

晏子对曰："齐命使，各有所主。其贤者使使贤主，不肖者使使不肖主。婴最不肖，故宜使楚矣。"

齐国的晏子出使到楚国去。楚国人认为晏子身材矮小，想奚落他一顿，事先在大门旁边开了个小门。晏子到了，楚人请晏子从小门进去。晏子不肯进去，说："只有出使狗国的人，才从矮小的狗洞中爬进去。今天，我是出使堂堂的楚国，不应当从这扇狗门进去。"招待他的人只得换一条路，让晏子从大门进去了。

晏子拜见楚王。楚王说："齐国没有人吧？怎么派遣你做使者！"

晏子回答说："齐国的都城临淄横街竖巷，鳞次栉比，人来人往，熙熙攘攘，人们张开袖子，可以遮住半边天；大家甩一把汗，整个天空就会像下雨一样，喧腾的人流中，人们肩并着肩，脚挨着脚，怎么会没有人呢！"

楚王说："既然如此，那么为什么要派遣你这样的人来？"

晏子回答说："我们齐国派遣使者，各有一定的对象。哪个国家的君主贤明，就派有远见卓识的使者到那里去；哪个国家的君主昏庸，就派不学无术的使者到那里去。我晏婴最没有出息，所以最适宜出使到楚国来。"

一目十行

典出《梁书·简文帝纪》。

太宗幼而敏睿，识悟过人，六岁便属文，高祖惊其早就，弗之信也，乃于御前面试，辞采甚美。高祖叹曰："此子，吾家之东阿。"既长，器宇宽弘，未尝见愠喜。方颊丰下，须鬓如画，眄睐则目光烛主。读书十行俱下。九流面氏，经目必记，篇章辞赋，操笔立成。

南北朝时期梁国的简文帝萧纲是梁武帝萧衍的第三个儿子。萧纲小时候十分聪颖，识悟过人，刚刚6岁他就会写文章。一天，梁武帝把萧纲叫到跟前，给他出了一个题目。梁武帝吩咐左右，取来纸笔，萧纲便提起挥写，一会儿工夫便写完了。梁武帝边读边摇晃脑袋，嘴里不停地称赞。

萧纲长大以后，非常喜欢读书，而且看得极快，一眼可以看完10行文字，别人对他看书的速度简直不敢相信。萧纲对各种各样的书籍都看，九流百氏，诸家学说，无所不晓。尤其喜欢诗词歌赋，拿起笔来就能写上一篇。他办事也很干练，十几岁就能独立处理事务。

梁武帝死后，萧纲即位，当上了皇帝，但没有几年就被废掉，接着又被害死，死

的时候只有 49 岁。

成语“一目十行”就是由该文中的“十行俱下”一句演变而来，后人用它形容看书的速度快。有时也指阅读粗糙。

一知半解

典出《唐宋诗醇》。

洵乎独立千古，非一代一人之诗也；而陈师道顾谓其初学刘禹锡，晚学李太白，毋乃一知半解。

宋朝诗人陈师道称赞苏东坡的诗初学刘禹锡，后学李太白。清朝乾隆十五年御定的《诗醇》却不同意这种说法。《诗醇》在评论苏轼的诗时写道：“洵乎独立千古，非一代一人之诗也；而陈师道顾谓其初学刘禹锡，晚学李太白，毋乃一知半解。”意思是相信宋代大诗人苏轼的诗真是独立千古，不能当成一个时代一个人的诗来看，而宋代诗人陈师道认为苏轼的诗开始学刘禹锡，晚期学李太白，这是对苏轼之诗并不十分了解的说法。

后人用“一知半解”来表示对问题了解得不深不透，所知不多。

映月读书

典出《南史·孝义传》。

江泌，字士清，……少贫，昼日斫屧为业。夜读书，随月光，光斜则握卷升屋，睡极堕地则更登。

南朝齐代的江泌，小时家穷。白天，他要帮助家庭搞些手工业来维持生活。晚上，人们休息了，他却抓紧时间来学习。屋子里没灯光，他把书本拿到屋子外面，利用月光学点东西。月光是要移动的，慢慢地西斜了，江泌就搬梯子来，搁在墙脚下，站在梯子上念书；跟着月亮下坠，他也一级一级升高，一直爬到屋顶。有时，他白天工作累极了，晚上精神支持不住，看看书本，人渐渐地迷糊起来，眼睛闭上了，人就从梯子上摔下来。江泌摔痛了，也摔醒了，神志反而振作起来。于是，他拾起地上的书本，好像没这回事似的，身上的泥土也不掸掉，又赶紧爬上了梯子，继续一句一句地读下去。

后人用“映月读书”形容勤奋读书。

八仙过海，各显神通

典出民间传说。

八仙，是古代民间传说中的8位神仙，他们是：

汉钟离：相传姓钟离名权，他受铁拐李的点化，上山学道。下山后又飞剑斩虎、点金济众。最后与兄钟离简同日升天，度吕纯阳而去。

吕洞宾：名岩，号纯阳子。相传为唐京兆人，也有说是河中府（今山西永济县）人。唐朝会昌（公元841 ~ 846年）年间，两举进士不第，因此浪游江湖，遇钟离权授以丹诀，时年已64岁。他曾隐居终南山等地修道，后游历各地，自称回道人。

铁拐李：相传姓李名玄，曾遇太上老君得道。神游时因其肉身误为徒弟火化，游魂无所依归，乃附在一个饿死者的尸身上还阳。他蓬首垢面，坦腹跛足，并用水喷倚身的竹杖，变成铁杖，故称铁拐李，又叫李铁拐。

张果老：相传他久隐中条山，往来汾、晋间，唐武则天时已数百岁。武则天曾派遣臣相召见他，他装死不去。后人复见其居恒州山中。他常倒骑白驴，日行数万里，休息时即将驴折叠，藏于巾箱。曾被唐玄宗召至京师，演出种种法术，授以银青光禄大夫，赐号通玄先生。

韩湘子：相传是韩愈的族侄，性情狂放，曾在初冬时于数日内令牡丹花开数色，每朵又有诗一联，韩愈大为惊异。

蓝采和：传说他常身穿破衫，一脚着靴，一脚跣露，手持大拍板，行乞闹市，乘醉而歌，周游天下。后闻空间有笙箫之声，忽然升空而去。

何仙姑：相传是唐广州增城女子，住在云母溪。年十四五岁时，食云母粉而成仙。她行动如飞，日往山中采果奉母。

曹国舅：相传他姓曹名友，宋代人。本为国舅，因其弟仗势作恶，恐受连累，遂散财济贫，入山修道。后由钟离权、吕洞宾引入仙班。

以上这八大仙人，传说中都是些神通广大的人物，他们在过海时，各显各的神通，顺利渡过。

后人用"八仙过海，各显神通"比喻在集体生活中，各有各的办法或本领，来完成共同的事业。

百步穿杨

典出《战略策·西周策》。

楚有养由基者，善射，去柳叶者百步而射之，百发百中。

战国时，楚国有一位将军叫养由基。他射箭的技术非常高明，到了出神入化的地步，人称"神箭将军"。

养由基射箭极准，能百步穿杨。也就是说，他能站在一百步开外，一箭射穿小小的一片杨树叶子，见过的人都惊叹不已。

他射箭不仅准，而且极为刚劲有力。有一次，人们将 7 层铠甲叠在一起让养由基去射。他一箭射去时，竟把又厚又重的 7 层铠甲穿透，真是天生神力。

楚王有一只心爱的白猿，它非常聪明，善解人意，楚王常常将它带在身边玩耍。有时候楚王要射箭，就叫白猿站在对面的柱子前面，白猿不仅不害怕，反而轻而易举地将楚王射过去的箭接住，放在手里玩弄。

有一天，楚王叫养由基来射箭，也让白猿站在柱子旁接箭。但是，这只通人性的畜生知道养由基的箭术非凡，它无论如何是接不住养由基射去的箭的。于是，它害怕极了。当养由基刚刚开始调整弓弦时，白猿已经吓得半死，抱住了柱子凄惨地嚎哭起来。楚王见白猿如此可怜，便不让它接箭了。

后人用"百步穿杨"形容射击、射箭技艺精湛，本领高明。

绰绰有余

典出《孟子·公孙丑下》。

我无官守，我无言责也，则吾进退，

岂不绰绰然有余裕哉？

战国时，齐国大夫坻蛙担任灵丘县令，干得有声有色。过了一段时间，他想去国都担任谏官，就辞去了灵丘县令。他做了好几个月的谏官，却始终没向齐王劝谏过。

一天，孟子去见坻蛙，对他说："谏官是可以进言的官，你做了几个月，却始终没提过建议，看来你不适合做这样的官。"

坻蛙听了孟子的指责，心里很不好受，他知道齐王的脾气很不好，怕说了也不起作用，就很少劝谏。现在经孟子这么一说，才感到自己没尽到职责。于是，他向齐王辞去了谏官。

这件事齐国人知道了，纷纷议论说："孟子替坻蛙考虑得不错，但为什么不替自己好好考虑一下呢？他屡次向齐王进言，齐王不用，他却厚着脸皮不走，这难道是嫉妒吗？"

公孝子把这些议论告诉了孟子，孟子满不在乎地说："我听人说，一个有官职的人，如果没尽到职责，就应该辞官；有进言责任的人，如果进言未被采纳，也应该离去。而我呢？既无官职，又无进言的责任，我的进退岂不是绰绰有余裕吗？"

后人用"绰绰有余""绰有余裕"形容某人办事有能力，足以应付。也可用以形容金钱、财物等充裕。

大笔如椽

典出《晋书·王珣传》。

东晋时，宰相王导的孙子王珣很有才华。20岁时便被大司马桓温聘为主簿官。

有一次桓温想试一下王珣的才学。那天，官员们在一起议论政事。事前大家都有所准备，王珣也写好了发言稿。桓温派人悄悄拿走了王珣的稿子，后来王珣发觉了，却并不慌张。轮到发言时他仍从容不迫，滔滔不绝地讲完了自己的观点及主张，王珣的口才使在场的人都很佩服。从此，桓温将重要的文字工作都交给他处理。

有一天夜里，王珣做了一个梦，梦见有人给他一支大笔，粗大得像架在屋梁上的椽子。王珣被梦惊醒了，马上告诉家里人说："一定又有用得上我这支大手笔的时候了。"

不久孝武帝去世了，写讣告、哀策、谥议等一系列繁重而又重要的文字工作全由王珣承担了起来。王珣把这一切都做得很好，博得了大家的好评。

"大笔如椽"原指所用的笔有椽子那么大。后比喻笔力雄健或大手笔之作。

雕虫小技

典出《法言·吾子》。

或问："吾子少而好赋？"曰："然。童子雕虫篆刻。"俄而曰："壮夫不为也。"

又见唐代李白《与韩荆州朝宗书》。

至于制作，积成卷轴，则欲尘秽视听，恐雕虫小技，不合大人。

韩朝宗是唐朝玄宗时候的人，曾经做过荆州刺史。他非常爱护青年文士，乐于提拔后进的人才，有不少青年经过他的推荐，都出人头地有所成就。所以，社会上的人非常敬慕他。

当时鼎鼎大名的大诗人李白，曾经写了一封信给韩朝宗，希望得到他的赏识，并且希望他为自己推荐一份工作。

李白写给韩朝宗的信，就是文学史上有名的《与韩荆州书》。信中除对韩朝宗的为人学问大大地赞颂一番外，就是述说自己的志愿以及写作方面的情形。信的末尾说："恐雕虫小技，不合大人。"这是一句谦虚的话，意思是说，恐怕我所写的文章微不足道，不符合大人的口味。

后来的人便借用"雕虫小技"这句话，比喻微小的技能，多指文字技巧。

甘拜下风

典出《左传·僖公十五年》。

君履后土而戴皇天，皇天后土，实闻君之言，群臣敢在下风。

春秋时，晋国因为闹灾荒，国内缺粮，便派使臣到秦国买粮。秦穆公和大臣经过商量，决定答应晋国的要求，并派了不少人，把大批的粮食送到晋国。过了一年，

秦国国内闹灾荒，晋国倒是五谷丰收。这时秦国又派人到晋国买粮。可是，晋惠公不但不肯卖粮食给秦国，反而想趁着秦国的灾荒，派兵侵犯秦国。

公元前645年，晋惠公果然派兵进犯秦国。秦国国君秦穆公见晋惠公这样忘恩负义，便亲自带领大军前来迎战。经过一番激烈的战斗，晋军战败，晋惠公和大将韩简都当了俘虏。晋国的大夫披头散发，跟随着晋侯。秦穆公见他们垂头丧气的样子，便对他们说："你们为什么这样凄凄惨惨的，我这次带着你们的国君回秦，不会把他怎么样的。"晋大夫连连作揖，对秦穆公说："君王踩着后土而顶着皇天，皇天后土都听到了您的话，我们甘拜下风。"

后人用"甘拜下风"这个典故比喻打心眼里佩服，自认不如对方。

弓人之妻

典出《韩诗外传》。

齐景公使人为弓，三年乃成。景公得弓而射，不穿三札。景公怒，将杀弓人。弓人之妻往见景公曰："妾蔡人之子，弓人之妻也。此弓者，太山这南乌号之柘，

骍牛之角，荆麋之筋，河鱼之胶也。四物者，天下之练材也，不宜穿札之少如此。且妾闻奚公之车不能独走；莫邪虽利不能独断，必有以动之。夫射之道，在手若附枝，掌若握卵，四指如断短杖，右手发之，左手不知。此盖射之道。”景公以为仪而射之，穿七札。蔡人之夫立出。

齐景公叫人做弓，3 年才做成。景公拿着这张弓去射箭，射不穿铠甲的 3 层铁片。景公大怒，要杀做弓的人。做弓人的妻子去见景公说：“我是蔡国人的女儿，做弓人的妻子。这张弓，是用从泰山向阳坡上找来的桑柘木、骍牛的角、楚国麋的筋、黄河里的鱼皮熬制的胶做成的。这 4 种材料，是从天下精选出来的好材料，用这种材料做成的弓不应当只射穿这样少的铠甲片。况且我听说过，奚仲造的车子不能自个儿跑；莫邪宝剑虽然锋利，不能自个儿砍断东西，都必须会有人使用它。射箭的方法，手要像攀着树枝，手掌要像握着鸡蛋，4 个指头像断了的短棍，右手射出，左手毫无感觉。这就是射箭的方法。”景公把这些方法作为准则而后射箭，就射穿了 7 层铠甲片。做弓的人也立即被放了出来。

这篇寓言告诫人们，对于一种先进的工具，自己首先要掌握它的性能，学会使用它的方法，然后再评论其好坏。如果自己不懂，连使用的方法也不会，就妄下断语，轻易否定，是会把宝物当废物的。

鬼斧神工

典出《庄子·达生》。

梓庆削木为鐻，鐻成，见者惊犹鬼神。

秦始皇一统天下之后，大兴土木，建造了很多宫殿楼台，其中有一座“云明台”，尤为宏伟。据说，建造这座台时，有两个工匠不用梯子、支架及绳索，能在空中挥斧弄凿，从子时到午时这么短短的时间内，便全部完工了，所以这座台又称“子午台”。当时人们称这两个工匠精巧的手艺和快捷的工作为“鬼斧”，喻其不是凡人所能做得到的。

西域骞宵国向秦始皇贡献了一个著名雕刻匠，名叫裔烈，秦始皇命他用玉石雕成各种兽类，每雕成一件，他便在那野兽胸前刻上完工日期，但所有野兽一律没刻上眼睛。有一天，秦始皇见两只玉虎没有眼睛，便用笔替它们各加一点，谁知过了几天，那对玉虎忽然不见了。到了第二年，西域有个国家进贡了两只白虎，秦始皇发觉白虎胸前都烙有日期，而且都只有一只眼睛，不觉奇怪，叫人一查，和失踪的玉虎雕刻日期相符，便叫人把两只白虎的眼睛挖下来，它们竟又变成玉虎了。人们惊叹于裔烈的技巧，便都称为“神工”。

后来的人用“鬼斧神工”形容制作的

技艺高超、精妙。

画虎类犬

典出《后汉书·马援传》。

兄子严、敦并喜讥议，而通轻侠客。援前在交址，还书诫之曰："吾欲汝曹闻人过失，如闻父母之名，耳可得闻，口不可得言也。……龙伯高敦厚周慎，口无择言，谦约节俭，廉公有威，吾爱之重之，愿汝曹效之。杜季良豪侠好义，忧人之忧，乐人之乐，清浊无所失，父丧致客，数郡毕至，吾爱之重之，不愿汝曹效也。效伯高不得，犹为谨敕之士，所谓刻鹄不成尚类鹜者也。效季良不得，陷为天下轻薄子，所谓画虎不成反类狗者也。……"

东汉时代，被封为伏波将军的马援，有一次写信教训他的侄儿说："我希望你们在听到有人谈及别人的过失时，能够像听到有人说及父母的名字一样注意，龙伯高是一个敦厚、谨慎的人，我希望你们能够仿效他的品行。杜季良为人豪侠好义，但我却不愿意你们仿效他。因为如果模仿龙伯高不成，仍可以成为一个谨慎的人，像一个刻鹄不成，刻出一只鹜来，仍可以说刻成相类的飞鸟；如果模仿杜季良不成，将会成为一个轻浮的人，像想画一只老虎，却画出一只狗来一样，变成性质根本不同的兽类了。"

"画虎类犬"这个成语就是出于马援写给侄儿的这封信。因为虎是兽类中的权威者，一般野兽都畏惧老虎；而狗却是卑劣的兽类，只晓得摇头摆尾向人乞怜，所以后人便用"画虎类犬"比喻不切实际地攀求过高的目标，实现不了反而闹笑话。

鸡鸣狗盗

典出《史记·孟尝君列传》。

囚孟尝君，谋欲杀之。孟尝君使人抵昭王幸姬求解，幸姬曰："妾愿得君狐白裘。"此时孟尝君有一狐白裘，直千金，天下无双，入秦献之昭王，更无他裘。孟尝君患之，遍问客，莫能对。最下坐有能为狗盗者，曰："臣能得狐白裘。"乃夜为狗，以入秦宫藏中，取所献狐白裘至，以献秦王幸姬。幸姬为言昭王，昭王释孟尝君。孟尝君得出，即驰去，更封传，变名姓以出关。夜半至函谷关。秦昭王后悔出孟尝君，求之，已去，即使人驰传逐之。孟尝君至关，关法鸡鸣而出客，孟尝君恐追至，客之居下坐者有能为鸡鸣，而鸡齐鸣，遂发传出。出如食顷，秦追果至关，已后孟尝君出，乃还。

平原君收养门客的消息传到秦国。秦昭襄王叹息着对大夫向寿说："像平原君这么贤明的人，天下少有！"向寿说："不过他比起齐国的孟尝君来，还差得远呢！"秦昭襄王问："孟尝君又是怎么样的人？"向寿说："孟尝君田文继承他父亲田婴做了薛公，就大兴土木，修盖房子，招待天下豪杰。只要是投奔他的，他都收留。他自己吃、喝、穿戴和住处，全跟大伙儿一样。孟尝君的家当就这么快花完了。门客的饭食，当然也不能再像先前那样丰富了。听说有一天晚上，有个客人见了那种饭菜，心里不高兴。碰巧他看见孟尝君独自一个人在上边正吃得香。他一想主人吃的准是山珍海味，就发了脾气，扔下筷子，说：'岂有此理！我干什么到这儿来吃这种东西？'孟尝君连忙拦住他，端着自己的饭菜让他瞧。这位门客一瞧，原来主人吃的

跟他的一个样，这才叹了口气，说：‘孟尝君这么真心诚意地待我，我还起疑心，我简直是个小人，还有什么脸在这儿住着呢？’说着，他就拔出宝剑，自杀了。”

秦昭襄王说：“这种人真是值得尊重，怎样才能把孟尝君请到秦国来呢？”向寿说：“这没有什么难的。要是大王能够打发自己的子弟去齐国做抵押，然后请孟尝君到这儿来，我想齐国是不会不答应的。等到孟尝君到了这儿，大王拜他为丞相，齐国当然也不好意思不拜咱们的人当齐国的相国。这样，秦国跟齐国联合到一起，要打算收服诸侯，事情可就好办得多了。”秦昭襄王真的就打发自己的兄弟泾阳君到齐国去做人质，请孟尝君上咸阳来。

就在这短短的几天里，孟尝君和泾阳君交上了朋友。齐宣王在公元前 301 年死了，他的独生子即位，就是齐闵王。齐闵王不敢得罪秦国，只好叫孟尝君到秦国去。后来大臣当中有人对齐闵王说：“大王既然诚心跟秦国结交，何必把泾阳君留着做抵押呢？”齐闵王于是把泾阳君也送走了。

孟尝君带着一群门客，一块儿到咸阳去。秦昭襄王亲自去迎接他。他见孟尝君威风凛凛，仪表不凡，不由得更加敬仰起来。两个人说了一些彼此敬仰的话。孟尝君奉上一件纯白的狐狸皮袍子作为见面礼。秦昭襄王知道这是很名贵的银狐，非常高兴，向宫里的美人们夸耀了半天。

孟尝君和他的那些门客到了咸阳之后，就有一批秦国的大臣怕秦王重用他，背地里商量怎样排挤他。秦王打算选个日子拜孟尝君当丞相。樗里疾首先反对说：“田文是齐国的贵族，手下的人又多，他当了秦国的丞相，一定会先替齐国打算。他要是仗着他丞相的权力暗中谋害秦国，秦国不就危险了吗？”秦昭襄王说：“那么，还是把他送回去吧！”樗里疾说：“他在这儿已经住了不少日子，秦国的事，他差不多全都知道了。哪能放他呢？不如杀了他，免得将来有后患。”秦昭襄王觉得不能杀，可也不能放，就先把孟尝君软禁起来。

泾阳君为了建立自己的势力，在齐国的时候，跟孟尝君已经交上了朋友。这会儿一听说秦王要谋害他，就替他想法子。他带了两对玉璧送给秦王最宠爱的燕姬，请她想个法子。燕姬装腔作势地说：“叫我跟大王说句话倒是不难，你把这两对玉璧带回去，别的谢礼我不要，我只要一件银狐皮袍子就够了。”泾阳君把她的话告诉了孟尝君，孟尝君皱着眉头说：“就是那么一件，已经送给秦王了，哪还能要回来呢？”当时就有个门客说：“三讨不如一偷，我有办法。”他就跟管衣库的人做了朋友。

有一个晚上这位门客从狗洞里爬进宫里去，找着了衣库去偷那件狐狸皮袍子。

他掏出好多钥匙，正在开门的时候，看库的人醒了，咳嗽了一声。那个门客装狗叫，“汪汪”地叫了两声，看衣库的人就又睡着了。那位门客进了衣库，开了箱子，拿出那件狐狸皮袍子，然后又锁了箱子，关上库房，从狗洞里钻出来。

孟尝君得到了这件皮袍子，送给燕姬。燕姬得着了这件宝贝，就甜言蜜语地劝秦王把孟尝君放回去。秦王最后依了她，发下过关文书，让孟尝君回去。

孟尝君得到了文书，急急忙忙地往函谷关跑去。他怕秦王反悔，派人来追；又怕把守关口的人刁难他，他就更名改姓，打扮成买卖人的样儿。

他们到了函谷关，正赶上半夜里。依照秦国的规矩，每天清晨，关口要到鸡叫的时候才许放人。他们只好在关里等天亮。

那边樗里疾听说秦王把孟尝君放了，就去朝见秦昭襄王。他说让孟尝君回去，好比“纵虎归山”，将来准有后患。秦昭襄王果然后悔了，立刻派人去追。那追上去的人赶到函谷关，查问守关的人，说：“孟尝君过去了没有？”他说：“没有。”还拿出过关文书让他们瞧，果然没有孟尝君的名字。他们这才放了心，觉得大概孟尝君还没到。

等了半天，孟尝君还没来，他们有点起疑，就跟守关的人说明了孟尝君的长相，还有他带着的门客的人数，车马的样子。守关的人说：“哦！有，有！他们早就过去了，是第一批过的关。”他们又问：“你什么时候开的城？我们到这儿，什么都还看不清楚呢。难道你半夜就把城门开了吗？”守关的人一愣，说：“我们也正在纳闷呢！城门是鸡叫的时候才开的，可是过了半天，东方才发白。”他们哪知道孟尝君的门客之中各色各样的人都有。有会学狗叫唤的，有会学鸡叫唤的，还有会挖补文书的。孟尝君算计着秦王准得派人追上来，大伙儿愁眉苦脸，忽然门客里有人捏着鼻子学着公鸡叫了起来。接着一声跟着一声地好像有好几只公鸡叫着。紧跟着关里的公鸡全都叫起来了。关上的人就开了城门。验过了孟尝君的过关文书，让他们出了关口。

以后人们从孟尝君的食客学狗偷东西、又学鸡叫骗过关的故事，引申出“鸡鸣狗盗”这个成语，比喻为达到某种目的而使用一些不正当的小伎俩，也指具有这种技能的人。

空前绝后

典出《宣和画谱》。

顾冠于前，张绝于后，而道子乃兼有之。

晋朝时，有一位大画家叫顾恺之，学问很渊博，绘画闻名于当时。他画人物，从来不点眼珠，有人问其原因，他说：传

神之处，正在这个地方。当时被人称为三绝：才绝、画绝、痴绝。

南北朝时的梁国，又出了一位大画家，名叫张僧繇。此人善画山水人物及佛像，梁武帝时建了很多寺院佛塔，都命他作画。据说，有一次他在一个寺庙的墙壁上画了四条龙，没有点眼珠，别人问为什么不点珠，他说，恐怕点了眼珠这些龙破壁而飞走，人们再三要求他试一下，他便点了两条，果然破壁飞走，未点的两条仍在。这一传说虽然很荒诞，但说明他作画的功夫是很深的。

到了唐朝，出了一个更加有成就的画家吴道子，他对画山水、佛像造诣很深，笔法绝妙，有画圣之称。据说，他为唐玄宗画巨幅嘉陵江图，三百里山水竟在一天内画好了。他在景玄寺中画了“地狱变相图”，不画鬼怪而阴森逼人，相传看过这幅画改过自新的大有人在。

《宣和画谱》在论及吴道子的作画成就时认为，顾恺之的成就超越前人，张僧繇的成就后人莫及，而吴道子则两者兼而有之。

后人用“空前绝后”这个典故比喻某件事情或某种艺术成就超绝古今。

林冲棒打洪教头

典出《水浒传》。

林冲被高俅父子陷害，刺配充军，来到沧州投奔柴进。

柴进仗义好客，久闻林冲大名，能够与之相会格外高兴，特地设宴款待林冲。柴进家里有个武术教师洪教头，见到柴进厚礼款待林冲，心中不服，要同林冲比武。林冲看时，只见那教头歪戴一顶斗巾，挺着胸脯，神气十足，盛气凌人地说：“哼，林教头！他敢和我使一棒看，我便说他是真教头！”林冲虽然武艺高强，但因自己是囚犯，又是初来乍到，所以处处退让，不肯占先。洪教头妄自尊大，目中无人，对林冲的退让视为胆怯可欺。柴进一则要看看林冲的武艺，再则想杀杀洪教头的傲气，也同意他们二人比试比试，叫庄客取来二十五两的一锭银子，放在地上，说是谁赢了就送给谁。

正式比武时，洪教头怕林冲争去银子，又怕输了锐气，便连声喝道：“来，来，来！”随即将棒劈面打来。林冲往后一退，躲过一棒。洪教头抢上一步，又一棒打下来。林冲又躲过一棒。这时，洪教头脚步已乱了。就在这一刹那间，林冲把棒从下面横扫过去。洪教头措手不及，臁儿骨上挨了一棒，当即撇了棒，扑倒在地，一时挣扎不起来。众人见了，一齐大笑。两个庄客把洪教头扶了起来。洪教头羞惭满面，一拐一瘸地到庄外去了。柴进又把林冲领入后堂饮酒，叫庄客把那锭银子送给林冲。林冲推辞不得，也就收下了。

“林冲棒打洪教头”，比喻专门看准人家的漏洞，抓住弱点动手。

善自为谋

典出《左传·桓公六年》。

君子曰：“善自为谋。”

又见《南史·王昙首传》。

高帝素善书，笃好不已，与僧虔赌书毕，谓曰：“谁为第一？”对曰：“臣书第一，陛下亦第一。”帝笑曰：“卿可谓

善自为谋。”

南齐人王僧虔因为写得一手好隶书，出了名，由于他对待工作和对待别人的态度也出了名,他的友人替他概括出八个字:“戒益守满，屈己自容。”意思是说：“工作不能做得太巴结，让人家先走一步吧！人家好坏，只要对自己没有影响，何必坚持自己的意见。凡事得过且过，别要求太高。有时，为了少找麻烦，委屈一点也不碍事。”

当朝的皇帝齐太祖也是非常爱好书法的。一天，他高兴起来，要在书法上和王僧虔比试比试。这位进退都为自己留一步的人，这次可不肯示弱了。他一撇一捺，特别用劲，写好以后，自己也很满意。但是，当齐太祖要他作个评论，说说谁的字够得上第一的时候，王僧虔愣住了。他顾前顾后，心想，把自己的评作第一吧，不行，怎能说皇上差呢？故意推说皇上的字得第一吧，也不行，如果以后被他发现了是欺骗他的，这也不是闹着玩的。思索了好半天，王僧虔才想出妥当的办法，他左躲右闪圆滑地说：“我看，我写的字可以得第一；但是，皇上写的也同样得第一。”齐太祖听了禁不住笑了出来说：“王僧虔，你真不愧是一个‘精明能干’，专替自个儿盘算的人。”

后人用“善自为谋”形容善于为自己设想打算。

身轻若燕掌上舞

典出《汉书·佞幸传第六十三》。

赵飞燕是我国古代著名的舞蹈家，汉成帝时人。

赵飞燕原名宜主，生于富人之家，自小就聪明伶俐，喜好歌舞。而且她还“善行气术”，就是现在所说的气功。后来，宜主家道中落,她被一个叫赵临的人收养，又通过赵临的关系,到阳阿公主家当婢女。从此，她更加下功夫刻苦钻研，精心学习歌舞。因为她的舞姿特别轻盈，所以人们都称她为赵飞燕。在一个偶然的机会，赵飞燕被汉成帝看中立为皇后、专宠后宫。

赵飞燕腰肢纤细、体态轻盈、迎风而

舞时，好像就要乘风而去一样。据传汉宫中有一池子，池中有一高出水面四十尺的高台，赵飞燕身着南越进贡的云英紫裙，碧琼轻绡，在高台上表演歌舞。突然起了一阵大风，飞燕随风扬袖，仿佛就要乘风而去一样，成帝急忙叫人拉住赵飞燕，唯恐她飞走。汉成帝怕大风把赵飞燕吹跑，还特地为她筑起了“七宝避风台”居住。

赵飞燕最为著名的恐怕是她的掌上舞了。史书上记载，她“身轻若燕，能作掌上舞”。汉成帝曾特意令人造了一个水晶盘，令宫人托盘，让飞燕在盘上歌舞。赵飞燕凭借她极轻盈的身躯和舞姿，以及很好的控制力，在这小小的“舞台”上潇洒自如地舞蹈。只见她平展双臂，翻飞长袖，右腿微屈而立，左腿屈膝轻提，头部微倾，表情温婉，好一个令人神魂荡漾的美姿！

汉成帝死后，哀帝刘欣封赵飞燕为皇太后，哀帝在位6年即死。随即平帝刘衎即位，朝中大臣均指责赵飞燕“失妇道”，没生孩子，断了龙脉等，贬皇太后为孝成皇后，过了一个多月，又被贬为庶人，一代国母，就这样被迫自杀身亡。

赵飞燕的轻盈舞技在我国的舞蹈史上已达很高的艺术水平，特别是她能懂得“用气”控制呼吸，使舞姿轻盈优美，这对后代的舞蹈艺术有深远的影响。

孙悟空进八卦炉

典出《西游记》。

孙悟空大战天兵天将，没有防备太上老君暗中用“金钢琢”打来，跌了一跤，后腿又被二郎神的哮天犬咬住不放，结果被捉住了。

玉帝传旨，将孙悟空剁碎。众天兵把悟空押到斩妖台，绑在斩妖柱上，可是任凭刀砍斧剁，雷打火烧，都不能伤他一根毫毛。玉皇大帝和众仙吏束手无策。这时，太上老君又来献策说：“这猴头吃了蟠桃，喝了御酒，又吞了仙丹，运用三昧真火，煅成一块，成了金钢的身体，所以伤损不了他。不如让老道领去，放在八卦炉中，用文火把他熔炼成灰烬。”玉帝即命老君领去。

于是，孙悟空被带到兜率宫，推入八卦炉中。架火童子将火煽起，顿时浓烟滚滚，烈焰熊熊，把兜率宫映得一片通红。孙悟空在炉中被燥热气闷得乱窜乱跳，无法出去。偶然间，他窜到炉中巽宫的部位，这里有风无火，比其他各宫部好受得多。

经过七七四十九天的文武火熔炼，太上老君以为孙悟空在八卦炉内肯定化为灰烬了，下令开炉。万万没有想到，孙悟空在炉内还活着！他双手正捂着脸，在揉眼拭泪，忽听炉顶响动，抬头看见一片光明，当即将身一纵，跳出丹炉，“哗啦”一声，踢倒炉鼎。太上老君赶忙想要抱住，反被摔了个倒栽葱。孙悟空从耳中取出了如意金箍棒，不问三七二十一，一棒把丹炉打得粉碎，然后舞着棒，杀出兜率宫外去了。

“孙悟空进八卦炉”，比喻本来不错，经过锻炼，在原有基础上又有新的提高。

双管齐下

典出《唐朝名画录》。

惟松树特出古今，能用笔法，尝以手握双管，一时齐下，一为生枝，一为枯枝……

唐代画家张璪，以善画山水松石闻名

于世。他作画时，必先屏息静坐，灵感一来，挥笔疾如雷电，彩墨淋漓，顷刻而成。与他同时代的另一位画家毕宏，久闻张璪画松独具一格，请求一开眼界，张璪答允当众挥毫。只见他双手各握一笔，左右一齐开动，同时落墨。两手所画之物迥然不同，各有妙趣。在场众人，齐声称绝。更令人叹服的是，张璪用的竟是两支秃笔，兴之所至，还以手指代笔，蘸墨在纸上纵横摩按、揉擦，把松树的苍劲、山石的凝重、泉水的流动表现得活灵活现。

张璪画完，投笔离座。毕宏上前请教张璪师从哪位名家，张璪谦逊地回答道："我以大自然为师，长期审察世上万物，使物在心中，才能达到得心应手的境界。"

毕宏细细玩味张璪的话，佩服地感叹道："张公画松，非他人所能及，我辈从此可以搁笔了！"

后用"双管齐下"比喻一件事同时采用两种办法或两件事同时进行。

惜墨如金

典出《辍耕录》。

作画用墨最难，但先用淡墨，积至可观处，然后用焦墨、浓墨分了畦径远近，故在生纸上有许多滋润处，李成惜墨如金是也。

李成是五代宋初的著名画家。他很喜爱读书，读了许多经史，他又喜爱写诗，擅长弹琴、下棋。他最擅长的是画山水。

李成特别善于描写北方山野的寒林景色和风雨、明晦、烟云、雪雾等景色。他的山水画特别讲究画面的构图和笔墨的运用。他的笔势锋利，墨法精微，好用淡墨，落笔简练。所以，后人赞扬他说："李成作画不轻易落笔，先用淡墨，后用浓墨，爱惜笔墨就像吝惜金子一样。"

成语"惜墨如金"即由此而来。原指作画时用墨先淡后浓，后指写字、作画、作文不轻易下笔，力求精练。

相门有相

典出《史记·孟尝君列传》。

文闻将门必有将，相门必有相。

战国时，齐国有个贵族叫田文。有一次，田文问他的父亲田婴：“儿子的儿子是什么？”田婴回答：“是孙子。”又问：“孙子的孙子是什么？”答：“是玄孙。”又问：“玄孙的玄孙是什么？”答：“不知道。”（按《尔雅》说：玄孙之子为来孙，来孙之子为昆孙，昆孙之子为仍孙，仍孙之子为云孙。）

田文对父亲说：“你在齐国为相，已侍奉了三代君王。现在你家财万贯，但家里不见一个有才能的人（田婴有子四十余人）。我听说：将门必有将，相门必有相。现在你和全家都节衣缩食，还在不断积累财富，不知想留给何人。这样下去怎么能行呢？”田婴听了田文的话，便命田文广招门客。后来，田婴死了，田文承袭了他的封爵，封于薛（今山东滕县东南），称薛公，号孟尝君。田文门下的食客招到了数千人，声名闻于诸侯。

后人用“相门有相”指子弟能继承父兄的事业。

须千手观音才好

典出《笑府》。

一待诏初学剃头。每刀伤一处，则以一指掩之。已而伤多，不胜其掩。乃曰：“原来剃头恁难，须得千手观音才好。”

这个故事说明：如果不下苦功夫学习技术，不精益求精，即使有一千只手也不解决问题。

乘虚直入

典出《资治通鉴·唐纪》。

守州城者皆羸老卒，可乘虚直抵其城。

唐代安史之乱以后，唐王朝的统治大大削弱，各地藩镇兴起，它们各自为政。当时淮西节度使吴元济盘踞蔡州，为非作歹，烧杀抢掠，无所不为，闹得民众困苦不堪。唐王朝虽曾派兵征讨，但却无法平息。宪宗元和十年（公元816年）十二月又派李愬前往讨伐。

李愬到蔡州后，故意放出风声说：“我是来安抚蔡州军民的，不是来打仗的。”以此麻痹乱军，使其放松警惕。同时，李愬积极前往慰问降兵降将，了解吴元济军中情况。有一天，李愬和降将李祐一起聊天，谈到吴元济军中情况时，李祐对李愬说：“蔡州精兵全在洄曲及四境拒守，守蔡州城的都是些老弱残兵；可乘其不备，径直攻打蔡州。”李愬听了，觉得此计可行，十分高兴。之后，李愬做好了进攻的准备，选了个大雪纷飞的夜晚，带领人马，飞奔蔡州。李愬之军进入城内，竟没有人觉察。凌晨时分，李愬潜入吴元济宅外，吴元济还在熟睡之中。李愬命令下属攻打牙城，夺取武库，烧其南门，百姓争先恐后负薪相助。全面进攻一开始，城头上飞箭如雨，杀声震天，到了申时，吴元济自知无力抵抗，便上城请降。

“可乘虚直抵其城”后被简化成“乘虚直入”或“乘虚而入”。

后人用“乘虚而入”表示趁着空虚侵入或进攻。

出奇制胜

典出《史记·田单列传》。

兵以正合，以奇胜。善之者，出奇无穷。奇正还相生，如环之无端。

战国时，齐湣王骄傲自大，奢靡腐化，不问国事。临近的燕国乘着这个机会，派大将乐毅带领了50万精兵，又联合了秦、赵、魏、韩四国兵马，共同进攻齐国，把齐兵打得落花流水，占领了齐国70座城，只剩下莒城和即墨两个小城没被攻破。齐滑王在逃亡中被人杀死了。

齐国百姓当初恨透了齐滑王，大家无心抗敌，但后来他们看到燕兵奸淫掳掠，都感到国破家亡的痛苦，于是纷纷逃往莒城和即墨，誓死守城抗敌。不久，即墨大夫死了，大家推举田单为守城领袖。

田单是齐王的远族，很有智谋，又懂得兵法，他带领全城军民奋力守城。乐毅围城3年，都没法攻下这座小城。一天，田单知道燕昭王死了，燕惠王继位，他便派人到燕京去散布流言，造成燕王和乐毅之间的猜疑，燕王便派骑劫代替了乐毅。

骑劫是个残暴而又愚蠢的人，他到了齐国，虐待士兵，弄得全军士气低落，人无斗志。田单便乘这一时机，突然发动反攻，乘黑夜用火牛车大破燕兵，不到几个月光景，便完全收复了失地。因而齐人称田单为“齐国之父”。司马迁在《史记·田单列传》中赞扬他说：“兵以正合，以奇胜，善之者，出奇无穷，奇正还相生，如环之无端。”

后人由此引申出“出奇制胜”这个成语，意思是使出神奇的策略，取得胜利。

鸿门宴

典出《史记·项羽本纪》。

沛公旦日从百余骑来见项王。至鸿门，谢曰：“臣与将军戮力而攻秦，将军战河北，臣战河南，然不自意能先入关破秦，得复见将军于此。今者有小人之言，令将军与臣有郤。”项王曰：“此沛公左司马曹无伤言之；不然，籍何以至此？”项王即日因留沛公与饮。项王、项伯东向坐，亚父南向坐。亚父者，范增也。沛公北向坐，张良西向侍。范增数目项王，举所佩玉玦以示之者三，项王默然不应。范增起，出召项庄，谓曰：“君王为人不忍，若入前为寿，寿毕，请以剑舞，因击沛公于坐，杀之。不者，若属皆且为所虏。”庄则入为寿。寿毕，曰：“君王与沛公饮，军中无以为乐，请以剑舞。”项王曰：“诺。”项庄拔剑起舞，项伯亦拔剑起舞，常以身翼蔽沛公，庄不得击。

于是张良至军门，见樊哙。樊哙曰：“今日之事何如？”良曰：“甚急。今者项庄拔剑舞，其意常在沛公也。”哙曰：“此迫矣，臣请入，与之同命。”哙即带剑拥盾入军门。交戟之卫士欲止不内，樊哙侧其盾以撞，卫士仆地，哙遂入，披帷西向立，瞋目视项王，头发上指，目眦尽裂。项王按剑而跽曰：“客何为者？”张良曰：“沛公之参乘樊哙者也。”项王曰：“壮士！赐之卮酒。”则与斗卮酒。哙拜谢，起，立而饮之。项王曰：“赐之彘肩。”则与一生彘肩。樊哙覆其盾于地，加彘肩上，拔剑切而啖之。项王曰：“壮士，能复饮乎？”樊哙曰：“臣死且不避，卮酒安足辞！夫秦王有虎狼之心，杀人如不能举，刑人如恐不胜，天下皆叛之。怀王与诸将约曰‘先破秦入咸阳者王之’。今沛公先破秦入咸阳，毫毛不敢有所近，封闭宫室，还军霸上，以待大王来。故遣将守关者，备他盗出入与非常也。劳苦而功高如此，未有封侯之赏，而听细说，欲诛有功之人，此亡秦之续耳，窃为大王不取也。”项王未有以应，曰：“坐。”樊哙从良坐。坐须臾，沛公起如厕，因招樊哙出。

沛公已出，项王使都尉陈平召沛公。沛公曰：“今者出，未辞也，为之奈何？”樊哙曰：“大行不顾细谨，大礼不辞小让。

如今人方为刀俎，我为鱼肉，何辞为？”于是遂去。

楚上将军项羽，降服了秦将军章邯，指挥大军进取咸阳。殊不知沛公刘邦已兼程改道，进入关中，先项羽而占领咸阳了，并驻重兵于函谷关，阻项羽军队前进。项羽大怒，奋力攻关，刘邦守关将士抵挡不住，弃关而逃。项羽指挥大军一路追到新丰，在鸿门设下大营。

项羽的谋士范增说：“刘邦本为贪财好色之徒，进入咸阳以后，他的行为有些改变，不近女色，不敛钱财，可见他的志向不小，不如乘他羽翼未丰的时候，一鼓作气把他消灭。如果听任他发展壮大，将来后悔也来不及了。”

项羽接受了这个建议，准备以奇兵袭击刘邦。但被项羽叔父项伯知道了。项伯与刘邦的谋士张良私交甚厚，他知道项军要消灭刘邦，张良在刘军，必被连带毁灭。因此，他来到了刘军驻地灞上，叫张良迅速至项羽军中避祸。

张良获得这个消息，连忙告诉沛公。沛公吓得目瞪口呆，连说：“怎么办？怎么办？”

张良说：“是谁为你出谋划策，闭关不让项羽军队进来？”

“是鲰生，他说守住函谷关，关中之地就尽归我有了。”沛公情急而惶恐地说。

张良说：“你现有的军队能战胜项羽吗？”沛公说：“不能！但事已至此，又怎么办呢？”

“为今之计，只有请项伯帮忙了，请他向项羽解释，就说你不敢背叛上将军而自立，外面的谣言请上将军不要轻信。”

刘邦依言办理，设盛宴，把项伯请入席中，恭谨地说：“刘邦进关以来，连一根草也没敢动，秦国的府库，我封存起来，秦国的官吏，我登记起来，等候上将军进关处理。至于在函谷关驻守了军队，那是怕其他零散部队骚扰关中，这是一种非常措施，绝非阻止上将军进关。我在灞上，日夜盼望上将军来，好有个交代。我怎敢谋反称王，拒抗大军呢？请你代我转告，我生生世世，也忘不了你的恩德。”

项伯是个老实人，以为刘邦说的是真话，就允诺转告项羽，并叫刘邦亲自到鸿门，向项羽谢罪。刘邦当然遵命办理。

项伯回到鸿门，把刘邦的话复述一遍，并说：“刘沛公是个好人，人家先进关，替你在前面铺好了路，让你不费气力进来，有大功不赏，还要打人家，情理如何说得过去？他明天就来拜见你。他如果真想造反，他敢来吗？你应该备了酒宴，好好款待人家。”

项羽耳根子软，喜欢人奉承，同时也看不起刘邦，觉得他没有造反的胆量，就取消了攻击刘军的计划，改在鸿门设宴，等候刘邦谢罪。

沛公刘邦怀着一颗忐忑的心，带领谋士张良、勇士樊哙赴鸿门宴。虽然这是一个危机四伏的宴会，但终因张良之谋、樊哙之勇，得以脱险归去。

后人用“鸿门宴”比喻加害客人的宴会。

望梅止渴

典出《世说新语·假谲》。

魏武行役失汲道，军皆渴，乃令曰：“前有大梅林，甘酸可以解渴。”士卒闻之，口皆出水，乘此得及前源。

曹操带兵攻打张绣时，行军中路过一个没有水源的地方，曹操派人四下找水。可是这里是一片荒原，没有河，也没有井，根本找不到水喝。曹操又命令士兵就地挖井，挖了半天，也见不到一滴水。

曹操心想：要想个办法让大家走出荒原才行。他灵机一动，想出了一个办法。于是他站在高处，大声对将士们说："前边不远有一大片梅林，梅子又多又大，咱们到那儿去吃梅子吧！"

听曹操这么一说，将士们马上想到了梅子的酸味，人人嘴里都流出不少口水，这样就不那么渴得难受了。曹操趁此机会赶紧整顿队伍，继续前进，终于带领大军走出了这片大荒原，赶到了目的地。

"望梅止渴"意思是说看到酸梅就解了渴。比喻用空想的办法来慰藉自己。

未雨绸缪

典出《诗经·豳风·鸱鸮》。

迨天之未阴雨，彻彼桑土，绸缪牖户。

"鸱鸮"是一种体小，嘴尖，性驯的小鸟。这首诗的作者通过一只失去小鸟，但仍努力营筑巢室的母鸟的哀怨口吻，写出它自己的辛勤劳瘁。

"迨天之未阴雨，彻彼桑土，绸缪牖户。"意思是说：趁着天还没有下雨，用桑根的皮把巢室的空隙之处缠缚紧了，只有巢室坚固，才能免去人的侵害。

以后人们把这几句诗引申为“未雨绸缪”，意思是做任何事情都应事先准备，以免临时手忙脚乱。

胸有成竹

典出《文与可画筼筜谷偃竹记》。

故画竹，必先得成竹于胸中，执笔熟视，乃见其欲画者，急起从之，振笔直遂，以追其所见，如兔起鹘落，稍纵即逝矣。

宋朝有一个读书人，姓文名同，字与可，很擅长写生。他生平很爱竹，就在自己的寓所前栽植许多青竹，并耐心地培育这些心爱的东西。从早春到隆冬，从晴天到阴雨，从早霜到晚雾，他凭窗仔细观察，品评竹叶和竹枝在每一个季节、每一种气候里的变化和不同的姿态。时间过得久了，他对竹的各种变化和姿态便十分熟悉，甚至能瞑目成形，把竹叶和它的枝干细致地默绘出来，而且每幅作品都很动人而富有生气。

有一天，他的一位知己晁补之来找他，看到了这种情况，便赋了一首诗，诗中写道：“与可画竹时，胸中有成竹。”意思是说文与可下笔画竹之前，心中早已孕育了竹的形象。苏东坡在其所作《画竹记》中，也有“画竹必先得成竹在胸中”之句。

后来，人们用“胸有成竹”比喻做事已经有成熟的计划。

扬汤止沸

典出《三国志·魏书·刘廙传》。

臣罪应倾宗，祸应覆族，遭乾坤之灵，值时来之运，扬汤止沸，使不焦烂，起烟于寒灰之上，生花于已枯之木；物不答施于天地，子不谢生于父母，可以死效，难用笔陈。

刘廙，字恭嗣，东汉末期南阳郡（今属河南省）人。他的哥哥刘望之被荆州刺史刘表所杀，他于是投奔曹操。当时，有个名叫魏讽的人阴谋袭击曹操，被人告发后，曹操就把魏讽处死。刘廙的弟弟刘伟是魏讽的同党，因此同被诛戮。按当时法律，刘廙因弟弟牵连也当获罪，并应全家抄斩。可曹操爱惜人才，同时也了解刘廙的为人，所以曹操没有对刘廙判罪。刘廙很感激曹操，恭恭敬敬地写了一封信给曹操，大意是说：我的罪，理应灭绝祖宗和家族，幸而遇到天大的好运，蒙您扬汤止沸，救了我的命，真好比使冷灰重新冒起烟来，使枯树重新开出花来一样，这样的大恩，等于天地缔造万物、父母养育子女，永远也报答不了，今后我只有拼死为您效劳，在这封信里，实在写不尽我的感激心情。

“扬汤止沸”指把烧开的水舀出来再倒回去，使它稍冷，暂不沸腾。比喻暂时缓解急难之意。

移花接木

典出《战国策·楚策四》。

楚考烈王无子，春申君患之，求妇人宜子者进之，甚众，卒无子。赵人李园，持其女弟，欲进之楚王，闻其不宜子，恐又无宠。李园求事春申君为舍人，已而谒归，故失期。还谒，春申君问状。对曰：“齐王遣使求臣女弟，与其使者饮，故失期。”春申君曰：“聘入乎？”对曰：“未也。”春申君曰：“可得见乎？”曰“可。”于是园乃进其女弟，即幸于春申君。知其有身，园乃与其女弟谋。园女弟承间说春申君曰：“……今妾自知有身矣，而人莫知。妾之幸君未久，诚以君之重而进妾于楚王，王必幸妾。妾赖天而有男，则是君之子为王也，楚国封尽可得，孰与其临不测之罪乎？”春申君大然之。乃出园女弟谨舍，而言之楚王。楚王召入，幸之。遂生子男，立为太子，以李园女弟立为王后。楚王贵李园，李园用事。李园既入其女弟为王后，子为太子，恐春申君语泄而益骄，阴养死士，欲杀春申君以灭口，而国人颇有知之者。……楚考烈王崩，李园果先入，置死士，止于棘门之内。春申君后入，止棘门。园死士夹刺春申君，斩其头，投之棘门外。于是使吏尽灭春申君之家。而李园女弟，初幸春申君有身，而入之王所生子者，遂立为楚幽王也。

楚考烈王没有儿子，春申君曾经给楚王献上过好几个女子，但她们连一个也没生养过。急得春申君想不出主意来，只能叹气出神。他的心事被从赵国来的门客李园看出来了。李园想把他妹妹献给楚王，又怕她照样不能生养，白费心机。为此，他大费心机。

李园向春申君告假，说是要回老家去一趟，到了日子一定回来。春申君答应了。李园到了赵国以后，存心误了限期才回楚国去。春申君问他，为什么在家里住了这么长时间。李园说：“都是受了我妹妹的累！因为她长得有几分姿色，连齐国人都知道了。没想到齐国还真派人来求婚，我只好招待他几天。”春申君一想：“赵国的女子，连齐国也知道，一定是个天下无双的美人！”不由得就问：“你答应齐人了吗？”李园说：“还没呢。”“那么，能不能叫我见一见？”李园连连点头，说：“我在您门下，我妹妹就是您的丫头，这还用说吗？”李园把妹妹送给了春申君。不到3个月，李园的妹妹有了身孕。兄妹两个一商量，就想“移花接木”，来夺取楚国的大权。

春申君就替楚考烈王做媒，把李园的妹妹嫣嫣送到后宫。不久，李园的妹妹生了个男孩，楚王就立她为王后，孩子为太子，李园为国舅，跟春申君一起管理朝政。

楚王死后，李园设下伏兵，然后才去通知春申君。春申君一入宫门，即被杀死，其族被灭。从此，李园把持了楚国的国政。

后人用“移花接木”这个成语指把一种花木的枝条嫁接到另一种花木上，比喻暗中使用手段以假乱真欺骗他人。

以夷制夷

典出《后汉书·邓训列传》。

议者咸以羌胡相攻，县官之利，以夷伐夷，不宜禁护。

东汉汉章帝时，有一年因为护羌校尉用兵失策，引起羌人愤怒，起兵犯境，朝廷命邓训为校尉，前去平叛。

当时羌人有4万多，聚会结盟，打算等冬天封冻以后渡河，攻打邓训的军队。羌人的首领是迷唐，他率领1万骑兵先去胁迫月氏胡。月氏胡有二三千骑兵，虽兵数不多，但是十分骁勇善战，每次与羌人作战，总能以少胜多。邓训的部下得知羌人攻打月氏胡，心里很高兴，对邓训说：“真是老天助我，羌人打月氏胡，月氏胡

打羌人，让他们互相打吧，我们可以坐等他们的毁灭，这是以夷伐夷的谋略呀……”

邓训却不这样想，他深谋远虑地说：

“你们的想法不对呀，前任护羌校尉所以失策，就在于他失信于羌，惹得羌有骚乱，结果让朝廷兴师动众，耗费巨资，又使边塞百姓不得安生。让羌胡服从汉朝，必须获得他们的信任。若想让他们信任，就应该对他们有恩赐。眼下月氏胡危难，遭到迷唐的围击，我们要救援月氏胡！”

汉军按照邓训的命令，打开城门，让月氏胡的妇女、老人、孩子和伤员进城，然后严兵防御。迷唐的羌兵退走以后，月氏胡的兵士看到自己的父老、妻子受到汉军的保护，深受感动。他们纷纷跪伏地上，给邓训叩头，流着眼泪说：

“邓使君待我们胡人这般慈爱，我们真是感恩不尽呀，以后我们一切听从邓使君的，决不与汉朝三心二意！”

邓训挑选一批年轻力壮的胡人作为汉军兵士。胡人欢天喜地，愿同汉人结为一家。

当时羌人和胡人中流行一种风习，人生了病，久治不愈，便用刀自刺而死，认为病死是一种耻辱，不如自杀。邓训想改变这种恶习。他听说谁家胡人生了病，就去问候，并且将病人隔离开，收取他的刀剑，然后派医生为他耐心治疗。这样一来，好些病人痊愈了，一传十，十传百，胡人对邓训更加崇拜和敬仰。

不久，邓训依靠月氏胡骑兵的帮助，平定了迷唐的叛军，俘虏了他们的将领，主要头目多被杀死，边境从此安定下来。

邓训 53 岁时病死了。羌胡人听说后非常悲痛，成千上万的人为他送葬，胡人号啕大哭，用刀子割下自己的肉，又杀死犬马牛羊，表达自己的哀痛。他们哭喊着：“邓使君死了，我们也不愿活着！”后来胡人家家设立邓训祠庙，像供奉神一样供奉他，谁有了病，就向邓训祠讨寿求福。

“以夷制夷”原指封建统治阶级对待其他民族的一种民族分化政策，后来也可用它表示利用一国势力抵制另一国的势力。

欲取先予

典出《国策·魏策一》。

君予之地，知伯必骄骄而轻敌，邻国惧而相亲。以相亲之兵，待轻敌之国，则知氏之命不长矣。《周书》，将欲败之，必姑辅之，将欲取之，必故予之。

春秋末期，晋国的一个当权贵族知伯向另一个贵族魏桓子强要土地，魏桓子拒绝了。任章劝魏桓子还是把土地割让给知伯。他说：“你把土地割给他，知伯必然骄傲而轻敌，而邻国必然惧怕他而互相团结起来。以互相团结的诸国之兵来对付骄傲而轻敌的晋国，那么知伯的命就不会长了。《周书》上说得好，要想打败对方，必须暂时扶植他；要想从对方那里得到什么，必须先给他一点东西。”后来魏桓子照任章的话做了，知伯果然因为骄横、贪得无厌而丧了命。

后人用“欲取先予”这个典故比喻要想从对方那里得到什么，必须先给对方一点甜头。这句成语有时也写作“将欲取之，必先予之”。

斩草除根

典出《左传·隐公六年》。

周任有言曰：“为国家者，见恶如农夫之务去草焉，芟夷蕴崇之，绝其本根，勿使能殖，则善者信矣。”

春秋时期，有一次卫国与陈国联合去讨伐郑国。郑国的郑庄公请求陈国的陈桓公，希望讲和。陈桓公不答应，他的弟弟陈五父劝他说：“与善人亲近，与邻国和睦相处，是最宝贵的东西。我看还是与郑国讲和吧！”

听了弟弟的话，陈桓公很生气，说：“宋国和卫国是强大的国家，我害怕他们

难为我；可郑国是一个小国，我去攻打它，它难道还能把我怎么样呢？”于是继续攻打郑国。

两年以后，郑国强大起来，派兵侵袭陈国，把陈国打得大败。邻国眼看着陈国吃了败仗，然而却坐视不救。人们议论说：这是陈国自找苦吃，长期作恶事不知改悔。古书有言，做恶事容易，这犹如燎原烈火一样，无法扑灭，最后必然将大祸引到自己头上。

周朝大夫周任讲过这样的道理：“作为国家的国君，对待恶事应像农夫对杂草一样，将它们铲除，连根挖掉，不让它们再生长出来，这样做的结果，善事才能伸张起来。”

“斩草除根”这个成语就是从这里演变来的，比喻除掉祸根，以免后患。

“斩草除根”也称“剪草除根”。

成语“怙恶不悛”也是由上面这个故事中来的。原文为“善不可失，恶不可长，其陈桓公之谓乎！长恶不悛，从自及也。虽欲救之，其将能乎！”后人将“长恶不悛”改为“怙恶不悛”，表示一贯作恶，不肯改悔。

醉翁之意

典出《醉翁亭记》。

太守与客来饮于此，饮少辄醉，而年又最高，故自号曰醉翁也。醉翁之意不在酒，在乎山水之间也。

欧阳修，字永叔，卢陵（今江西吉安）人。仁宗年间举进士甲科。他在很年轻的时候，父亲就死了，完全是母亲负责教养。他常到南州一个姓李的大户人家找

书阅读，有一天，他找到了6卷《昌黎先生集》，就借回家读，爱不忍释。当时天下学者，是以能诗文取科第。将来出人头地，夸耀人间，都赖时文。像韩文这种古朴的章法，是无人问津的。欧阳修立志，等到一旦显贵，决定提倡韩昌黎体例的古文。他进士及第之后，就与尹师鲁等人竭力倡韩文，把从前那部《昌黎先生集》补缀校定，以致天下学者渐趋于古。韩文没而不见200余年而得欧阳修之倡，始得盛行于世，那时如苏家父子、王安石等，莫不习韩文。

王安石为相，倡新法，欧阳修是站在以司马光为首的旧派这一边，反对新法的。他做陈官，论事切直，被贬为滁州太守。滁州有一座琅琊山，风景绝佳。欧阳修做滁州太守时，琅琊山的寺僧建了一个亭子，欧阳修常到这个亭子上与客饮酒。他写了一篇文章，叫《醉翁亭记》。文章说："太守与客来饮于此，饮少辄醉，而年又最高，故自号曰醉翁也。醉翁之意不在酒，在乎山水之间也。山水之乐，得之心而寓之酒也……"

后人用"醉翁之意"比喻本意不在此而在彼。也比喻别有用心。

智子疑邻

典出《韩非子》。

宋有富人，天雨墙坏，其子曰："不筑，必将有盗。"其邻人之父亦云。暮而果大亡其财，其家甚智其子，而疑邻人之父。

宋国有个富人。一次，天降大雨，他家的院墙塌了一个缺口。他儿子着急地说："要不赶快修好，一定会被盗。"邻居老人看见，也这样劝告他。

当天夜晚，果然丢失了很多财物。

富人一家痛悔之余，都称赞自己的孩子有先见之明，但对邻家老人却产生了怀疑。

"智子疑邻"这个典故告诉我们：从个人感情出发去判断是非，用主观臆测去鉴别事物，是不可能得出正确判断的。邻人和其子的建议完全一样，为什么称赞其子聪明，而怀疑邻人偷了他的东西呢？这是从感情出发，主观臆断。

功业篇

大功毕成

典出《汉书·王莽传》。

西汉末年，外戚掌握朝政。汉元帝皇后的侄子王莽先后被封为新都侯、安汉公，权重一时。

一年，王莽上奏皇帝，提议模仿周公建造明堂，设立雍灵台，集中天下学者讲学和著作，目的无非想借此抬高身价，标榜自己是当时的周公。当时王莽为那些求学和研究的人盖了不少房屋，还提供必要的物资和设备，建立一定的制度，配置了有一定专长的教师，广泛收集了天下各类书籍。对于那些有特殊本领的人，则用公府车马将他们请来。这样，先后被网罗到这里的各种人才达几千人。这些人来了之后，便按照王莽的意思著书立说，并纠正对王莽不利的所谓“异端邪说”。

不少大臣纷纷上书讨好王莽说：“当年周公辅政，制定制度尚且用了7年时间，后来明堂毁坏，雍灵台倒塌，千年以来未有人重新兴建。现安汉公辅佐陛下，仅仅4年时间，就功德非常突出了。”

以后，王莽又集中各地书生乃至平

民10万多人，写诗文为他歌功颂德，经过近20天的奋力写作，这些诗文才全部完成，亦即所谓“大功毕成”。从此王莽的野心越来越大：先是毒死汉平帝，自称“假皇帝”；最后干脆自己称帝，改国号为“新”。但十几年之后，他被赤眉、绿林等农民起义军所杀。

后人用“大功毕成”指巨大的工程或伟大的功勋完成了。

半部论语

典出《鹤林玉露》。

人言普山东人，所读者止《论语》，盖亦少陵之说也。太宗尝以此论问普，普略不隐。对曰：“臣平生所知，诚不出此。昔以其半辅太祖定天下，今欲以其半辅陛下致太平。”

北宋著名的政治家赵普年轻时就从军，可读书不多，出任宰相后，在处理公务时常常因文化低而感到力不从心。宋太祖赵匡胤知道他的根底，劝他好好读书。于是，赵普每次上朝回府，就闭门读书，没有多少时间，他的学问大有长进，对宋朝初期天下安定起了积极的作用。

宋太祖死后，他的弟弟赵匡义继位，史称宋太宗。赵普仍然担任宰相。有人对宋太宗说赵普不学无术，所读之书仅仅是儒家的一部经典《论语》而已，当宰相很不恰当，宋太祖不以为然地说：“赵普读书不多，这我一向知道。但说他只读一部《论语》，我也是不相信的。”

有一次宋太宗和赵普闲聊，宋太宗随便问道：“有人说你只读一部《论语》，这是真的吗？”

赵普老老实实地回答说：“臣平生所知道的，确实不超出《论语》这部书。过去臣以半部《论语》辅助太祖平定天下，现在臣用半部《论语》辅助陛下，使天下太平。”

后来赵普因年老体衰，辞去了宰相的职务。不久赵普病逝，家人打开他的书箧，里面果真只有一部《论语》。

后人用“半部论语”指儒家经典为治国之本。

不入虎穴，焉得虎子

典出范晔《后汉书·班超传》。

班超是东汉名将。公元73年，他带领36人出使鄯善国（今新疆维吾尔自治区罗布淖尔西北）。开始，鄯善国国王对他十分敬重，不久却突然变得冷淡了。原来，谈判过程中，匈奴派来使者，挑拨鄯善国与汉朝的关系，因此，国王对建立邦交犹豫不决。于是，班超召集部下说：“现在匈奴进行破坏、捣乱，鄯善国王对我们的态度有了反复。如果他把我们抓起来送给匈奴，那我们不但完不成使命，怕要死无葬身之地！”

大家一致表示：“事情已经到了这般危险地步，一切都听从你的指挥！”

班超说：“不入虎穴，焉得虎子！现在只有乘夜攻入匈奴使者的营垒，把他们消灭，才能很好地完成我们的使命！”

当晚，班超带领36个壮士，悄悄摸进匈奴使者的营驿。经过一阵激烈的厮杀、搏斗，把100多个匈奴人全部消灭。

第二天，班超会见鄯善国王，说明事情经过，揭露了匈奴使者的阴谋。鄯善国王见班超如此厉害，有勇有谋，心中既敬佩，又害怕，马上表示愿意和汉朝永久友好。于是，班超凯旋而归。

过五关，斩六将

典出《三国演义》。

三国时，刘备兵败后投靠在河北的袁绍处，而关羽却在曹操处。后来，关羽得知刘备的确实下落时就准备辞别曹操，从河南许昌出发，护送刘备的两位夫人一起去寻刘备。

由于关羽没有丞相曹操所签发的通行证，沿途被曹军守将围追堵截。在东岭关，守将孔秀要关羽交验丞相的放行证明，不然就要留下老小作为人质。关羽大怒，举起钢刀，杀了孔秀。

关羽路过洛阳时，太守韩福弯弓搭箭，率领1000人马，把守关口。牙将孟坦出马手执双刀来取关公，战了3个回合，回马便走，原先是想引诱关羽，想不到关羽的马快，早已赶上，大刀一举，孟坦被砍为两段。此时韩福躲在门首，放了一支暗箭，正射中关羽左臂。关羽大怒，用口拔出箭，血流不止，飞马径奔韩福，将他带头连肩斩于马下。

关羽恐一路上再遭人暗算，便连夜投奔汜水关。关将卞喜在镇国寺中埋伏下刀斧手200余人，准备诱关羽至寺后再杀害。此时，镇国寺僧人普净（是关羽的同乡）得知卞喜欲暗害关羽，便向关羽通风报信。关羽便先下手将卞喜一刀劈为两段。

关羽又往荥阳进发，太守王植与韩福是亲家，知道关羽杀了韩福，于是表面上献殷勤，暗中密令部下胡班集合1000名士卒，围住关羽的驻地，一人一个火把，待三更时分，一齐放火。后胡班为关羽的人品德行所感动，便将王植的毒计密告关羽。关羽大惊，连夜出奔，王植也拍马挺枪，飞奔关羽，结果被关羽拦腰一斩，砍为两段。

关羽一路跋涉，行到滑州界首。守将刘延出关迎接。关羽提出要借船渡过黄河，刘延怕得罪夏侯惇及其部将秦琪，不肯借船。关羽只得自行设法，到黄河渡口时，秦琪要索看曹操所发的通行证。关羽对秦琪的拦截很是恼怒，一刀砍去，秦琪的头颅随即落地。

关羽在曹操的辖境内所历关隘五处，斩将六员，最后终于与刘备相会。

后人将这个故事概括为成语“过五关，斩六将”。比喻历尽千辛万苦，克服重重难关，终于达到目的。

力不从心

典出《汉书·班超传》。

超之气力不能从心。

东汉名将班超，带兵镇守西域30多年，安抚联络当地的50多个小国，数次平定匈奴的骚乱，为保卫汉朝的西部边境建立了巨大的功绩。班超西去时年方40岁，70多岁觉得精力大不如从前，思念家乡的心情也日甚一日，于是给和帝刘肇写了一封奏书，大意是：

“陛下，臣在西域转眼已经20多年了，夜夜日日无时不在思念故乡。臣听说先前的姜太公在齐国做官，可他的五世后代死后还要埋葬在原籍周地，其实周地与齐地之间不过千里；而我现在是身处遥远

的西域啊，怎能不思念故乡呢？苏武留在匈奴不过19年，可我已经在西域快半辈子了。我不敢盼望回到酒泉，如能回到玉门关之内，也就心满意足了……”

班超的妹妹班昭，是当时有名的才女、历史学家，她读了兄长的信，为之动情，也写信给和帝，替哥哥请求告老还乡，大意是：

“我的胞兄班超，蒙受皇恩，自来西域，志捐躯命，屡立微功。他每逢攻战，总是身披金甲，不避死亡，倚仗陛下的神灵，才在这大沙漠里征战了近30年，现年已七十，年老体衰，须发皆白，双手麻痹，耳聋目花，要拄杖才能行走。虽说他要竭尽全力，尽职尽责，以报答皇帝的大恩，可是倘使此地发生暴乱，超之力不能从心，这会损害国家、朝廷的利益，也会使为臣的前功尽弃，如果发生了那样的变故，该多么令人痛心呀！所以，我们诚恳请求返回内地，可是已经过了几年却仍然听不到陛下的答复。现在陛下是以孝理治天下，深得万民欢心。在此，我冒死替家兄班超请求，让他活着回到故乡，我的哥哥以壮年竭尽忠孝于荒野大漠，难道还让他在衰老的时候死在他乡异域吗？我满怀哀痛地向陛下奏禀实情，请皇帝开恩！”

班昭信中“超之气力不能从心”的话，后来演变为成语“力不从心”。

和帝读了班超兄妹这两封情真意切的信后，深为感动，立即下诏传班超回京。公元102年，班超总算踏上了故乡的土地。这年9月，班超与世长辞。

杀敌致果

典出《左传·宣公二年》。

狂狡辂郑人，郑人入于井。倒戟而出之，获狂狡。君子曰：“失礼违命，宜其为禽也。戎，昭果毅以听之之谓礼。杀敌为果，致果为毅。易之，戮也。”

春秋时，晋国和楚国是大国，宋国、郑国是小国，小国只能听从大国的命令。有一年，晋国派荀林父领兵征讨宋国，迫使宋国向晋国媾和，降服晋国。楚国为此对宋国不满。第二年春天，楚王就命令郑国替他去讨伐宋国。郑国只好听从楚王的命令，派公子归生率兵去攻打宋国。

宋国的军队由华元、乐吕统率，迎战郑军。双方在大棘打了一仗，结果宋军惨败，损失了460辆战车，250名军士被郑军俘虏，乐吕阵亡，华元也当了俘虏。

在交战中，有一个宋军士卒名叫狂狡，他作战很勇敢，心地十分善良。狂狡追击一个敌人，敌人吓得跳进井里。狂狡把戟倒过来，用戟柄将落井的郑军士卒搭救上来。可是这个郑国人上来后，非但不感谢狂狡的救命之恩，反而把他绑起来，当作俘虏交给将领了。

这件事后来传到宋国，宋国的人们说："狂狡太可惜了，不过这是他自食恶果。打仗嘛，发扬果敢刚毅的精神，服从命令、击败敌人，这就叫作礼。杀死敌人就是果敢，做到果敢就是刚毅。狂狡丢掉了礼，又违背军令对敌人慈悲，所以才当了俘虏，这是自讨苦吃啊！"

后人从该文中引出一个成语"杀敌致果"，用以表示勇敢杀敌以建立战功。

时不再来

典出《国语·越语》。

臣闻之，得时无怠，时不再来；天予不取，反来之灾。

春秋时，越王勾践继承王位3年，率兵攻打吴国，结果反被吴国打败，被围困在会稽山上。最后，勾践答应把国库的钥匙交出，自己亲自去吴国当吴王的仆人，吴王才解除了包围。

3年后，吴王把勾践放回了越国，勾践请教谋臣范蠡说："我继承王位后，因为年轻好胜，迷恋打猎喝酒，结果给越国带来了灾祸，让吴国来统治我们。可是吴国也太过分了，我想同你商量报仇的事。"范蠡说："现在还不可以，应该顺应天时的转变。过早地打主意，事情反而难预料。"

过了一年，勾践听说吴王迷恋声色，疏远贤臣，就想进攻吴国。范蠡劝道："人事上是可以报仇了，可天时还不到，大王暂且忍一下吧！"又过了一年，勾践听说吴王杀了宰相伍子胥，又想进攻吴国。范蠡又劝勾践暂时忍耐。再过了一年，勾践听说吴国遭受天灾，稻被蟹都吃光了，又想报仇。可范蠡还是认为时机不成熟。

勾践发怒说："天时、人事都有了，为什么还要等呢？"范蠡说："战争是无可奈何的事，只有天时和人事都配合好了才能得胜。"一年后，吴国国内人心涣散，范蠡才劝越王勾践出兵进攻。进军之前，范蠡说："我听说得到了时机不能怠慢。时机一失去就不能再来；上天给予的不接受，反而会有灾难。"勾践点头回答："我听从你的建议，一定不盲目进攻；现在有了机会，自然会抓住不放。"

最后，勾践终于打败了吴王夫差。

后人用"时不再来"鼓励人要抓紧时机，时机错过了就不会再来了。

视为畏途

典出《庄子·达生》。

夫畏途者，十杀一人，则父子兄弟相戒也。

春秋时，有个叫田开元的人见到了

周威公，周威公对他说："听说一个人保护好肾脏就等于学会了养生之道。先生这次来，能不能给我讲些这方面的道理呢？"田开元回答说："我无非是个手拿扫帚的看门人，哪里有大王的学识渊博呢？"周威公满脸不悦地说："先生也太谦让了，随便讲讲，又有何妨！"田开元说："好吧。我曾听孔子说过，一个善于养生的人，就好比一个牧羊人。鞭打羊时，打它的头就不会走，打它的肚子就会损伤身体，只能鞭打它的后面。"

周威公听了，很不理解地说："为何这样比喻？"田开元说："举个例子吧。鲁国有个叫单豹的人，长期隐居山林，生活简朴，无忧无虑，年满七十却肌肤娇嫩，如婴儿的模样。不幸的是，一次出门遇见饿虎，被吃掉了。另有一个叫张毅的人，拼命追逐物质享受，居住在高门大户之中，有许多财物，可刚到四十岁就得疾病而死。单豹注重颐养性情，却被饿虎咬去了身体；张毅一心追求财富，却被疾病蚕食了精神。这两人，养生都不得其道，就像用鞭打羊打在肚子上一样。善于养生的人，不仅要注重身体和精神，还要注重文化修养，才算是真正的完人。"

庄子知道后，不禁感慨道："一个畏惧在道路上行走的人，听说前面杀了人，就会立刻回到家里告诫全家，然后带上刀刃，结伴而行。这的确是明智的行为！但那些注重吃喝玩乐和声色享受的人却不了解，他们的所作所为远远超过杀人的畏途，却不引以为戒，这不是十分错误的吗？"

后人借"畏途"一典比喻艰险可怕的事物。"视为畏途"是指把事情看得过于艰难。

天下第一

典出《后汉书·胡广传》。

东汉名臣胡广，少年时就喜欢读书写诗。有一次，太守法雄的儿子法真回家看望父亲，发现胡广很有学问，人品也不错。恰好，朝廷要各地推荐人才，法雄知道儿子法真很有眼力，就让他帮助组织考试，从中进行选拔。

考试结束后，法真看了胡广的试卷，立即跑到父亲面前说："胡广这个年轻人真不错啊，应该推荐他去京师。"

安帝刘祜看过胡广的文章，居然高声称赞起来："文章写得好啊，真是天下第一！"于是，胡广被封为尚书郎，后来又升迁为尚书仆射，逐渐成为皇帝身边的重臣。

汉顺帝即位后，要选立皇后。可是，妃子中有四个都很受他的宠爱，到底选谁好呢？顺帝最后决定以卜卦来决定。胡广深感不妥，劝说顺帝：“陛下，选立皇后可是一件十分严肃认真的大事，怎么可以卜卦决定呢？选立皇后，还是应该以德行为标准，这才符合祖宗的章法啊！”顺帝被他说服了，最后选立梁贵人为皇后。

“天下第一”指在当代居第一位，无人能比得上。多用来指最出色的人或事物。

天之骄子

典出《汉书·匈奴传》。

汉武帝在位的几十年间，先后派韩安国、卫青、霍去病等大将征伐匈奴，屡次取得胜利。公元前90年，匈奴单于狐鹿姑又入侵汉族地区。武帝派贰师将军李广利领兵7万，御史大夫商丘成领兵3万，重合侯莽通领兵4万，前去反击匈奴。

汉军3支队伍进入匈奴控制区后，商丘成的人马与匈奴兵交战9天，互有死伤；莽通的人马因匈奴兵自行退去，未曾交战；李广利的人马则大败匈奴兵，并乘胜向北追赶。狐鹿姑亲自率领5万骑兵，袭击李广利的队伍。结果，汉军大败，李广利投降，狐鹿姑把女儿嫁给他为妻。就这样，武帝派出的3支军队遭到了严重损失，并未达到反击匈奴的目的。为此，单于派出使者，致书武帝说：“南方有大汉，北方有强胡，你们知道我们胡是什么吗？胡，是上天的宠儿啊！”

单于要求武帝开放关口，让匈奴人方便出入；允许他们娶汉女为妻，并每年给匈奴若干美酒、粟米、绸缎布帛。这样，他们就不再在边境骚扰。武帝经过这次较量，知道这“上天的宠儿”一时难以攻灭，于是有了和谈的意思。

“天之骄子”在汉时指匈奴民族，即匈奴是上天所娇宠的儿子，故极其强盛。后指能力非凡或地位优越的人。

统一中原

典出《史记·秦始皇本纪》。

丞相绾等言：“诸侯初破，燕、齐、荆地远，不为置王，毋以填之。请立诸子，唯上幸许。”始皇下其议于群臣，群臣皆以为便。廷尉李斯议曰：“周文、武所封子弟同姓甚众，然后属疏远，相攻击如仇雠，诸侯更相诛伐，周天子弗能禁止。今海内赖陛下神灵一统，皆为郡县，诸子功臣以公赋税重赏赐之，甚足易制。天下无异意，则安宁之术也。置诸侯不便。”始皇曰：天下共苦战斗不休，以有侯王。赖宗庙，天下初定，又复立国，是树兵也，而求其宁息，岂不难哉！廷尉议是。分天下以为三十六郡，郡置守、尉、监。更名民曰：“黔首”。大酺。收天下兵，聚之咸阳，销以为钟鐻，金人十二，重各千石，

置廷宫中。一法度衡石丈尺。车同轨。书同文字。

齐国灭亡以后，范雎和尉缭的“远交近攻”的计策完全成功了。从此以后，六国全归并到秦国，天下统一。东周列国，经过了五百年的变迁,才合成了一个大国。秦王兼并六国，统一中原，跟着就改变国家的制度。头一样，他知道“名不正，则言不顺”。当初六国诸侯都称为“王”，如今“王”没有了,那么自己又叫什么呢?他总得应比“王”的名号更大、更高吧。还有，君王的称号要等到他死了以后让大臣们共同来取，这不是叫臣下来议论君王吗?秦王把这种办法废了。他用了“皇帝”这个名称。自己是中国头一个皇帝，就叫“始皇帝”。以后就用数字计算：第二个皇帝,就叫“二世”,第三个叫“三世”……这么下去一直到万世，没完没了。他又叫玉器匠刻了一个大印，算是皇帝的玉玺。那玉玺刻好之后，大臣们全都给秦始皇庆贺。

秦始皇瞧了那些大臣们真是什么样儿的人才都有，朝堂上黑压压地都挤满了人。可是那个出计策收买各国大臣的尉缭在哪儿呢?他的门生王敖又在哪儿呢?这回兼并六国，统一中原，拿打仗来说，功劳最大的当然要数王翦、王贲父子俩了。可是拿对付各国的计策来说，尉缭和王敖师徒俩的功劳也不在他们两位大将之下。秦始皇就问大臣们这两个人到哪儿去了。大臣们正在怀疑：皇帝得了天下，怎么还不把土地封给他们呢?丞相王绾就借题发挥了。他说：“尉缭、王敖帮助皇帝平定四海。他们的功劳好比周朝的太公、周公，当然指望皇帝封他们做诸侯。如今皇帝没分封有功的大臣，他们就走了。”秦始皇一听这话，又问大臣们：“周朝分封诸侯的制度还能用吗?”他们都说：“这是古时候的制度，怎么会不能用呢?再说齐国在东边，楚国在南边，燕国在北边，这么又大又远的地界，要是不封王、封侯，怎么管得住呢?”秦始皇想了一想，眼光停在李斯身上。

李斯早就和秦始皇计划妥当了，背书似的说：“周武王把天下分成好几百个小国，封给自己的子弟和功臣们。到后来，这些小国你打我、我打你，简直没有一天安静的日子。好不容易几百个小国并成了几十个，再由几十个并成了十几个，最后，就剩了七国。可是七国还是不安定。老是彼此不合，互相攻打。如今皇帝兼并六国，统一中原，哪能把一统的天下再分开来，重新回到周朝那种混乱的老路上去呢?有大功的臣下，当然要有重赏，比方说，增加他们的俸禄，却不能割据国家的土地。咱们已经把列国改为郡县，那么，就应当用郡县制度来统治天下。”大伙儿听了，心里全不赞成,可又说不出反对的理由来。

秦始皇就采用了李斯建议的郡县制度，把天下分为三十六郡，郡下面再分县。每个郡由朝廷直接任命3个最重要的官长，即郡守、郡尉和郡监，管理全郡。郡守是一郡中最主要的官长。郡尉是个武官，在郡守的下头，管理治安，全郡的军队也由他统领。郡监执掌监察的事情。全国行政机构都统一了，办起事情来当然提高了效率；之后，秦始皇又统一了文字、度量衡等。

后人用“统一中原”比喻把分散的势力联合起来，成就伟大的事业。

人伦篇

风树之叹

典出《韩诗外传》。

皋鱼曰："……树欲静而风不止，子欲养而亲不待也。"

春秋时，有一次孔子带了一群学生出门去。走在路上，听到前面传来一阵哭声，很是悲伤。

孔子对赶车人说："快点赶上去，看看是什么人在那里哭泣。"

他们走近一看，正在哭泣的是一个须发斑白的老人。

孔子问他："先生是谁？为什么在这里哭？"

老人回答说："我叫皋鱼，因为想起平生的3次重大损失，所以伤心痛哭。"

孔子又问："您的3次重大损失是什么？"

皋鱼说："一是我年少时就外出求学，父母很早就双双去世；二是我自命清高，立志不为昏君做事，如今年老却一事无成；三是我原有不少情谊深重的朋友，但却中途断绝了与他们的友情。现在我想起这些，心潮难平，就像树木想安静下来怎奈风要吹个不停。我想尽孝奉养双亲，他们却过早去世。想到人的年龄一去不复返，双亲死后永不能再见，我实在悲痛难忍。从此，我要与这个世界永诀了。"说罢，皋鱼便如枯木一般呆立不动，孔子仔细一看，原来他已经气绝身亡了。

后人用"风树之叹"的典故表现孝道，或感叹对父母未能尽孝；又用"树欲静而风不止"形容本想保持宁静的心态，但却有某事影响人的情绪，使人心潮难平。

孤犊触乳，骄子骂母

典出《后汉书·仇览传》。

谚曰："孤犊触乳，骄子骂母。"

有一个人，因为是独子，所以受到母亲的娇惯，他由撒娇而顶嘴，由顶嘴而骂母亲，最后竟打起母亲来。众邻居看到妇人被打得鼻青脸肿，还依然关注儿子的脉脉眼神，都感到气愤。有一天，这儿子看见一群人围在一起议论纷纷，他挤进去一看，只见一头母牛鲜血淋淋的，原来是被小牛用角触伤了。有人大声说："把这没良心的小牛杀了算了，它竟这样对待妈妈。"有人说："谚语讲：'孤犊触乳，骄子骂母。'牛是畜生嘛，可是有的人比畜生还不如。"儿子觉得大家好像全看着他，眼中充满了鄙夷，因此又羞又怕，从此改过，成为受人尊敬的孝子。

后人用"孤犊触乳，骄子骂母"这个谚语比喻对孩子娇惯不得，孩子的不孝往往是父母娇生惯养的结果。

鼓盆之戚

典出《庄子·至乐》。

庄子妻死，惠子吊之，庄子则箕踞鼓盆而歌。

战国时，庄子的妻子去世了，他无钱安葬妻子，就把她停放在露天，用一张旧席子掩盖着。

惠子听说庄子的妻子去世，前去吊丧。他在路上想，庄子一定很悲痛。但当他看见庄子时，只见他蹲坐在地上，披头散发，衣衫破烂，手里拿着一根木棍，在不断地敲着铜盆，大声地唱着歌。惠子惊异地说："你和她长期生活在一起。她在世时，为你生儿育女，抚养老人，如今死了，你不痛哭也罢，为何要敲着盆子唱歌，岂不太过分了吗？"

庄子对惠子说："妻子去世，我难道不悲伤吗？可是一个人本来是没有生命的；不仅没有生命，而且还没有形体；不仅没有形体，甚至还没有气息，处在若有若无之中。后来逐渐变成气息，气息变成形体，形体变成生命；现在又回归了自然。如此生生不息，就像春风，夏日，秋雨，冬雪一样，周而复始，四时运行。现在，我妻子静静地躺在大地上，灵魂飘游在白云之间，最终融合到大自然之中，找到了自己的归宿。我何必哭哭啼啼的呢？唉，人应该了解生命的来龙去脉，才能通达！"庄子继续敲着盆，唱着歌。

后人用"鼓盆之戚"表示丧妻及丧妻之哀。

横眉冷对千夫指
俯首甘为孺子牛

典出《自嘲》。

运交华盖欲何求，未敢翻身已碰头，破帽遮颜过闹市，漏船载酒泛中流。横眉冷对千夫指，俯首甘为孺子牛。躲进小楼成一统，管他冬夏与春秋。

"孺子牛"一语见于《左传·哀公六年》。

"汝忘君之为孺子牛而折其齿乎？"晋朝杜予解："孺子荼也，景公尝衔绳为牛，使荼牵之，荼顿地，故折其齿。"

春秋时，齐国国君齐景公有个儿子名荼，号安，他幼年时为景公所钟爱。只要儿子喜欢，景公什么事都依着他。有一次，景公竟爬在地上当牛，除了让儿子骑在背上驮着走之外，还在嘴里咬着一根绳子，叫孺子荼牵着跑。不料用力过猛，竟把景公的门牙给拉断了，弄得满嘴是血。虽然如此，景公毫不责怪儿子，他心甘情愿这样做。

这个故事本身非常陈腐，但鲁迅先生化腐朽为神奇，赋予它极深刻的含义。

后人用这两句诗形容革命者憎恨敌

人，热爱人民的鲜明立场。

姜子牙娶媳妇

典出《封神演义》。

姜子牙，名尚，号飞熊，俗称姜太公。他 32 岁在昆仑山跟元始天尊学道，72 岁奉师父之命，下山辅佐周室。80 岁在渭水边为周文王访得，拜为宰相。从此以后，他帮助周武王起兵伐纣王，统率许多道术之士，经过与纣军的激烈斗法，终于完成兴周的大业，最后奉命发榜封神。

姜子牙在昆仑山修行 40 年。一天，师父元始天尊命他下山封神，扶助明主。姜子牙收拾琴剑衣囊，拜别师尊，又辞众位道友，出玉虚宫下山，投靠朝歌城里的结义仁兄宋异人。

姜子牙来到朝歌城，见了宋异人，旧友重逢，格外高兴。宋异人问他在昆仑山上 40 年，有没有学些道术。子牙回答：“怎么没学？有挑水，浇松，种菜，烧火，扇炉，炼丹。”宋异人笑着说：“这些都是奴仆干的杂役，怎能说是道术呢？如今贤弟既然回来，就住在我家里，找些事做，不必出家，也不要住别处去了。还有，明天我给你找一门亲事，安个家，好好地过日子吧。”

于是，姜子牙就在朝歌城宋家庄住下来。宋异人果真为他议了一门亲事。新娘子是马家庄员外马洪的女儿，是个 68 岁的老姑娘。当即，择选良时吉日，迎娶马

氏。姜子牙同马氏洞房花烛，结成夫妻。

后人用“姜子牙娶媳妇”比喻晚年遇到喜事。

九子不葬父，一女打荆棺

典出《谚谜·荆棺峡谚》。

峡壁有棺，以荆为之。相传九子，不能葬，女编荆为棺。土人谚云：“九子不葬父，一女打荆棺。”

在长江三峡险峻的峡壁上，可以看见有一具用荆梗编成的棺材。传说从前有个人生了9个儿子和1个女儿。他偏爱儿子，总觉得女儿没有用。后来他死了，如何埋葬父亲呢？9个儿子互相推诿，谁也不肯拿钱出来买棺材，也不愿费力操办后事。小女儿哀哀地哭着，她很穷，买不起棺木。于是她去割荆条，削去刺，一根一根编起来，做成一具荆条棺，装殓了父亲，她的手指被刺破，血染红了荆条。又怕泥土腐蚀荆条，便费力把荆棺送上峡壁，搁在岸石凹处，终于耗尽体力，坠江而死。因此人们常说：“九子不葬父，一女打荆棺。”

后人用“九子不葬父，一女打荆棺”这个谚语比喻办事人多，互相推诿，反而不如一个人负责容易成事。

龙生九子

典出《玉芝堂谈荟·龙生九子》。

龙生九子不成龙，各有所好。

东海龙王，生了9个儿子：

大儿子叫囚牛，爱好音乐，尤喜胡琴；今胡琴头上刻的兽形，就是它的形象。

老二名叫睚眦，平生好杀，今金刀把上刻的龙吞口就是它的形象。

老三名叫嘲风，一生喜欢探险，今殿角上的走兽就是它的形象。

老四名叫蒲牢，平生好鸣，今钟上兽钮，就是它的形象。

老五名叫狻猊，平生好坐，今佛座狮子，是它的形象。

老六霸下，素爱负重，今碑座兽，为其形象。

老七狴犴，平生好讼，今监狱门上的狮子头，为其形象。

老八负屭，平生好文，今碑两旁文龙，为其形象。

老九螭吻，平生好吞，今殿脊兽头，为其形象。

龙王的9个儿子性格各不相同，各有所长，各有所好。

后人用“龙生九子”比喻同胞兄弟性格志趣各不相同。

鲁有恶者

典出《吕氏春秋·去尤》。

鲁有恶者，其父出而见商咄，反而告其邻曰：“商咄不若吾子矣！”且其子至恶也，商咄至美也。彼以至美不如至恶，尤乎爱也。

鲁国有个丑八怪。他父亲外出，看见了美人商咄，回到家里告诉邻居说：“商咄的容貌比不上我的儿子啊！”这个人的儿子是个最丑的人，商咄是个最美的人。而他竟然以为最美的人比不上最丑的，这是由于他被对儿子的偏爱迷住了心窍。

后人用“鲁有恶者”这个典故喻指偏爱。偏爱是出于自私，这样的“爱”犹如害。

陆绩怀橘

典出《三国志·吴书·陆绩传》。

绩年六岁，于九江见袁术。术出橘，绩怀三枚去，拜辞堕地。术谓曰：“陆郎作宾而怀橘乎？”绩跪答曰：“欲归遗母。”术大奇之。

陆绩是三国时东吴的一位学者，他幼年做客怀橘的故事，广为后人流传。

陆绩6岁那年，在九江见到袁术（东汉末年的大军阀）。袁术见他聪明伶俐，就叫人拿出橘子来招待他。他见袁术与别人说话时没注意，就拿了3只橘子揣在怀中。

临走时，陆绩向袁术弯腰行礼，想不到怀中的3只橘子骨碌骨碌地滚了下来。但他却不慌不忙地又把3只橘子拾起来放进怀里。袁术感到奇怪，问他说：“小孩儿，你做客还偷带主人的橘子吗？”

陆绩跪下说：“我很想带回去给母亲尝尝。”

袁术很感动，赞叹道：“这孩子不寻常啊！”

后人常用“怀橘”二字表示对父母的孝顺。

妻离子散

典出《孟子·梁惠王下》。

吾王之好鼓乐，夫何使我至于此极也？父子不相见，兄弟妻子离散。

齐国的大臣庄暴对孟子说：“齐王说他喜欢音乐，我不知道好不好。”孟子说：“如果真的那样，齐国便很不错了。”

过了几天，孟子去见齐王，他问齐王：“庄暴说你喜欢音乐，是吗？”齐王不好意思地说：“我并不爱好古代音乐，只喜欢一般流行的音乐。”孟子说：“只要你爱好音乐，那齐国就会很不错了。”接着孟子又说：“一个人单独欣赏音乐和跟别人一道欣赏音乐，究竟哪一种更快乐呢？”齐王回答说：“当然跟别人一道欣赏更快乐啊！”孟子又进一步问：“跟少数人一道欣赏音乐，和跟多数人一道欣赏音乐，哪一种更快乐呢？”齐王微笑着说：“当然跟多数人一道欣赏快乐。”孟子接着说：“假如你在这儿奏乐，老百姓却感到头痛，埋怨道：‘大王这样爱好音乐，为什么让我们受苦呢？为什么使我们父子不能相见，兄弟妻子离散呢？’如果这样，就是大王只图自己快乐，而没有‘与民同乐’！”齐王听了，不知如何说才好。孟子看到齐王没有反对的意思就接着说：“如果大王在这儿奏乐，百姓听到钟鼓箫笛之声，就互相转告说：‘我们国君很健康，他还在奏乐呢。’这就做到了王与百姓同乐了。如能与百姓同乐，就可以使天下的人都归服。”齐王觉得孟子讲得有理。

后人把“兄弟妻子离散”说成“妻离子散”，用来形容一家人被迫分离四散。

三迁之教

典出《列女传》。

孟子名轲，3 岁丧父，由母亲抚养长大。母亲很有教养，非常重视对孟轲的教育。

孟家附近有一块墓地，出殡、送葬的队伍经常从他家门前走过。于是，孟子经常模仿队伍中吹鼓手和妇女哭哭啼啼的样子。孟母认为这种环境对儿子成长不利，便把家迁到了城里。

但他家处于闹市，打铁声、杀猪声、喊卖声终日不断，他经常和小伙伴玩起了做买卖的游戏，还是静不下心来读书。孟母便再次搬迁到城东的学宫对面居住。

学宫那里的环境果然不一样，经常书声琅琅，一派读书气氛。孟子果然安下心来读书。有时，他还向学宫里张望，观看里面的学生是怎样读书，又是怎样跟随老师演习周礼（即周代传下来的有关祭祀、朝神等的礼仪）的。回到家里，竟也模仿起来。

一天，孟母发现儿子在磕头跪拜，以为他又在玩埋死人的把戏了，不禁板起了脸，后来听儿子说是在演习周礼，顿时眉开眼笑。不久，她将孟子送进了学宫，系统地学习《诗》（即《诗经》）、《书》（即《尚书》），长进很快。后来，孟子终于成为战国时代著名的思想家和教育家。

生男无喜，生女无悲

典出《水石缘》。

叹道：“生男勿喜，生女勿悲。怎么连这话也就忘了？”

汉武帝刘彻即位后，好几年没有生儿子。他的姐姐平阳公主很关心这事，就挑选了十几个美女藏在家里。有一天汉武帝到她家来，平阳公主让美女们侍候他，谁知汉武帝一个也看不上。后来，宴会时，歌女卫子夫出来表演，只见她星目流盼，姿态灵动，艳媚入骨，汉武帝被她迷住了，就把她接进宫去，尊宠日隆，后来立为皇后，生三女一男。卫家亲戚竟有多人封侯，其中包括抗击匈奴有大功劳的卫青（卫子夫的弟弟）、霍去病（卫子夫姐姐的儿子）。卫青的几个儿子也封了侯，贵显天下，因此，民间流传谚语说：“生男无喜，生女无悲。”

后来，“生男无喜，生女无悲”是针对重男轻女观念而言的。

升堂拜母

典出《三国志·吴书·周瑜传》。

东汉末年，董卓废少帝，立献帝，自为太师，专断朝政，各路军阀纷纷举兵讨

逆，江东孙坚也招兵准备北伐董卓。可是他打仗无法顾及家眷，孙坚想不出两全之策，为此忧心忡忡。

孙坚的长子孙策，当时才 15 岁，他结交了不少江东名士，很有些少年英伟的名声。舒城有个周瑜，年龄与孙策相仿，也是一个才能出众的少年，慕名从舒城来到江东拜访孙策，两人在一起谈论时事经纬，武艺韬略，十分投合，成了好朋友。

周瑜见孙坚满面愁云，问明缘由后对孙策说：“我家有一所宅院空着，可安置你全家住下，伯母如果愿去，是很方便的。”孙策回去一说，孙坚和夫人也很赞成。这样，孙坚心中的石头总算放下了，就把搬家的事交给孙策去办。

孙策把母亲、弟妹以及家常需用器物搬迁到了舒城。周瑜对孙母吴氏十分尊敬，把她当成母亲侍奉，每天一早，必与孙氏兄弟一同来到堂上跪到孙母面前，一起向母亲叩拜请安（升堂拜母），每到这时，吴氏总是喜不自禁，伸出双手先把周瑜搀起，把他当成儿子看待。吴氏问起周瑜年龄，正好与孙策同年，小两个月，便嘱咐孙策，对待周瑜，要如同胞弟一样。从此，孙、周两家比一家人还要亲近。

“升堂拜母”指进入后堂去拜见友人或故人的母亲。指结成深厚的情谊，如同一家。

天上石麟

典出《南史·徐陵传》。

南朝时，有个叫徐陵的人。相传母亲藏氏怀他时，曾梦见五色彩云变为彩凤，落到她的左肩上，醒来后不久，就生下了

他。小时候，家人带他去看望当时颇有声望的高僧宝志。徐陵相貌俊美，举止大方，宝志抚摸着徐陵的头顶说：“这孩子真是天上的石麒麟啊！”

徐陵果然才智不凡。8 岁时，就会写文章，13 岁时，已能读懂读通庄子和老子的著作。长大后，被尊为一代文宗，朝廷的许多文书，都由他撰写。他的文笔绮艳柔丽，体裁、立意很有新意，与当时的庾信齐名，被称为“徐庾体”。

徐陵在政治上也表现了不凡的才能。太清二年（公元 548 年），他奉命出使东魏。东魏举行宴会款待他。

当时天气炎热，席间，东魏大臣魏收嘲笑说：“北方本来是不热的，今天这场闷热，是徐常侍从南方带来的吧？”

徐陵当即回击：“是啊，魏国原来是没有礼仪制度的，王肃来到这里后，才使魏人懂了礼仪；今天我又奉命出使，使你们懂得了天气的寒暑变化。”徐陵的反击使得魏收羞愧满面。

麟：麒麟，古代传说中被认为是象征祥瑞的一种动物。“天上石麟”指才华卓绝，多用来赞誉别人的儿子。

舐犊情深

典出《后汉书·杨彪传》。

后子修为曹操所杀。操见彪问曰："公何瘦之甚？"对曰："愧无日磾先见之明，犹怀老牛舐犊之爱。"操为之改容。

东汉时代有一个叫杨修的人，字德祖，华阴（今陕西省华阴县）人氏。他很有学问，曾给曹操当主簿。有一次，曹操领兵打到汉中，驻在斜谷界口，想再去打刘备；但心里盘算当时的情势，既不能进，又不能守，退又要丢面子，正在为难的时候，恰巧厨师送上一碗鸡汤，曹操看见汤里面有几块鸡肋，引发了一阵感触。这时部将夏侯惇来问夜里的口令，曹操随口说："鸡肋！鸡肋！"杨修听到这个口令，马上收拾行李，准备回去。夏侯惇吃惊地问他这是为什么，他说："鸡肋这东西，吃之无肉，丢掉它却觉得还有点滋味。我们现在进不能取胜，退又恐惹别人耻笑，住在这里既没有益处，不如早点儿回去。丞相既然说出'鸡肋'两字，一定就要回去了。所以我预先收拾行李，免得临时忙乱。"后来曹操果然下令班师，并且知道杨修猜中了他的心思。曹操对杨修本已疑忌，就借此机会说他惑乱军心，把他杀了。杨修死时才 34 岁。

后来曹操见到杨修的父亲杨彪，问他为什么瘦得这样厉害，杨彪流着泪哀声说："我很惭愧没有金日磾那样能对事情有预见，还深深地怀着'老牛舐犊之爱'啊！"曹操听了之后也为之感动。

犊：小牛。老牛因为非常爱怜小牛，总是用舌头舐小牛的身体。以后的人便根据杨彪所说的这句话，引申出"舐犊情深"这个成语，用来形容父母对儿女情感的深挚。

王祥卧冰

典出《搜神记》。

西晋时有个名叫王祥的人，是西晋琅邪临沂（今属山东）人。他幼年丧母，父亲王融又再娶朱氏。朱氏想尽办法虐待他。可是王祥对后母还是非常孝顺。

王家院里有棵李树，结的李子又大又甜，非常可口。一年，李子快要熟了，朱氏爱吃李子，担心鸟雀来啄食，叫王祥在院里赶鸟雀。一天夜里，空中突然刮起大风，一会儿，又下起倾盆大雨。不少李子经受不住风吹雨打，一个接一个地落了下来。王祥抱着李树，痛哭失声。朱氏看了不觉感动起来。

一年冬天，朱氏忽然想吃鲜鱼。当时河面上结了厚厚一层冰，渔民无法下网捕鱼。王祥跑了几条街镇，买不到鲜鱼，便拿了渔网和木棒，跑到河旁，准备把冰击开，然后下网。冬天衣服太厚，不便用力，王祥脱去外衣，用力敲冰。冰太厚了，一时很难敲打。他想可利用自己的体温融化坚冰。于是，他真的在冰上躺了一会儿。不久，他又继续起来打冰。他不断地使劲敲击，最后终于在冰上打了一个大窟窿。王祥撒下网去，第一网就捕获了两条金色的大鲤鱼，他连忙把这两条鲤鱼拿回家，孝敬后母。

由于王祥想尽办法孝敬后母，后来朱氏对待王祥也像对待亲生儿子一样了。

徐德言买半镜——破镜重圆

典出《本事诗·情感第一》。

徐德言，南北朝时人，妻子乐昌公主是陈朝末代国君陈叔宝的妹妹。夫妻两人情投意合，十分恩爱。徐德言看到当时社会腐败，预感到陈朝很快就会发生大乱。他把一面铜镜破作两半，自己留下半块，另外半块给乐昌公主，说：“万一今后咱俩分散，你就让人在正月十五日拿它上街叫卖。我如果活着，看到这片破镜，就能找到你。”

果然，没有多久，陈朝被隋文帝杨坚灭了。灭陈有功之臣杨素，被封为越国公，得到了许多赏赐，其中包括乐昌公主及女妓十四人。徐德言在战乱中四处避难，后来为了寻找妻子，又设法回到了京城。

正月十五这一天，徐德言来到闹市，见到有个老人拿着半面铜镜高声叫卖。他接过镜子一看，跟自己的半面镜子恰好相合。徐德言悲喜万分，对老人说：“卖给我吧！”原来这老人是越国公府里的老家人，是乐昌公主叫他来“卖镜”的。

徐德言买了半镜，睹物伤情，思绪万千。他提笔写了一首诗：“镜与人俱去，镜归人不归；无复嫦娥影，空留明月辉。”交老人带回去给乐昌公主。公主读了这首诗，想到当年夫妻恩爱的情景，十分伤心，整天泣不成声，茶饭点滴不进。杨素知道了这件事情之后，深表同情，召徐德言进府，设宴款待徐德言和乐昌公主。席间，杨素令公主赋诗。乐昌公主当即写了一首，描绘她此时此地的复杂感情，诗中说：“今日何迁次，新官对旧官。笑啼俱不敢，方验作人难。”杨素看了这首诗，受到感动，就让乐昌公主随她丈夫回去。徐德言夫妻重逢，悲喜交加。两块半镜在他俩手中重又拼成一面明镜。

后来，徐德言带着乐昌公主归返江南，不乐于仕宦，甘愿林泉自隐。

“徐德言买半镜——破镜重圆”，比喻夫妻失散或决裂后重新团聚。

遇人不淑

典出《诗·王风·中谷有蓷》。

中谷有蓷，暵其乾矣。有女仳离，嘅其叹矣。嘅其叹矣，遇人之艰难矣。

中谷有蓷，暵其脩矣。有女仳离，条其歗矣。条其歗矣，遇人之不淑矣。中谷有蓷，暵其湿矣。有女仳离，啜其泣矣。啜其泣矣，何嗟及矣。

这首诗描写了一个“遇人不淑”的女子，在凶年饥馑的日子里，被丈夫抛弃，道出了内心的悲愤。全诗的意思是：山谷里生长的夏枯草，它快被太阳晒干了。有个女子因天灾而被丈夫抛弃，她正在深深地叹息，选择丈夫是多么艰难不容易啊？山谷里的夏枯草，被太阳晒枯了枝条。这个被抛弃的女子多么美好，她正在哀怨地长啸！她正在哀怨地长啸！为的是她被丈夫抛弃了。山谷中的夏枯草，虽然生长在水边也干枯了。这个女子因灾荒被抛弃，她伤心地哭了！她伤心地哭了！事到如今，不知如何是好。

“遇人不淑”的意思是遇到不善良的人，指女子嫁了个不好的丈夫。

闲趣篇

安步当车

典出《战国策·齐策四》。

颜斶辞去曰："夫玉生于山，制则破矣，非弗宝贵矣，然大璞不完。士生乎鄙野，推选则禄焉，非不尊遂也，然而形神不全。斶愿得归，晚食以当肉，安步以当车，无罪以当贵，清静贞正以自虞。"

战国时，齐国有个著名人物叫颜斶。一天，齐宣王召见他，齐宣王说："颜斶过来。"颜斶也说："大王过来吧。"

齐宣王听了很不舒服。左右的大臣都质问颜斶说："大王是一国之长，而你呢，不过是一个臣子，竟敢在大王面前这样放肆，成何体统！"颜斶说："不能这样说。要明白：如果我们走到大王的面前，这表示我们仰慕势利，奉承拍马。如果大王走到我面前，就显示着大王是尊重贤士。是叫我仰慕势利，奉承拍马好呢？还是请大王尊重贤士好呢？"

齐宣王听了忍耐不住，问："国王高贵呢？还是贤士高贵？"颜斶从容地说："当然是贤士高贵，这是有历史为证的：从前秦国攻打齐国，曾经下过一道命令说：'有谁在贤士柳下惠的墓地上砍伐树木的，处死刑。'又说：'能够取得齐王首级的，封大官，赏千金。'从这点看来，贵为国王的头还比不上一个贤士墓地的树木呢！"

齐宣王被弄得啼笑皆非，叹一口气说："好了，君子是不可以怠慢的。请你收我做弟子吧。以后你可以过荣华富贵的生活。"颜斶听罢，立刻辞别齐宣王说："谢大王的厚爱,我是布衣粗食惯了的人，我觉得安步可以当车，晚食可以当肉，我还是回家自食其力好了。"

"安步以当车"即以步行代替乘车，指习惯于常规，保守住本分。后来人们用"安步当车"比喻人要不贪富贵，安于贫穷。

车辙马迹

典出《左传·昭公十二年》。

楚王冬猎，驻扎在乾谿。一天傍晚，楚国的右尹子革来拜见楚王。楚王和他谈论国事。

楚王说："当年我先王熊绎，和齐、卫、晋、鲁四国的国君一起侍奉周康王，他们四人都得到了宝鼎，只有我国没有。假如我派人到周去要求分鼎，周天子大概会给我的吧？"

子革回答："对！肯定会的！"

楚王又问："许是我伯祖父居住的地方，现在郑国人霸着不给我，如果我去要这块土地，郑人大概会给我的吧？"

子革又顺着楚王说："周天子都不敢

吝惜宝鼎，郑国哪敢吝惜土地？”

楚王接着问：“当年诸侯各国都怕晋，现在我修筑陈、蔡和两个不羹城的城墙，把这些城墙当成楚国的城池，诸侯大概会怕我了吧？”

子革又赶快附和：“楚国如此强大，谁不怕大王您啊！”

侍坐在旁的楚大夫仆析父，趁楚王暂时离开的空隙对子革说：“您是楚国有声望的人，您对大王说话都像回声一样，那楚国将怎么办呢？”

子革胸有成竹地说：“我这是作准备啊，把刀磨快，等大王回来，我就要斩杀他的暴虐凶恶。”

楚王回来，继续和子革交谈。子革说：“昔年周穆王想随心所欲地周游天下，打算在全国各地留下车辙马迹。祭公谋父作了一首《祈招》诗，劝阻了穆王周游，穆王因此没有被篡位、谋杀。”

楚王极想知道《祈招》诗的内容，子革告诉他：“这首诗说：‘祈招啊，安静祥和，明告善言。国之用民，就如金玉，随器制形，随力使用。去掉醉满过饱之心吧！’”

楚王心中震动，连着几天不吃不睡地思索，他是被子革的话打动了。

重阳登高

典出民间传说。

农历九月九日是重阳节。重阳节这天，人们要在胸前佩戴茱萸，饮菊花美酒。茱萸，是一种中草药，又叫“艾子”，味道苦而香，有驱虫去湿、延年益寿的作用。

除此之外，重阳节还有登高的习俗。兄弟姐妹，亲朋好友，相邀登高，望远抒怀，其乐无穷。登高的习俗起源于汉代。围绕登高有一个妙趣横生的传说故事。

东汉时，河南有个叫桓景的人，对道术很感兴趣，便到外地拜了个道士为师，悉心钻研。多年以后，他的学业大有长进。有一年秋天，他师父告诉他，九月九日那天，他的家将有瘟神降临，让他务必回家一趟，并告诉了他消灾的办法。九月九日那天，桓景日夜兼程地赶回家里。他依照道士的吩咐，给家人每人发了个装有茱萸的绛色小袋挂在胸前，并让他们都喝了菊花酒。之后，他领着家人登上附近的一座山头，痛痛快快地游玩了一整天，直到夕阳落下时才回家。回到家里一看，养的猪、狗、猫、鸡、鸭等统统死掉了，他想，只要家人都平安无事，死些鸡鸭又何妨。九月九日这天过后，他又辞别家人，回道士那里继续学习。见了师父后，桓景把结果对师父说了。道士捋着胡须，笑笑说：“那些猪狗鸡鸭都是替死鬼，代你家消灾避祸。”

这个故事传开后，登高的风俗便渐渐为人们所继承。登高望远具有了消灾避祸的意义。

莼羹鲈脍

典出《世说新语·说鉴》。

翰因见秋风起，乃思吴中菰菜、莼羹、鲈鱼脍，说：“人生贵在适志，何能羁官数千里以要名爵乎！”遂命驾而归。

晋代有一个人叫张翰，字季鹰。他曾多年在洛阳任齐王司马冏的属官，官职不高，难以施展抱负。又因官府诸事繁杂，颇多不顺心之处。加之他预见到司马冏将要垮台，恐累及自己，便想避祸退隐。

他曾对同郡人顾荣说：“现在天下战乱纷纷，祸难不断。凡有名气的人都想退隐。我本是山林中人，对官场难以适应，对时局又很绝望。看来，也该防患于未然，考虑一下以后的事了。”然而要断然放弃眼前的功名利禄也不是很容易的事，他迟迟未作出最后的决定。

一年秋天，季鹰在洛阳感受秋风阵阵，似乎带来了泥土的芬芳，他突然产生了强烈的思乡之绪。接着，他又回忆起家乡吴地的莼菜羹和鲈鱼脍等佳肴美味，更觉得乡情无法排遣。于是，他自言自语地说：“人生一世应当纵情适意。既然故乡如此值得留恋，我又何必定要跑到几千里之外，做这一个受拘束的官儿，去博取什么名位呢？”接着他毫不犹豫地到齐王那里辞了官，千里驱车，回到了自己的故乡。

就在季鹰辞官回乡不久，齐王司马冏因谋反被杀，他手下的人纷纷受到牵连，有好些人还丢掉了性命。只有张季鹰幸免于难，人们都称赞他有先见之明。

后人用“莼羹鲈脍”“季鹰思归”等典故形容人不追求名利，凡事顺乎自然。或用以形容人对家乡的思念之情。

杜康美酒，醉伶三年

典出民间传说。

刘伶是魏晋时期的“竹林七贤”之一，诗文写得很好，是个著名的文学家。他又是个著名的酒徒，随身带着个酒壶，走到哪儿喝到哪儿。

刘伶不仅爱喝酒，而且酒量非常大，没有人能比得过。当时，有个著名的造酒师叫杜康。他酿造的酒，味道香甜，但酒性很烈，一般人都不敢多喝。

刘伶听说杜康的酒很有名气，便特意登门造访。进了酒店后，杜康拿出小酒盅、小酒壶来招待刘伶。刘伶大手一挥：“拿大碗、搬酒坛来！”杜康微笑着说：“先生先喝一盅品品味再说嘛。”刘伶先喝了一盅，觉得味道异常甜美，接着又喝了一盅，头便开始发晕。他照样又喝了第三盅。这第三盅一下肚，刘伶觉得天旋地转起来，舌头打了结，话也说不出，眼也睁不开，趴在桌上起不来了。

杜康叫两个伙计把刘伶扶回家去。刘伶回家后，蒙头大睡。一直睡了七天七夜，也不见醒来。他妻子急得要命，摸摸他的鼻息，发现没气了，大哭一场，把刘伶装进棺材里埋了。

一晃 3 年过去了。有一天，刘伶的妻子正在家里纺线，忽有人来访。此人正是杜康，他是来要酒钱的。原来刘伶三杯下肚便烂醉如泥，酒钱的事早忘得一干二净。他妻子一听，顿时发火道：“原来我丈夫是喝了你的酒被醉死的！你要钱，我还要人呢！”说着，就要跟杜康拼命。杜康赶紧劝阻道：“大嫂休怒！刘伶不会死的。不信我们看看去。”

两人来到刘伶坟前，挖开坟。刚打开棺材盖儿，红光满面的刘伶像刚睡醒似的，睁开眼，打了个哈欠。

从此以后，杜康美酒，醉伶三年的故事便流传开了。后人曾为此事作诗云：

天下好酒数杜康，
酒量最大数刘伶。
饮了杜康酒三盅，
醉了刘伶三年整。

当然，这只是民间附会的传说而已，因为杜康和刘伶两人并非同一朝代的人。

二酉藏书

典出民间传说。

我们赞扬某人读书多、学问大，往往用“学富五车、书通二酉”来形容。这“二酉”是什么意思呢？

在湖南省沅陵县西北有座二酉山，山上有个二酉洞。洞外附近四块石头上刻着“古藏书处”四个大字。洞内钟乳石鳞次栉比，姿态万千。传说在秦始皇焚书坑儒时，京城咸阳有两个儒生携带着一批书籍逃难，他们遇路乘车，逢水坐船，千辛万苦逃到此山，把书深藏在这隐秘的山洞里。刘邦建立汉朝以后，这两位书生便把所有一千多卷简册带到京城，使这些宝贵书籍重见天日。人们无不称赞“二酉藏书，功德无量”。“书通二酉”是赞扬某人对二酉洞那么多藏书都精通了的意思。

天马行空

典出《汉书·西域传》。

新疆境内的伊犁河一带，是古代的乌孙。那里出产一种名贵的马匹，称为“伊

犁马”。此马体型长得很标致，毛色也很美观。它的四条腿结实有力，行动灵活、敏捷，特别擅长跳跃。它是优良的轻型乘用马，自古以来就受到人们的喜爱，古人称它是“天马”。

汉朝时，西域的大宛国也出产一种名马，被称为“西极天马”。传说大宛国峤山上有匹神马，可以“日行千里”。因为“西极天马”跑得神速，故称之为“天马行空”。

最早将大宛国出产天马的消息告诉汉武帝的是张骞。汉武帝获悉后，立即派人带着金银珠宝和马匹，去大宛国换天马。可是大宛国王不肯把天马献出，并且扣留下财物，杀了使臣，把宝马藏匿在贰师城。汉武帝大怒，派李广利为贰师将军，领兵讨伐大宛国。大宛国的大臣们惧怕汉朝的兵威，只得杀了国王毋寡，献出宝马 3000 匹。汉武帝万分欢喜，便作了一首《天马歌》：

天马徕兮从西极，经万里兮归有德。
承灵威兮障外国，涉流沙兮四夷服。

“天马行空”原指神马奔驰于太空，像是腾空飞行一样神速。比喻才思纵横，气势豪放，不受拘束。

一日同观三绝

典出《唐朝名画录》。

盛唐时代，人才辈出，令人目不暇接。那时出现了诗仙李白、诗圣杜甫；在绘画当中则出现画圣吴道子。

吴道子从小父母双亡，家境贫寒，但他天资聪敏，喜欢作画，不到20岁就画得很出色了，远近闻名。唐玄宗知道后，便把他召入内廷作供奉。开元年间，他随驾到洛阳，这时，他又遇见了当时最善舞剑的裴旻将军和草书大家张旭长史。他们三人一见如故，顿成莫逆之交。

这时裴旻的母亲刚死去不久，他早想请一位丹青高手在洛阳天宫寺给母亲画一幅壁画，因老人家生前笃信佛教，多次给天宫寺布施。这次碰到吴道子，真是机会难得。于是他备了厚礼，请吴道子前往天宫寺作画。吴道子当然不能收他的礼，但却说："裴将军，久闻你的大名，如果你能为我舞一场剑，一饱我的眼福，比什么礼物都强。"裴旻一口答应。

这天，裴和张旭陪着画圣吴道子来到天宫寺。吴道子备好颜料和画笔，恭手而立。只见裴旻脱去战袍，里面是锦衣箭袖，早已扎束好了，他提剑在手，掐一个剑诀，舞动起来。吴道子屏气静观，从他那刚柔相济、动静结合、一张一弛的剑术中领悟着造化万物的规律。裴旻舞完，吴道子马上乘兴挥毫，回味着剑术给自己的启发，一口气就把壁画画完了。在一旁的张旭受了他们的感染，也笔走龙蛇，在壁画边上书了几行狂草。

唐朝人称吴道子的画、裴旻的剑术、张旭的草书为三绝。看一绝都是难得的幸事，何况是一天之内同看三绝。这一天逛天宫寺的人可真是眼福不浅啊！

优哉游哉

典出《左传·襄公二十一年》。

优哉游哉，聊以卒岁。

春秋时代，晋国的大夫叔向因栾盈之党叛乱而受株连。被捕入狱后，有人对他说："你之所以犯罪入狱，大概是因为你不聪明的缘故吧？"叔向自我安慰地回答说："虽被囚了，但总比死了好些。《诗经》上说得好，'优哉游哉，聊以卒岁'。这就是聪明的表现。"

叔向有个熟人乐王鲋，也是晋国的大夫。此人有些狡猾，是晋君身边的人。当他知道叔向入狱后，便去监狱看望叔向，并向叔向说："我打算救你出狱。"叔向知道他的为人，就没有答应。乐王鲋走时，他也没有表示感谢。人们觉得奇怪，就责备他说："乐王鲋是跟随晋侯的人，他可在晋侯面前为你说话呀！只要他肯救你，就一定能行啊！你为什么还不答应呢？"叔向说："我希望一个秉公正直的人来救我。"他停了一下接着说："这个人就是祁奚，他外举不避仇，内举不避子，多么公正的人哪！如果他知道我的情况，他一定会来救我。"乐王鲋受到叔向的拒绝之后，心中十分不满，总想报复叔向。后来，晋侯问乐王鲋："叔向究竟犯了什么罪？"乐王鲋说："叔向是栾盈的同谋。"就在这时，叔向受到株连的事被祁奚知道了，于是他马上坐着车子去找范宣子商量，希望他能把叔向救出来。范宣子也是晋国的大夫，而且为人公正，听说叔向是受株连，也就乐意出力。经范宣子的营救，叔向终于被救出狱了。叔向认为他们救他是为公而不是为私，所以没有去感谢他们。

后人用"优哉游哉"来形容悠闲无事。

境遇篇

白虹贯日

典出《史记·邹阳列传》。

昔者荆轲慕燕丹之义，白虹贯日，太自畏之。

战国时，燕国太子丹想刺杀秦始皇，物色了一个叫荆轲的刺客。一天，荆轲对太子丹说："感谢太子对我的热情款待，我愿为太子去刺杀秦王。但我想了很久，用什么方法去取信秦王，接近秦王呢？我想，最好带上燕国督亢地区的地图和樊将军的头颅去秦国，这样，秦王必然接见我，我就可以利用这个机会杀死秦王。"

太子丹犹豫地说："樊将军得罪了秦王，从秦国逃出来投奔我，他的一家人因此被秦王杀害了，我怎么忍心割下他的头颅呢？没有其他的方法吗？"

等太子丹走后，荆轲私下见樊将军，骗他自杀，取得了头颅，用一个盒子把它装好，然后又在赵国购得一把锋利无比的匕首，淬上毒药。于是，荆轲带着樊将军的头颅、燕国督亢的地图和赵国匕首准备出发。

临行的那天，燕太子丹见荆轲不愿动身，就对他说："荆大侠，太阳就快下山了，不知你是否愿意在今天出发？"荆轲一听，不高兴地说："我本想等一个朋友，但他迟迟不来。既然太子催促，那我就动身吧！"说完，荆轲愤然登上车子，不辞而别。这时，太子丹仰望天空，发现一道

白色长虹横跨在蓝天之下，他不禁全身猛地一震，叹息说："这次行动肯定要失败啊！白虹是不祥的预兆！"

后来荆轲刺杀秦王失败了，太子丹沮丧地说："唉，我早就知道了！"

后人用"白虹贯日"表示不祥的征兆。

败军之将

典出《吴越春秋·勾践入臣外传》。

范蠡曰："臣闻……败军之将，不敢语勇。"

又见《史记·淮阴侯列传》。

广武君辞谢曰："臣闻败军之将，不可以言勇；亡国之大夫，不可以图存。"

楚汉相争时，汉将韩信用背水之阵击败了赵军并俘虏了赵国的广武君李左车。韩信知道李左车是个人才，便向他请教攻

燕伐齐的策略。李左车开始不愿说，他对韩信说："我听说打了败仗的将军，没有资格谈论自己的勇敢；亡了国的臣子，不能希望保存自己的生命。"后见韩信诚心求教，才阐述了自己的见解并被韩信采纳。

后人用"败军之将"这个典故比喻打了败仗的将军，后常用以讽刺失败的人。

别无长物

典出《晋书·王恭传》。

恭曰："吾平生无长物。"南朝·宋·刘义庆所著《世说新语·德行》中说：王恭对曰："丈人不悉恭，恭作人无长物。"

东晋时期，有一个叫王恭的人，字孝伯，他做过大官，曾经担任过丹阳尹、中书令、太子詹事等职。王恭生活非常简朴、清廉，为官正直、敢言。

有一次，王恭随父亲光禄大夫王蕴，从盛产竹子的会稽（今浙江绍兴）到了东晋都城建康（今江苏南京），他的同族王忱去看望他。两人坐在一张六尺长的竹席上，亲密地交谈。王忱很喜欢这张竹席，他心想，王恭从盛产竹子的会稽来到这里，一定带了不少这样的席子。于是便开口向王恭要这张竹席。王恭爽快地答应了，派人把竹席送给王忱。因为王恭只有这一张竹席，所以以后他只好在草席上读书、吃饭。

王忱知道这个情况以后，非常吃惊，感到很过意不去。他找到王恭，非常抱歉地对他说："我原来以为你有好几张竹席，所以才开口和你要了一张，实在没有想到你只有这一张。"王恭回答说："您太不了解我，我王恭在生活上没有什么追求，从来就没有什么多余的东西。"王忱听后，对王恭的廉洁简朴的美德，更加敬佩。

成语"别无长物"即由以上记述演化而来。长物：指多余的东西。这个成语形容此外再也没有多余的东西了，空无所有。"别无长物"亦称"一无长物""身无长物"等。

病入膏肓

典出《左传·成公十年》。

公疾病，求医于秦。秦伯使医缓为之。未至，公梦疾为二竖子，曰："彼良医也，惧伤我，焉逃之？"其一曰："居肓之上，膏之下，若我何？"医至，曰："疾不可为也！在肓之上，膏之下，攻之不可，达之不及，药不至焉，不可为也。"公曰："良医也！"厚为之礼而归之。

春秋时代，晋景公有一次生病，十分严重，国内所有的名医，都没有办法医治，只好向临国请求名医。那时秦国有一位很高明的医生，姓秦名缓，字越人，又称扁鹊先生。于是景公派使者去请他，使者到了秦国，和秦伯商量，秦晋两国因为有婚姻上的关系，所以秦伯就教秦缓去医治景公。

秦缓还没有到达晋国之前，景公做了一个梦，梦见他的病变化成为两个童子。其中一个童子对另一个童子说："秦缓是秦国的良医，如果他到来，恐怕会伤害我们，我看我们还是逃避他好。"另一位童子回答说："怕什么呢？我和你分居在肓的上面，膏的下面，他就没有办法奈何我们。"

景公醒来以后，觉得非常奇怪。

秦缓到了晋国，替景公诊视了一番后，对景公说："你的病已经很重，没有办法医治了，因为你所患的毛病有两处：一处在肓的上面；一处在膏的下面，这两个地方是药方所达不到的，所以没有办法了。"景公听秦缓说出来的病源，恰恰和梦中两个童子所说的话一样，不禁赞叹道："唉！你真是一位好医生呀！"叫人送了很厚的礼物给秦缓，送他回去。

膏肓：中医学中人体部位的名称，膏指心下部分，肓指心脏至隔膜之间。旧说膏与肓之间是药力达不到的地方。后来用"病入膏肓"指病情非常严重，没有办法医治。或者指事态非常严重，已经无法挽救了。

大器晚成

典出《三国志·魏书·崔琰传》。

东汉末年，有个名叫崔琰的人，剑法很好。他特别喜欢交朋友。可是，有些人

却认为他不学无术，除了舞刀弄棒，学问上一窍不通。一次，他去拜访一个很有学问的人，主人让管家出来告诉他说："主人正在潜心读书，无暇闲谈。"崔琰知道人家是嫌他没知识，感到无比羞愧，暗自下了决心，一定要好好读书，成为一个能文能武的人。从此，崔琰虚心拜师求学，学问逐渐增多起来，当时独霸北方的袁绍就把他招为谋士。

袁绍被曹操所灭后，曹操久闻崔琰才干，劝崔琰归顺自己。在曹营中，崔琰出了不少主意，很受曹操器重。有一次，曹操和他商量，想立小儿子曹植为太子。崔琰说："自古以来，都是立长子为太子。您立曹植，曹丕心里不服，大臣们也不服，这就种下了祸根。纵观古今，因为废长子立次子引起的骨肉相残还少吗？请主公三思而行！"曹操十分佩服崔琰的公正。

崔琰有个堂弟叫崔林。崔林年轻时一事无成，亲友们都看不起他，可是崔琰却很器重他，他凭自己的经历常对人说："才能大的人需要长时间才能成器（大器晚成），崔林将来一定会成器的。"后来，崔林果然成才当上了大官。

"大器晚成"原义为大才需经过长期磨炼方能成就，现指成名较晚的人。

得其所哉

典出《孟子·万章》。

昔者有馈生鱼于郑子产，子产使校人畜之池。校人反命曰："始舍之，圉圉焉；少则洋洋焉，攸然而逝。"子产曰："得其所哉！得其所哉！"

春秋时，郑国的子产是一位有德有能

的政治家。他从郑简公时开始执政，经过定公、献公到声公，前后 20 多年，把郑国治理得相当不错。

有一次，有人送了一条大鱼给子产。子产舍不得杀了吃。于是，他把管池子的人叫了来，命他把大鱼放到池子里去。管池人觉得把鱼放掉太可惜，就偷偷将它煮来吃了。然后，他还编了一大套很生动的谎话去回报子产。他说："我已经遵照您的吩咐把鱼放到池子里去了。刚把它放进池里时，它昏沉沉地不大活动；过了一会儿，它摇摇尾巴，慢慢游动起来；又过了一会儿，它变得十分灵活，一溜烟地游走了。"子产听了管池人的话，十分满意，连连说道："得其所哉！得其所哉！"管池人心中好笑，出来后悄悄对别人说："人人都说子产是聪明的能人，我看不怎么样。我已经将那条鱼煮来吃了，他还高兴得直说：'得其所哉！得其所哉！'"

孟子曾把这个故事讲述给别人听，他还说那个管池子的人编造的谎话实在太形象，十分合乎情理，以至于连聪明过人的子产也上当受骗了。

后人用"得其所哉"的典故形容一个人的境遇符合自己的心愿。又用"各得其所"形容每个人都有了合适的去处。

鼎足之势

亦作"鼎足而居"，典出《史记·淮阴侯列传》。

诚能听臣之计，莫若两利而俱存之，三分天下，鼎足而居，其势莫敢先动。

楚汉相争时，具有卓越军事才能的大将韩信投归刘邦以后，很快改变了楚强汉弱的局面。韩信握有重兵，成了一个"右投则汉王胜，左投则项王胜"的举足轻重的人物。

当时，有一个叫蒯通的人，深知天下为刘邦还是项羽所得，韩信是个关键。蒯通又从历史的教训中总结到，大凡帝王，只能与之共患难，不能同享乐。因此，他劝韩信不依附也不损害刘邦和项羽的任何一方，而是和他们三分天下，形成三足鼎立的局势，以图日后夺取天下。韩信没有听从蒯通的劝告。在刘邦得胜以后，终因谋反罪被吕后诛杀。临死前，韩信想起了蒯通的劝告，十分后悔地说："我不该不听蒯通的劝告，以至死在妇人小子之手。"

"鼎足之势"比喻三方面分立的局面。

方寸已乱

典出《三国志·蜀书·诸葛亮传》。

庶辞先主而指其心曰："本欲与将军共图王霸之业者，以此方寸之地也。今已

失老母，方寸乱矣！”

“方寸”，指心脏。古代人以为一个人全身思想行动的器官由心脏主持，便将心脏误为主理身体的最重要部分，而不知道脑子才是真正的指挥者。

三国时代有一个叫徐庶的人，年轻时爱击剑，任侠仗义，好打不平。后来一心一意在学问上下功夫，很有成就，机智谋略，为当时的人所称道。刘备知道了徐庶是个有谋略的人,便请他在自己手下做事。当时曹操把徐庶的母亲扣在曹营，他只得向刘备辞别，他指着自己的心对刘备说：“我本来想和将军及诸位一起共同努力，建立王霸的事业，因为我心里一向钦佩你；现在我的老母被俘了，我的心混乱得很，对你们的事业没有帮助，我在这里向你告别了。”离别时，徐庶特别推荐诸葛亮给刘备以代替自己，刘备才三顾茅庐将诸葛亮请出来做军师，创了一番事业。

后来的人便将徐庶所说的话引申为成语“方寸已乱”，用来形容心中非常紧张，六神无主，再没有心思来办事了。

风中残烛

刘因，字梦骥，元时初年睿城（现在河北省容城县）人。他非常聪敏，并且肯下苦功读书。著作有《静修集》《四书集義精要》等。

他在幼小的时候就死了父亲，一向对母亲很孝顺，成人以后，曾在朝廷任右赞善大夫。后来他因为母亲生病，就辞去了官职，回家侍奉母亲。

不久，朝廷又叫他去做官，他却不愿意再去。有人问他为什么放弃做官的机会，他回答说：“我母亲已经90岁了，好比是‘风中残烛’，我怎么可以远去贪图一时的富贵呢？”

“风中残烛”比喻在风中烧残的蜡烛，容易熄灭。人们用来形容老年人精力衰竭，在世不久。“风中残烛”也有人叫“风前之烛”。年老病弱，朝不保夕时又可说成“风烛残年”。

负郭无田

典出《史记·苏秦列传》。

使吾有洛阳负郭田二顷，吾岂能佩六国相印乎?

战国时，东周洛阳有个人叫苏秦，字季子。他本来穷困潦倒，连自家兄弟、妻子、嫂子也瞧不起他，对他很冷淡。

后来，苏秦周游列国，到处宣传他的“合纵”之说，即让六国缔约，合力抗秦。六国的君主接受了他的政治主张，封他为相，为纵约长，主持联合抗秦的事务。

当苏秦任六国之相，北上向赵王复命时，行经故乡洛阳。一路上车马众多，声势显赫，各路诸侯都以王侯之礼派遣使者相送。连周宣王听说后也感到恐慌，赶紧派人清扫街道，并派人到郊外慰劳。

苏秦衣锦荣归,一家人见他如此威风，都对他刮目相看。以前对他冷淡倨傲的兄弟妻嫂等人，如今变得毕恭毕敬，连抬头正视他都不敢，只是小心翼翼地跪在地上服侍他。

对比从前在家里的待遇，苏秦感叹地说：“同是一个人，富贵了亲戚就敬畏他，贫贱时亲戚就鄙视他。更何况别的人呢！”想到正是因为贫困，才促使他努力奋斗，终于成功，于是，他又庆幸道："假如当初我有靠近洛阳城郭的两顷良田，便会安心过着丰衣足食的日子。那么，我又怎么能佩上六国相印呢？"

后人用"负郭无田"来表示家中没有产业。

高枕而卧

典出《战国策·魏策一》。

为大王计，莫如事秦；事强大之秦国，则楚、韩两国不敢妄动；无楚、韩之患，"则大王高枕而卧，国必无忧矣。"

战国时期，张仪为了使齐、楚、燕、赵、韩、魏六国事秦，便去游说魏王。张仪到了魏国，魏王接见了他。他对魏王说："贵国地方不过千里，士卒不过30万；既无山川之险，又无丰富的产物。况且魏国地处楚国之北，赵国之南，韩国之东，齐国之西。因此，你亲近其中任何一国，其他三国都可能联合起来向你进攻；你反对其中任何一国，则其他三国也可能联合起来反对你。可见你们的处境十分困难，十分危险。"魏王皱了皱眉头说："那么先生有什么办法改变我国的处境呢？"张仪沉思良久才说："为大王计，莫如事秦；事强大之秦国，则楚、韩两国不敢妄动；无楚、韩之患，则大王高枕而卧，国必无忧矣。"魏王听说"事秦"，心中十分不悦，但又不好形之于色，只好婉谢道："先生的意见很好，可惜寡人有些愚蠢，还不敢立刻作出决断，等我和臣子们商量之后，再向先生请教。"张仪听后，便辞魏王而去。

后人用"高枕而卧"表示把枕头垫得高高的安安心心地睡觉，现在比喻思想解除武装，放松对敌人的警惕。

苟延残喘

典出明代马中锡《东田文集·中山狼传》。

今日之事，何不使我早处囊中，以苟延残喘乎？

战国时期，赵简子在中山这个地方打猎，有一只狼被射中了。这只受了伤的狼拼命地逃命。跑着跑着，碰见了一位墨家人物东郭先生。狼苦苦哀求东郭先生救

它一命。它见东郭先生背着一个大口袋，便说："今天这种情形，你何不让我赶快钻进袋中，苟延残喘以保性命？"东郭先生经不住狼的哀求，把狼装入了袋中。等到赵简子追来询问狼的下落时，东郭先生推说不知道，骗走了赵简子。可是，狼从袋子里出来以后，竟要吃掉东郭先生。幸亏这时来了一个老农，才设计打死了这只恶狼。

后人用"苟延残喘"比喻暂时勉强维持生活。

管窥蠡测

典出《汉书·东方朔传》。

以管窥天，以蠡测海。

东方朔是西汉的文学家。他性情滑稽诙谐，善于辞赋。

东方朔虽然很有才能，但是没有得到汉武帝的重用，为此他写了一篇名为《答客难》的文章，以此抒发他怀才不遇的心情。他在文章中先假借客人的口气发表意见，提出苏秦、张仪都能当上大官，而东方朔的才能比他们还要高，又忠诚肯干，怎么到现在仅仅做一个侍从郎官呢？

东方朔在文章中回答说，苏秦、张仪生在诸侯互相征伐的春秋时代，因此他们的才能可以施展，计策能被采纳，就得到了高官厚禄。现在天下统一，政权稳固，有才能的人无处施展。假如苏秦、张仪处在这个时代，也很难得到发展，他们怎么敢希望当一个侍从郎官呢？

东方朔又说，尽管这样，有才能的人还是要注重修身，培养高尚的品性。他最后说，用竹管观察天，用蠡测量海，用竹枝撞钟，怎么能够了解整个天空、考察大海动荡的波纹、激发起大钟的鸣响呢？

成语"管窥蠡测"即由此简化而成。比喻所见有限，目光短浅。管窥：从竹管里看天。蠡：是一种用贝壳做的瓢。

寄人篱下

典出《南史·张融传》。

丈夫当删诗、书，制礼乐，何至因循寄人篱下。

南北朝时的齐国，有一个叫张融的人，字思光。此人长得体短貌丑，但精神清澈，思维敏捷。他家境虽贫，但能勤奋自学，其记忆力和理解能力都很好而且滑稽多辩。齐高帝萧道成对他很厚爱，常说："此人不可无一，不可有二。"

有一次，高帝赐给张融一件衣服，张融前去向高帝请安。短短的一段路，张融走了很长时间。帝问何故，张融说："我是从地下升到天上来，按理是不能快走的。"张融擅草书，并常常为此自我欣赏。高帝曾说："你的书法很有骨力，但无二王（指东晋书法家王羲之、王献之父子）的笔法。"张融说："二王还不具备我的笔法呢！"

武帝继位以后，有一次张融请假东游。武帝问他住在何处。张融说："我住的地方说是在陆上，但没有屋子；说是在船中，但船下又无水。"后来，武帝问张融的哥哥张绪。张绪说："他住在一条泊在岸上的小船里。"武帝听罢哈哈大笑。

永明（齐武帝的年号）中叶，张融染病时作门律，并自作序言。序言中，他阐述了自己从事文章著述的情况。文中说：

大丈夫应当删诗书，制礼乐，文章著述自成一体，不能寄人篱下地因袭别人。

"寄人篱下"即像麻雀一样，寄居在人家的篱笆底下生活。后人用"寄人篱下"比喻依附别人过生活。

将信将疑

典出《吊古战场文》。

人或有信，将信将疑。

唐玄宗李隆基时，封建统治集团对内实行残酷的剥削和压迫，对外不断发动战争，天宝十四年（公元755年）又爆发了安史之乱。战争给人们带来了灾难，不少人家妻离子散，家破人亡。当时，有一个叫李华的人，字遐叔。他21岁中进士，官至吏部员外郎。安禄山攻陷长安时，李华被俘，并被迫接受了凤阁舍人的官职。安史之乱平息以后，他被贬为杭州司户参军，后来辞职隐居。

李华目睹了战争给人民带来的灾难，写了一篇《吊古战场文》，借描写一个古战场的凄惨情景，对战争进行了谴责。文中写道：天下民众，谁无父母？谁无兄弟？谁无夫妇？他们生前没有受到帝王的什么恩惠，为什么要害他们呢？他们存亡死活，家里人都不知道。有人传来消息，家里人将信将疑。大战之后必有荒年，人民又要流离失所。怎样才能避免这种祸害呢？只有实行王道，使四夷各为天子守土。

后人用"将信将疑"指不敢轻信，有些相信又有些怀疑。

尽善尽美

典出《论语·八佾》。

子谓韶："尽美矣，又尽善也。"谓武："尽美矣，未尽善也。"

孔子35岁那年，鲁国国内发生动乱，孔子带着少数几个弟子逃到齐国。

有一天，齐国的乐人专门为孔子演奏"韶"的乐章，很得孔子的欢心。孔子听得入了迷，竟一连许多天都在回味着"韶"的音律，把肉的味道都忘记了。他一遍又一遍地说："真想不到呀，音乐感人之深竟能达到这样的地步！"

这时候有人问孔子说："先生，韶乐您欣赏过了，武乐您也听了，现在请您发表一下看法，是韶乐好呢？还是武乐好啊？"

孔子不假思索地说："当然是韶乐好呀，它的声音、旋律美极了，而且表达的意思也极好！至于武乐嘛，声音也是很不错的，但意思不够美……"

因为韶乐是虞舜时代的乐曲，孔子向往那个时代，所以极力赞美韶乐；武乐是周武王时代的乐曲，因为周武王的天子之位是由讨伐商纣而来，孔子不赞成，所以对武乐也有看法。

成语"尽善尽美"就是由此而来，意思是形式和内容、外表和实质都好到了极点，后来人们用它形容事物达到最美好的境地。

空空如也

典出《论语·子罕》。

有鄙夫问于我，空空如也。

有个人对孔子十分崇拜，一次他碰见孔子，便十分热情地打招呼，并极为恭敬地说："您知识渊博，真了不起啊！"孔子听后，有些惭愧地说："我有知识吗？没有。"那人连忙说："您何必客气呢？"孔子说："我不是客气，而是确实知识贫乏。比如，有一次我到乡下去，但见碧野千里，一派繁忙景象。有的人在采桑，有的人在种地，他们驾轻就熟，干得很有条理。当我走近一群种地的农夫时，他们停下锄头，笑嘻嘻地和我打招呼。他们以为我很有学问，便七嘴八舌地谈开了。有个农夫问我一个问题，我却一点也不知道。"孔子停了一下接着说："他那个问题，我反复思考了很久，从正反两个方面加以推究，才有所领悟，然后才尽量地告诉了他。"那个人听了孔子的这番话，很诚恳而有礼貌地说："您这种谦逊的美德很值得我们学习！"

后人用"空空如也"形容一无所有。

困兽犹斗

典出《左传·宣公十二年》。

公曰："得臣犹在，忧未歇也。困兽犹斗，况国相乎！"

春秋时，有一年楚国和晋国作战，因晋国的几位将军不服从元帅荀林父的命令，结果大败而回。荀林父自己请求判死罪，晋景公准备答应了，大夫士贞子劝阻说："这是不相宜的。从前城濮之战，楚国败了，晋兵吃了楚军3天的粮食，文公脸上还带着愁容，左右的人问他道：'应当欢喜的事反而忧愁，难道应该忧愁的事反而欢喜吗？'文公说：'得臣（楚国宰相，城濮之战役时的楚军元帅）还在，不能就此放心呀！一头野兽被困住了还要挣扎，何况一国执政的人呢？'后来楚国杀了得臣，文公方才露出欢喜的笑容，说：'再没有人害我了，现在算是晋国又胜一次，楚国又败了一次了。'因为这样，楚国两代都兴不起来。……荀林父正是国家的柱石，怎么可以杀死他呢？……"景公觉得士贞子的话很有理由，就免了荀林父丧师辱国的死罪，还将他原来的官职恢复。

后来的人便将晋文公所说的比喻引为"困兽犹斗"，用来形容即使处在最困难的情况下，也还是要尽力挣扎，起来抵抗。另外也形容那些坏人或坏的集团，在被压制得将要溃灭时，还要做无谓的顽抗。

狼狈不堪

典出《博物典汇》。

狼前二足长，后二足短，狈前二足短，后二足长，狼无狈不立，狈无狼不行。故以为颠蹶困顿之喻。

又见《陈情表》。

臣欲奉表奔驰，则刘病日笃；苟顺私情，则告诉不许。……臣之进退，实为狼狈。

李密的品德、文才都高，很有名气。晋武帝司马炎仰慕他的品行才学，几次三番去召请他做官，都被拒绝。

原来李密生下来 6 个月时，就死了父亲，4 岁时，母亲又被舅舅逼迫改嫁了。所以全靠祖母刘氏抚养长大。他家境并不好，刘氏经过千辛万苦，才把他养大，供给他读书，到李密年长时，他的祖母已很老了。李密为了服侍他，不忍出去做官。

晋武帝不断下诏书去叫他，他写了一封很恳切的信给晋武帝，信里有这样的几句："我生下来只有 6 个月，慈爱的父亲就死了，4 岁时母亲被舅舅迫着改嫁，祖母刘氏，看我可怜，亲自扶养我长大，我家里既没有兄弟，又没有叔伯，孤苦伶仃……我当时要是没有祖母刘氏，不会活到今天，祖母刘氏今天要是没有了我，靠谁去服侍她的残年呢？所以我如不出去做官的话，又违背你的旨意，我今日的处境实在狼狈不堪呀……"

狼、狈是两种兽名，狼前足长，后足短；狈后足长，前足短，所以必须同进同出，同行同止。狼狈不堪，是形容人们的处境非常艰难、窘迫。

离群索居

典出《礼记·檀弓》。

吾离群索居亦已久矣。

孔子的学生子夏因儿子死了，把眼睛都哭瞎了。曾子去安慰他。他哭哭啼啼地对曾子说："天哪！我有什么过错呀！为什么要受到这样严重的惩罚呢？"

曾子劝慰他说："你怎么能说自己没有过错呢？你退居西河，一味炫耀自己，使西河的老百姓只知道有你，而不知道有老师孔子，这是你的过错之一；你死了父亲却不声不响，大家都不知道，这是你的过错之二；现在你的儿子死了，竟伤心得把眼睛都哭瞎了，前后对比，情况完全两样，这是你的过错之三，总起来说，你不尊师，不孝父母，却偏疼爱自己的儿子，这不是 3 件大罪过吗？"

子夏听了忙向曾子跪拜说："我离开朋友单独生活已经很久了，因而听不到朋友的规劝，放松了自己的修养。"

后人用"离群索居"来说明离开群众而孤独生活。

披星戴月

典出《冤家债主》。

这大的孩儿披星戴月，早起晚眠。

春秋时，鲁国有一个人姓宓名不齐，字子贱，他是孔子的弟子。在单文做县官时，他坐在公堂上，一面弹着琴，一面吩咐他的僚属办理公事，自己从来不出衙门，却能把单文治理得很好。后来宓子贱离职，巫马子期接任单文的县官，巫马子期很勤劳，工作非常认真。经常天还没有亮披着星星出门，一直到月亮很高才回来。无论什么事情，不分日夜，都要亲自去办理，所以也把单文治理得很好。

巫马子期觉得自己治理单文，费了许多劳力和精神才能办理好，宓子贱整天只是坐在堂上弹弹琴，也能把单文治好，有点不明白其中的道理，于是跑去见宓子贱，问道：“你每天只弹弹琴就能治理单文，为什么呢？”宓子贱回答他说：“我是任用能干的人，你是亲自去费精力的；任用能干的人替我办事，我自然就安逸了，你样样事情都要亲自去做，那自然就辛苦了。”子期说：“噢！我的施政方法，实在还不够啊！”

由这个故事，后人把子期早上披着星出去，晚上载着月回来，引申为成语“披星戴月”，形容早出晚归或连夜奔波，极其辛劳。

千载难逢

典出《韩昌黎全集》。

唐宪宗很崇拜佛教，听说一所寺院里有一块佛骨——释迦牟尼的遗骨，便打算隆重地把它迎进宫里礼拜。刑部侍郎韩愈认为这样做很不妥当，便上了一篇奏章《谏迎佛骨表》加以反对。

唐宪宗十分恼怒，要将韩愈处死。后来，亏得宰相为韩愈说情，才改为贬职，到潮州去任刺史。

宪宗后来改革了前朝的一些恶政，中央政权的统治有所加强。韩愈于是写了《潮州刺史谢上表》，恭维宪宗是扭转乾坤的中兴之主，并且建议宪宗到泰山去“封禅”。封禅，是一种祭祀天地的大典。秦始皇和汉武帝都举行过这种大典，韩愈提出这个建议，是把宪宗作为有杰出贡献的帝王来看的。在这道表中，韩愈还隐约地表示，希望宪宗让他也参加封禅盛会，并说如果他不能参加这千年难逢的盛会，将会引为终身的遗憾。

后来，宪宗把韩愈调回京都，让他担任吏部侍郎。

“千载难逢”指一千年也难遇到一次。形容机遇十分难得。

茕茕孑立，形影相吊

典出《陈情表》。

外无期功强近之亲，内无应门五尺之童。茕茕孑立，形影相吊。

期功：旧时丧服名，血缘关系相当近的亲属穿，这里指近亲。强近：强为亲近。茕茕：孤独的样子。孑立：孤立。吊：安慰。全句意思是说外没有比较亲近的亲属，内没有应声开门的儿童，孤苦伶仃，只有形体和影子相伴相慰。

后人用“茕茕孑立、形影相吊”这个典故比喻一个人孤苦伶仃、无依无靠。

燃眉之急

典出《三国志通俗演义·诸葛亮舌战群儒》。

近闻玄德弃新野，走樊城，败当阳，奔夏口，无容身之地，有燃眉之急。

汉献帝时，曹操做丞相，挟天子以令诸侯，专权恣肆达到顶点。各地汉室的皇族，见曹操专权恣肆，都起来反抗，东吴孙权也独立不听号令。曹操想统一天下，依次打败了刘表、刘琦，与刘备在新野等地交战，刘备因地狭兵少，无法支持。孙权见曹操大兵压境，也有点惶恐起来，派鲁肃到刘备那里探听消息，并和刘备商议，刘、孙两方联合起来，共同抵抗曹操。但是孙权的文臣们，见曹操兵力强大，不敢抵抗，都主张投降。因此，鲁肃邀请诸葛亮同赴东吴，游说孙权出兵。诸葛亮到东吴以后，孙权帐下的谋士纷纷起来和他辩驳。张昭是谋士中的领袖，他带着责问的口气对诸葛亮说："我们很久以前就知道，先生居住在隆中的时候，常常把自己比成战国时的管仲、乐毅。管仲相桓公，使桓公成为诸侯的盟主，乐毅替燕出兵伐齐，攻下70余座城，现在刘备得到你之后，不但不能帮助他强大起来，反而失去了新野，丢弃了樊城，富阳长城吃了败仗，又逃到夏口去，像燃眉一样的焦急，你哪里比得上管仲、乐毅的万分之一呢？"

后人用"燃眉之急"比喻事情万分危急。

忍辱负重

典出《三国志·吴志·陆逊传》。

国家所以屈诸君使相承望者，以仆有尺寸可称，能忍辱负重故也。

陆逊是三国时期吴国的著名将领，曾任荆州牧、丞相等官职。

公元221年，蜀主刘备为了从孙权手里夺回战略要地荆州，为结拜兄弟关羽报

仇，亲自率领部队攻打东吴。战争开始，蜀军接连取得胜利，深入吴境达五六百里，一直打到夷陵（今湖北省宜昌市东），连营数百里，声势十分浩大。吴主孙权任命年轻有为的陆逊为大都督，带领5万人马，前往迎战。陆逊在吴将中资历较浅，归他指挥的诸将如朱然、潘璋、宋谦、韩当、徐盛、鲜于丹、孙恒等，有的是跟随孙氏征战多年的老将，有的是皇亲贵戚。他们都很傲慢，对年轻的书生陆逊当上都督很不服气，甚至不肯服从陆逊的命令，陆逊十分着急。

有一次，陆逊召集众将，他手中紧握宝剑，高声说道："刘备天下知名，连曹操都有些怕他。现在他率大军进攻吴地，是我们的强敌，决不可以轻视他。希望众位将军以大局为重，同心协力，共同消灭来犯之敌。我虽然是个书生，但主上任命我为大都督，你们只好服从。主上之所以委屈诸位将军，使你们屈尊于我，就是因为我还有一点微薄的能力，能够忍受屈辱，挑起重担。今后，希望你们各负其责，不容推辞，军令如山，违者必按军法从事。"经陆逊这么一说，诸将心中虽有不服，但行动上再也不敢违抗。

陆逊指挥军队坚守七八个月之久，一

直不与刘备决战。后来，蜀军疲惫，骄傲轻敌，陆逊乘机利用顺风进行火攻，大破蜀军，歼敌万余人，取得夷陵之战的重大胜利。刘备败退白帝城，不久病死。从此，东吴诸将十分佩服陆逊的才能。

成语“忍辱负重”即由此而来，意思是能忍受屈辱，担负重任。

日暮途穷

典出《史记·伍子胥列传》。

始，伍员与申包胥为交，员之亡也，谓包胥曰：“我必覆楚。”包胥曰：“我必存之。”及吴兵入郢，伍子胥求昭王，既不得，乃掘楚平王墓，出其尸，鞭之三百，然后已。申包胥亡于山中，使人谓子胥曰：“子之报仇，其以甚乎！吾闻之‘人众者胜天，天定亦能破人’，今子故平王之臣，亲北面而事之；今至于死人，此岂其无天道之极乎？”伍子胥曰：“为我谢申包胥曰：‘吾日暮途远，吾故倒行而逆施之。’”

战国时代，楚平王的太子建有两个先生：一个叫伍奢，一个叫费无忌。费无忌替太子到秦国去接秦女来结婚，待接来之后，因为秦女长得很美丽，费无忌怂恿平王收做了妃子。费无忌虽因这件事取得了平王的宠信，但怕将来平王死了，太子建继任国君对他不利，就常在平王面前说太子不是，平王听信谣言，把太子调到边境城父去。后来又把伍奢监禁起来，并派奋扬去杀太子。幸亏奋扬秘密通知太子，使他逃到宋国去了。

可是费无忌心还不甘，还要杀害伍奢的两个儿子（伍尚和伍员），派人骗伍奢的两个儿子说，只要他们到都城去，便可饶伍奢不死，否则便要杀害伍奢。伍尚明知有杀身之祸，还是去了；伍员（伍子胥）却毅然出走，忍受不少屈辱，克服不少困难，逃到了吴国。过了十多年，帮吴王阖闾打到楚国都城郢。这时平王已死，伍子胥要报父兄之仇，掘坟开棺，拖出平王尸体，亲自用鞭子狠狠地打了300下。伍子胥的朋友申包胥知道了这事，叫人送信去责备他报仇报得过分了。伍子胥对那送信人说：“你替我告诉申包胥，就说我仿佛是一个行路的人，天已经晚了，而路途还很遥远，不得不颠颠倒倒地走路，违背通常的情理做事。”

后人便引用“日暮途远”或“日暮途穷”这句话，譬喻人处在穷迫的境地之中，没有一点解救的办法。

如鸟兽散

典出《汉书·李广传》。

陵叹曰：“复得数十矢，足以脱矣，今无兵复战，天明坐受缚矣，各鸟兽散，犹有得脱归报天子者。”

李陵是汉代著名的“飞将军”李广的孙子，善于骑射，礼贤下士，深得将士喜爱。汉武帝刘彻也很赏识他，经常夸他有李广的风度。

有一年，汉武帝派他去讨伐匈奴，他自愿带领5000步卒深入浚稽，直捣匈奴老巢。

李陵的部队到达浚稽山，与匈奴单于的部队相遇。单于用3万骑兵围住李陵，李陵命汉军在营外列阵，前排执戟、盾，后排持弓弩。单于看汉军兵少，便直奔汉

营。李陵命将士击鼓开战，千弓俱发，喊声四起，匈奴兵应弦而倒，死伤无数。单于见势不妙，命令部将率 8 万骑兵一齐向汉军攻击。李陵寡不敌众，且战且退，退到一个狭谷里。汉军受伤的人很多，受轻伤的士兵仍然坚持作战。

这时候，汉军中一个叫管敢的人因为受了长官的大骂，一气之下投降了单于，并且报告了汉军的机密：

“李陵没有后援，箭快用完了，就剩下李陵和成安侯部下还有些箭，他们一共才 800 多人，走在前边，打着白色旗和黄色旗，你们可以派骑兵打败他！”

单于果然派了精兵，将李陵堵在山谷中，大叫：“李陵快来受降！”

因为李陵的部队处在谷底，单于在山上，形势很不利。单于用石头、木棒袭击汉军，汉军死伤惨重，已经无法前进。

天黑以后，李陵数一数人数，活着的人不多了，便悲痛地与他们说：“我们注定失败了，这样下去谁也活不成了，你们别跟我走了，有勇气的去和单于拼吧……”

汉军的将官劝他说：“将军，别悲伤，你的大名威震匈奴，天命不会让你死的，你以后还可以设法回汉。从前不是也有过汉将被俘以后重新回到家乡的吗？皇帝也是以礼相待的。”

“不，我不死在战场就不是壮士！”

李陵下令放倒军旗，把珍宝埋入地下，然后对将士们说：“现在还剩下几十支箭，完全可以逃脱的，不要等待天亮以后被他们俘虏去。你们像鸟兽那样各自散去逃命吧，能有几人回去报告皇帝也是好的。”

李陵给每个军士带上两升粮食、一块冰。半夜之后，他让兵士们各自走开，他自己上马驰出山谷，单于用几千骑兵追赶他，成安侯韩延年中箭落马，李陵被俘。

成语“如鸟兽散”便是由此而来，意

思是像鸟兽那样四处飞奔逃散，现在用它形容溃败逃散。

上无片瓦，下无插针之地

典出《景德传灯录》。

此人，上无片瓦，下无卓锥。

时间已经是深夜了，寺内的讲经堂内还灯火通明。几个老和尚坐在讲经堂内讲经说法。夹山和尚问："什么样的人才算有了道呢？"

船山和尚顺口笑道："有道的人，他心中一无所有；他头上连瓦也没有一片，脚下连插锥子那样小的地方也没有。"另一个和尚点点头说："我们出家人就是这样，要想学道，就必须什么都不想，只能一心想着成佛。"

后人把"上无片瓦，下无卓锥"说成"上无片瓦，下无立锥之地"或"上无片瓦，下无插针之地"，用来形容人穷得头上无一片瓦（无住房），脚下连插针的地方（耕地）也没有。

身轻言微

典出《后汉书·孟尝列传》。

臣前后七表言次故合浦太守孟尝，而身轻言微，终不蒙察。

东汉时候，浙江会稽上虞县有一个寡妇，对年老的婆母非常孝顺。丈夫死后，她一个人砍柴烧饭，侍奉婆婆，村里人都夸她是一个好媳妇。后来，她的婆母因为年老去世。

这位寡妇有一个小姑，这个人心肠歹毒，为人刁钻，对自己母亲不但不敬、不孝，反而说她受嫂嫂虐待。老人死后，她竟然到县衙告状，说嫂嫂毒死了老婆婆。县令是一个昏庸之辈，不加调查就判了寡妇死罪。当时在县衙内担任户曹小官的孟尝知道这是一起冤案，急忙报告太守，可太守根本不当回事儿，孟尝又气又恨，哭着离开官衙，辞职不干了。寡妇终于冤枉而死。

两年之后，换了一个新太守，孟尝向他告发寡妇蒙冤受难。新太守惩办了诬诌贤妇的小姑，郡中百姓无不拍手称快。不久孟尝到合浦当太守，他制定了采珠的一些法令，保护珍珠母贝，珍珠产量逐年提高，使贫穷的合浦又繁荣起来。当地的采珠人和百姓交口称颂他的功绩。

孟尝有一个同乡，名叫杨乔，当时在朝廷做尚书。他很了解孟尝，因此曾七次向皇帝推荐孟尝，但汉桓帝都没有理睬。杨乔又第八次给桓帝上书，说：

"臣下前后 7 次向陛下举荐合浦太守孟尝，但因为我职位低下，言语也就微不足道，始终得不到采纳。孟尝确实是一个品行高尚的人，为百姓做了许多善事。他是难得的清廉之士呀，如果选到陛下左右，一定能帮助陛下成就大业！"

可是汉桓帝仍然不采纳杨乔的建议。孟尝不愿做官，他以生病为由，请求免职还乡。听说孟尝要弃官归家，老百姓成百成千地拦路阻挡，不让他辞官。郡吏们也拉住车辕，极力挽留他。可是孟尝决心不再当官，他在夜里偷偷坐上渔民的小船，一个人悄然离去了。

成语"身轻言微"即由此而来，意思是地位低下的人说的话也不被人所重视。

身在曹营心在汉

典出《三国演义》。

关羽和刘备在战场上失散后，关羽在曹操营中暂时存身，却日夜思念着刘备。曹操待关羽甚厚，三日一小宴，五日一大宴，又送美女十人使侍关公，关公尽数送入内门，令服侍嫂嫂。一日，曹操见关公所穿绿战袍已旧，乃取异锦作战袍一领相赠。关公接受了，穿于衣底，上仍用旧袍罩之。曹操笑着说："为何如此俭朴？"关公说："旧袍乃刘兄所赐，不敢以丞相之新赐忘兄长之旧恩啊。"曹操听了，心中不悦。忽一日，曹操见关羽的马很瘦，问："你的马因何而瘦？"关公曰："贱躯颇重，马不能载。"曹操令左右备一马来。那马身如火炭，状甚雄伟，这正是赤兔马，并鞍辔送与关公。关公再拜称谢。曹操不悦说："我以前送美女金帛，你未尝下拜。今天我赠马，就喜而再拜，为什么贱人而贵畜呢？"关公说："我知道此马日行千里，今幸得之，一旦知道兄长下落，可一日而见面矣。"曹操听后愕然。

曹操对部将张辽曰："我待关公不薄，而他常怀去心，为什么？"张辽于是去见关公。关公说："我深感丞相厚意，只是我身在曹营，心念兄长，未尝去怀！"张辽说："兄言差也，刘备待兄未必过于丞相，兄何故只怀去志？"关公说："我虽然知道曹公待我甚厚，然我与刘备誓共生死，不可背之。"张辽说："如果刘备死了，你该怎么办呢？"关公说："愿从于地下。"张辽回去告知曹操，曹操感叹道："事主不忘其本，乃天下之义士也。"

这就是关羽"身在曹营心在汉"的故事。

后人用"身在曹营心在汉"比喻人身在这一营垒，心却在另一个营垒。

死灰复燃

典出《史记·韩长孺列传》。

其后安国坐法抵罪，蒙狱吏田甲辱安国。安国曰："死灰独不复燃乎？"田甲曰："然即溺之。"居无何，梁内史缺，汉使使者拜安国为梁内史，起徒中为二千石。田甲亡走。安国曰："甲不就官，我灭而宗。"甲因肉袒谢。安国笑曰："可溺矣！公等足与治乎？"卒善遇之。

西汉时有个韩安国，他在梁孝王前做中大夫。当汉景帝因霜事不满孝王时，他跑去见景帝的姐姐，诉说孝王对景帝和窦太后的忠心和怀念，使孝王重获景帝和窦太后的宠信。有一个名叫田甲的狱吏侮辱他，他十分气愤地说："死灰独不复燃乎？"意思是说，失败了就不能振作起来吗？可是田甲却斩钉截铁地回答他："如

果你复燃，我就撒一泡尿浇灭它！”不久，梁地内史官的位置空出来了，朝廷便让韩安国充任，而且薪俸很高。田甲知道了这件事，非常害怕，偷偷地跑了。韩安国严厉地对人表示，如果田甲还不赶快回来，一定杀掉他的全家。田甲得到了这个信息，就光着身子跑去向韩安国当面请罪。韩安国笑说：“你可以撒尿了。”韩安国不但没有惩罚田甲，而且后来还对待田甲很好。

后人就根据韩安国所说的“死灰不复燃乎”这句话，引申出“死灰复燃”一句成语，用来比喻人失败了又重新振奋起来，或用作说明已经销声匿迹的事情又重新出现和发展。

四面楚歌

典出《史记·项羽本纪》。

项王军壁垓下，兵少食尽，汉军及诸侯兵围之数重，夜闻四面皆楚歌，项王乃大惊曰：“汉皆已得楚乎？是何楚人之多也！”

项羽和刘邦原来约定以鸿沟（今河南荥阳县）东西两边为界限，互不侵犯。后来刘邦听从张良和陈平的规劝，觉得应该趁项羽衰弱的时候消灭他，就又和韩信、彭越、刘贾会合兵力追击正在向东开往彭城（即今江苏徐州）的项羽部队。公元前202年12月，汉王刘邦率领汉军，将项羽的楚军重重包围在垓下（今安徽灵璧东南）。楚军长期被困，粮食吃尽，几次突围，都未奏效。一天夜里，包围在四周的汉军阵地上，传来了阵阵歌声。项羽侧耳一听，大吃一惊！原来汉军唱的尽是楚地民歌。项羽号称西楚霸王，不仅楚地是他

的大后方，而且楚军中最精锐的8000名江东子弟兵，也都是楚地人。楚霸王听到这四面楚歌，暗想：“汉军难道完全占领了楚地？他们哪来的这么多的楚人？！”其实，这四面楚歌是刘邦的谋士张良为了涣散楚军的军心，故意叫士兵们学唱的。楚军士兵听到四面楚歌，也都以为家乡被汉军占领了。有的为乡音感动，引起共鸣，也哼唱起楚歌；有的思念父老乡亲、妻子儿女，竟然泣不成声。楚军经不起这四面楚歌的攻心战，逃的逃，降的降，最后突围时，跟随在楚霸王后面的只有800来人，到了乌江，仅剩20余名骑兵，而追赶的汉军却有好几千人。楚霸王终于在乌江边自杀了。

后来人们用“四面楚歌”形容穷途受困，四面受敌，处境孤危。

天低吴楚，眼空无物

典出元代萨都刺《念奴娇·登石头城》。

石头城上，望天低吴楚，眼空无物。指点六朝形胜地，惟有青山如壁。

有一次，元代诗人萨都刺登上石头城瞭望四方，触景生情，回顾往事，感慨万端，因填《念奴娇·登石头城》一首。这

首词的开头几句是：

石头城上，望天低吴楚，眼空无物。指点六朝形胜地，惟有青山如壁。

这几句词的意思是：登上石头城的高处，遥望吴楚一带，天向下垂，空荡荡的一片，什么也没有。长江中下游，历来是豪杰争斗的地方,而今豪杰不知何处去了。指点汉魏六朝以来的形胜地方，而今就剩下如壁的青山了。

后人用“天低吴楚，眼空无物”来形容众叛亲离、土崩瓦解的局面。

万死一生

典出《贞观政要》。

隋朝末年，义军四起，李渊奉旨到山西、河东，镇压起义军。李世民那时才18岁，便参加了对义军的作战。义军对隋朝的官军开始了强大的反攻。黄河下游及江淮间广大的地区，几乎全被起义军控制住了。

留守在太原的李渊，虽是隋朝的官，但并非亲信，隋炀帝杨广还派了人到太原监视他的行动。李世民劝父亲：“现今盗贼一天天地多起来，遍天下俱是，您奉诏讨贼能讨得尽吗？您讨不尽还是有罪的。”李世民怂恿父亲起兵自立。李渊终于被说动，在太原起兵，立国号为唐，从镇压起义军转而利用了起义军。

隋炀帝这时已在扬州被他的亲信宇文化及等谋杀，隋朝跟着灭亡了。从此唐军展开了统一中国的战争。

在李世民手下都是些出身低微的人，像尉迟敬德、秦叔宝、张亮，有的是教授生徒的儒生，有的是驰名的文士，再加上房玄龄、杜如晦、李靖等，李世民和这些人出生入死，身经无数战役，才把天下打定。所以李世民曾说：“这些人跟随我打仗，非常艰苦，逃出万死，而遇一生。”

后人就把此话演化成“万死一生”的成语。

望尘莫及

典出《南史·孝义传》。

吴庆之，字文悦，濮阳人也，寓居江兴。宋江夏王义恭为扬州，召为西曹书佐。及义恭诛，庆之自伤，为吏无状，不复肯仕，终身蔬食。后王琨为吴兴太守，欲召为功曹，答曰：“走素无人世情，直以明府见接有礼所以奔走岁时，若欲见吏，则是蓄鱼于树，栖鸟于泉耳。”不辞而退。琨追谢之，望尘莫及矣。

吴庆之，字文悦，南朝宋时濮阳（今安徽省灵璧县）人。王义恭在扬州做太守的时候,曾请他担任类似现在秘书的职务。后来王义恭因事被皇帝杀了，吴庆之觉得自己没有辅佐的能力，从此就不再出来做官。不久，王琨就任吴兴（今浙江省吴兴县）太守，打算请吴庆之做功曹。他便对王琨说：“我一向不懂得什么事情，只因为从前的太守很看得起我，所以才奔走了一些时候。假如你还要我做官，那简直是把鱼放在树边，把鸟放在水里。”吴庆之说完这话，也不告辞，拔腿就走。王琨连忙跟在他后面追赶，但只见前面扬起的灰尘，已经赶不上他了。

后人用“望尘莫及”比喻在某方面远远赶不上别人，远远地落后。

危如累卵

典出《史记正义》。

晋灵公造九层之台，费用千金，谓左右曰："敢有谏者斩。"荀息闻之，上书求见。灵公张弩持矢见之。曰："臣不敢谏也。臣能累十二博棋，加九鸡子其上。"公曰："子为寡人作之。"荀息正颜色，定志意，以棋子置下，加九鸡子其上。左右俱慑息，灵公气息不续。公曰："危哉，危哉！"荀息曰："此殆不危也，复有危于此也。"公曰："愿见之。"荀息曰："九层之台，三年不成，男不耕，女不织，国用空虚，邻国谋议将兴，社稷亡灭，君欲何望？"灵公曰："寡人之过也乃至于此！"即坏九层之台也。

春秋时代，晋灵公为了个人的享受，强拉了大批的老百姓，耗用了大量的钱财，建造九层的高台。他怕臣子们劝说阻止，就预先下了不许规劝的命令。荀息知道了这件事，跑去见他。灵公知道了，便拿出弓，举起箭，等着他来，准备只要他一开口规劝，就把他射死。荀息明知情势很紧张，但装作轻松愉快的样子声明说："我不敢规劝什么，我只是来表演一个小技艺：我能够把 9 个棋子堆起来，上面加 12 个鸡蛋。"灵公觉得很有趣，立时撤了弓箭。荀息定了定心神，严肃认真地先把九颗棋子堆起来，然后又把鸡蛋一个个加上去。旁边在看的人担心会掉下来，都害怕得屏住了呼吸；灵公也惊慌得紧促地叫："危险！危险！"荀息却慢条斯理地说："这有什么了不起的，还有比这更危险的哩！"灵公说："我也愿意看一看。"这时，荀息不再做什么别的表演，而是立定身子沉痛地说："为了建造九层的高台，3 年没有成功。国内已经没有男人耕地，没有女人织布了。同时，国库也已空虚，临近的国家将要侵略我们。国家总有一天要灭亡的，你还打算怎么样呢？"晋灵公这才醒悟，立即下令停止造台工程。

在古代，由于皇帝的专制，臣子们都不敢直言规劝，所以常常有用譬喻的方法，来使皇帝醒悟。这些譬喻不但恰到好处，而且内容丰富，表现了我们祖先的出色智谋。后来的人，就根据荀息累积鸡蛋的惊险技艺这件事，引申成"危如累卵"这个成语，用来开窍极为危险的局面或形势。

味如鸡肋

典出《三国志·魏书·武帝纪》。

夫鸡肋，弃之可惜，食之无所得，以比汉中，知王欲还也。

曹操带兵攻打汉中，驻在斜谷界口，不能取胜，进退维谷。进，又无法取胜；退，又怕丢了面子。正在为难的时候，恰好厨师送上一碗鸡汤来，汤里有几根鸡肋。曹操看见鸡肋，引起了一阵感触。这时，部将夏侯瑊来问夜里的口令，曹操随口说道："鸡肋！鸡肋！"口令传出之后，杨修就去整理行装，准备回去。别人觉得奇怪，便问他为啥这样干。他回答说："鸡肋这东西食之无肉，弃之可惜。出这口令是用鸡肋比喻汉中，看来是想退兵了，所以我先把行李收拾好，免得临时忙乱。"后来曹操果然下令班师回朝。

后人用"味如鸡肋"比喻对事情的兴趣淡薄，或所得实惠不多。

无计可施

典出《三国演义》。

王允曰："贼臣董卓，将欲篡位，朝中文武，无计可施。"

东汉末年，何进将自己的妹妹献于灵帝当了皇后，自己任大将军。灵帝死后，何进立少帝刘辩，他自己则专断朝政。外戚专权引起了宦官的不满。为了巩固自己的权势，何进与袁绍等共谋诛杀宦官，并召凉州豪强、大军阀董卓进京协助。

昭宁元年（公元 189 年），董卓率兵进入洛阳。这时，何进因所谋之事泄露，已被宦官杀了。董卓进京后，废了汉少帝，立刘协为帝，就是汉献帝。董卓自己则专断了朝政。因曹操和袁绍等起兵反对，董卓挟献帝西迁长安，自任太师。他残暴专横，纵火焚洛阳周围数百里，使生产受到严重破坏。

董卓的专权与横暴引起了朝中文武大臣的不满，但大家又惧怕他的权势，敢怒不敢言。司徒王允见此情景，便想出一条连环计来除掉董卓。他对府中的歌女貂蝉说："董卓这个老贼，妄图篡权夺位，朝中文武大臣对此无计可施，我想先把你配给吕布，然后再献给董卓，让他们互相争斗，借吕布之手杀掉董卓。"貂蝉答应了王允的要求，并依计行事。董卓果然被王允、吕布所杀。

"无计可施"指想不出什么办法来。

无可奈何

典出《史记·范雎列传》。

范雎既相，王稽谓范雎曰："事有不可知者三，有不可奈何者亦三。宫车一日晏驾则事之不可知者一也。君卒然捐馆舍，是事之不可知者二也。使臣卒然填沟壑，是事之不可知者三也。宫车一日晏驾，君虽恨于臣，无可奈何。君卒然捐馆舍，君虽恨于臣，亦无可奈何。使臣卒然填沟壑，君虽恨于臣，亦无可奈何。"

范雎当上了秦国的宰相，当年曾经救助过他的王稽官职原封未动，因此王稽有些不大满意。有一天，王稽去找范雎说：

"我以为人世间的事情，不可知道的有三件：一是皇帝不知哪天忽然驾崩归山；二是您不知什么时候离开人世；三是我自己不知哪天死在山沟里。人世间还有三件无可奈何的事情：皇帝死了，他虽然恨臣子也无可奈何了；您离开人世，君恨于臣也无可奈何；我死在山沟里，君恨于臣也是无可奈何了……"

范雎听了王稽的话，心里很不是滋味，便到秦昭王那里去说：

"陛下，王稽是有大功劳的臣子呀，若不是他的庇护，我来不到秦国；若不是您的圣贤，我也不会当上宰相。今天我做了宰相，而王稽却不见提升官职，我心里过意不去呀……"

"好吧，那就提王稽为河东郡守吧！"

秦昭王满足了他的要求。

范雎本是魏国人，先在魏中大夫须贾家里做门客，后来须贾怀疑他暗中勾结齐国，将他打得半死，扔进厕所里，他逃命后改名为张禄隐藏起来。正巧秦昭王派王稽到魏国访寻贤人名士，有人将范雎推荐给他。王稽夜里与范雎谈得很投机，便约他到秦国去，范雎高兴地答应了。

王稽和范雎乘车进入秦国，走到湖县的时候，碰上秦相国穰侯的车马。

范雎担心地说："我听说穰侯是很专权的，反对接纳别国的宾客，如果知道我来了，他肯定不会放过我的，我还是藏在车里吧！"

穰侯果然把车马停下来，问王稽：

"你这次去魏国有何收获？有没有带来宾客呀？他们是只会乱人耳目，毫无益处呀！"

王稽恭敬地回答："哦，我什么人也没有带回来，您说得对……"

穰侯走远了。范雎跳下车子，对王稽说："我看穰侯这个人很狡猾，一会儿一定回来检查车子，我还是躲开走吧！"

果然不出范雎所料，穰侯没走多远，突然折回来搜索王稽的车子。他没有查出人来，才放心离去。

范雎在王稽的保护下，安全地进了咸阳城，接着拜见了秦昭王，取得了秦昭王的信任，后来做了秦国的宰相。

王稽将范雎请来秦国，是有功劳的，所以他才向范雎说了那番话。

成语"无可奈何"就是由此而来，后人用它表示虽心中不乐意，但亦没有办法。

一败涂地

典出《史记·高祖本纪》。

刘季曰："天下方扰，诸侯并起，今置将不善，一败涂地。吾非敢自爱，恐能薄，不能完父兄子弟。此大事，愿更相推择可者。"

秦朝时，沛县县令叫泗水亭长刘邦押送一批老百姓到骊山做苦工。不料走到半路上，接二连三地逃走了很多，刘邦索性把没有逃跑的都释放了，自己和一些不想走的人躲在芒、阳二县交界的山泽中。

秦二世元年，陈涉在大泽乡起兵反秦，自称楚王。沛县令想归附，部属萧何和曹参建议说："你是秦朝县令，现在背叛秦朝，恐有些人不服，最好把刘邦召回来，挟制那些不服的人，那就好办了。"沛县令立即叫樊哙去请刘邦。可是当刘邦回来时，沛县令见他领有近百人，怕他不服从自己的指挥，又懊悔起来。于是下令紧关城门，不让刘邦进城。刘邦在城外写了一封信，绑在箭上射给城里的父老，叫沛县父老们齐心杀了县令，共同抗秦，以保全身家。父老们果真杀掉县令，打开城门，迎接刘邦进沛县，并请他做县令。刘邦谦虚地说："天下形势很紧张，假若县令的人选安排不当，就会'一败涂地'。请你

们另外选择别人吧！”但最后，刘邦还是当了县令。

“一败涂地”本来是一旦破败，就要肝脑涂在地上的意思，但后人则一直借用它说明失败之后不可收拾的情势。

一筹莫展

典出《宋史·蔡幼学传》。

宁宗即位，诏求直言，幼学奏：九重深拱而群臣尽废，多士盈庭而一筹不吐。

南宋时，温州瑞安有个蔡幼学，他是当时著名学者陈傅良的学生。由于他勤奋努力，进步很快，一般人都说他的文章比他老师写得好。

宋光宗时，他曾任校书郎。光宗死后，宁宗继位。宁宗为了广开言路，便征求群臣的意见，并要求他们直言不讳。蔡幼学上书宁宗说：“要想当好皇帝，必须做好三件重要的事：一事亲，二任贤，三宽民。要办好这三件重要的事，最重要的就在于讲学。近年来，一些坏人制造和平言辞来排斥好人，因此，大臣们想有所作为又怕别人说他故意多事；忠心之人想尽力做一些有益的事，又怕违背了圣旨而遭到不幸。这样就使您一人孤立在上，而把君臣抛在一边，其结果是有志之士充满了朝廷，而朝廷却一点办法也拿不出来。”

后人把“一筹不吐”说成“一筹莫展”，用来表示一根算筹也摆布不开，比喻一点办法也没有。

一发千钧

典出《与孟尚书书》。

百孔千疮，随乱随失，其危如一发引千钧，绵绵延延，寝以微灭。

韩愈，字退之，唐朝邓州南阳人，是当时的大文豪，主张文以载道，以复古为革命，用散文代替骈文，有文起八代之衰的功劳。他很反对佛教。唐宪宗要派使者去迎接佛骨入朝，他上表谏阻，得罪了皇帝，被贬到潮州去当刺史。他在潮州结识了一个老和尚，由于很谈得来，所以两人往来比较密切，而外间的人都传说韩愈也相信佛教了。

他的朋友孟郊当时做尚书，是最不信奉佛教的，因此得罪宪宗皇帝被贬谪到吉州。到了吉州后，孟郊也听到人们传说韩愈已经信起佛来，于是特地写信去问韩愈。

韩愈接到孟郊的信后，知道因他与和尚往来，才引起别人误会，马上回信向孟郊解释，并对当时在朝的一班大臣们信奉佛教、不守儒道、一味拿迷信来迷惑皇帝大加抨击。他对皇帝疏远贤人，使儒道堕落，颇为愤慨。信中有这样的话：“百孔千疮，随乱随失，其危如一发引千钧……”

这是比喻一件事情到了极危险的地步，好像一根头发系着一千斤重的东西。现在一般人凡是遇到最危险的事情，往往就拿这句话来形容。

羽毛未丰

典出《战国策·秦策一》。

秦王曰："寡人闻之，羽毛不丰满者，不可以高飞，文章不成者，不可以诛罚，道德不厚者，不可以使民，政教不顺者，不可以烦大臣。"

战国的游士苏秦，是个有才干发奋努力的人，他用连横的策略去游说秦惠王，对惠王说："大王的国家，西边有蜀和汉中的富饶；北有胡地的皮革和代地的良马；南边有巫山和函谷的要塞；而且土地肥沃，人民富有，兵多将广，地广物博，积蓄丰富，地势又利于攻守，可以说得上是天然的宝库，天下的雄国了。加以大王这样贤能，士民这样众多，如果能够善于运用，把兵士训练起来，一定可以兼并诸侯，吞灭天下，自己称帝的，我诚心地把这些好处向您说明，请大王留意。"

秦惠王说："我听别人说过：'羽毛未丰，不可以高飞；法令未成，不可以诛罚；道德没有博大的，不能叫百姓去战争；政教不顺民情的，不可以烦劳大将。'现在你很有诚意不远千里而来，辛苦地来指教我，我很感激你，但你所说的，让我慢慢再考虑吧！"

后人用它来比喻年轻的人没有经验，缺乏本领自立。也指职位低微的人，拥护他的人还不多，势力薄弱，地位不高，一切还要依赖人家，不能够独自奋飞。

债台高筑

典出《汉书·诸侯王表序》。

分为二周，有逃债直台。颜师古注：“周赧王负债，无以归之，主迫债急，乃逃于此台，后人因以名之。”

战国时期，楚考烈王听说信陵君大破秦军，就想起平原君和毛遂请他当合纵抗秦的纵约长事来。他怕秦国，不敢答应，后来架不住毛遂一逼，他才叫春申君带着兵马去抵抗秦国。过了几天，春申君带着军队回来了，一点儿功劳也没立下。考烈王叹息着说：“赵公子所说的合纵计策实在不错，可惜咱们没有像魏公子那样的大将。”春申君一听，心里头有点不服气。他想：“我一向学着孟尝君、平原君、信陵君，收养了不少门客，怎么会跟不上他们呢？”他就厚着脸皮，对考烈王说：“上回不是赵公子他们公推大王为纵约长吗？如今秦国打了败仗，威风下去了。大王这时候就该掌起纵约长的大权来，赶紧打发使者去约会各国，再能够得到周天子的同意，借着他的号令去征伐秦国。大王能够这么办，就比齐桓公、楚庄王的功业大得多了。”考烈王经春申君这么一鼓动，又引起当霸主的瘾来了。当时就派使臣们到成周去请求周赧王下令征伐秦国。

周赧王向来软弱无能。虽然挑着天子的旗号，却还不如列国里最小的诸侯呢。真正被他管辖的土地不过几十个县。哪知道光是这么个小小的天下，还分成两半。河南巩县一带叫东周；河南王城一带叫西周（平王东迁的时候把镐京叫西周，洛阳叫东周；到了周赧王的时候，原来的东周又分成了东、西两周）。东周由东周公治理，西周由西周公治理。不光各自独立，

时常还要你欺我、我压你地彼此攻打。天子只不过是个高高在上的大傀儡。

周赧王接见了楚国的使臣，高兴得差点儿掉下眼泪来。他正在气恨秦王欺负他，三番两次地要想打通三川来抄他的老窝。难得有这么个替他打抱不平，他哪能不答应呢？他立刻以天子的名义叫楚国去约会列国诸侯。

周赧王把楚国的使臣们打发走以后，叫西周公准备出兵，跟着各国一块儿去征伐秦国。西周公把西周的兵马集合起来，东拼西凑地好不容易把军队都拢在一块儿，数了数，老老少少，一共还不到6000人。这哪像话呢？白起一个晚上杀死的赵国投降的士兵就有45万。这6000多人能做什么事？但不管怎样，出去替人家壮壮声势也是好的。周赧王和西周公就决定把这6000人送出去加入合纵抗秦的阵营。

6000人一集合起来，就发生了几件难事：第一件，那些破旧的兵车得修理修理；第二件，拉车的马不够了；第三件，人和马吃的粮草一点儿没有着落。库房里拿不出这笔打仗的开销来，周天子就向那些富裕的商人、地主去借钱，给他们立字据，说明这回借的钱是作为军饷用的，等到打仗回来，拿战利品作为担保，连本带利一起归还。军饷、军费很快就有着落了。

公元前256年，西周公带了6000人马到了伊阙，驻扎下来等候各国诸侯的大队人马。可是韩、赵、魏三国刚跟秦国打了仗，元气还没恢复，没有出兵的力量；齐国跟秦国一向是很不错的，不愿意发兵；只有燕国和楚国派了几队人马来。这回合纵抗秦的计划又失败了，西周公也只好原封没动地带着他那6000人马回城去了。

周赧王出了一回兵，一仗没打，什么东西都没得着，军饷可全耗费完了。那些账主拿着字据在宫门外头向天子要账。要账的要不着钱，也见不着欠账的，哪能答应呢？这一下，弄得周赧王跑又没处跑，躲又躲不了。他只好到高台上去躲账。于是人们将那座高台称为“避债台”。

后人就把这件事引申为成语“债台高筑”，形容人欠债很多，没有办法偿还。

置之度外

典出《后汉书·隗嚣公孙述传》。

帝积苦兵间，以嚣子内侍，公孙述远据边陲，乃谓诸将曰：且当置此两子于度外耳。

东汉初年，虽然光武帝（刘秀）已重新建立了汉朝，但还有很多人拥有重兵，占据个个州郡，要与刘秀争夺天下；或者表面虽然臣服朝廷，而仍想保留自己占有的地盘，伺机而动。光武帝既已重复汉室，自然不能坐视这种割据的局面继续下去，决心要使全国统一。前后经过5年的时间，光武帝把函谷关以东的割据势力全部荡平，最后只剩下甘肃的隗嚣和四川的公孙述两股势力了。

光武帝鉴于隗嚣表面上已向他称臣，还遣他的儿子在京城洛阳做官，一时不足为患，公孙述远在西南边陲，路途遥远，攻取不易，暂时不想对他用兵，而更主要的是打了许多年仗，兵力也要休整一下，他在对部下众将官谈到隗嚣、公孙述二人时说：“这两个人暂时不必放在心上的。”

后人用“置之度外”比喻对人或事不再重视或不再放在心上。

交往篇

饱不忘饥

春秋时期，秦穆公立公子夷吾做了国君（就是晋惠公），不但没有获得丝毫好处，反而受了他的气。后来在夫人穆姬的劝解下，他才允许与夷吾讲和，夷吾还把公子圉送到秦国作抵押。秦穆公对待公子圉很厚道，还把自己的女儿怀嬴嫁给他。公元前638年，公子圉听说他父亲病危，生怕君位传给别人，就偷偷摸摸地跑了回去。第二年夷吾一死，公子圉做了国君，也不跟秦国往来。秦穆公很后悔当初失算，竟立了夷吾。现在夷吾死了，公子圉又是个寡恩负义的人；因此，他决心立公子重耳做国君，就把他从楚国接了来。

秦穆公和穆姬都很欣赏公子重耳的人品。他们要跟他结成亲戚，想把他们的女儿怀嬴改嫁给他。怀嬴说："我嫁了公子圉，还能再嫁给他的伯父吗？"穆姬说："有何不可！公子重耳是个贤人，要是咱们跟他结亲，对双方都有好处。"怀嬴默默思索了许久，终于点头答应了。秦穆公就叫公孙枝去说媒。赵衰、狐偃他们巴不得能够跟秦国交好，都力劝公子重耳答应这门亲事。结果，一大把年纪的重耳又做了新郎。

当大家正在高高兴兴吃喜酒的时候，狐毛、狐偃哭丧着脸来见重耳，要他去给他们报仇。原来公子圉即位后，就下了一道命令，说："凡是跟随重耳的人必须在3个月之内回国，改过自新。过了期限，全以死罪论处；父兄不叫他们回来的，也有死罪。"狐毛、狐偃的父亲狐突就是因为不肯叫他们回去，而被他杀害了。重耳把这件事告诉了秦穆公，秦穆公立刻决定发兵替女婿打进晋国去。刚巧晋国的大夫栾枝打发他儿子栾盾到秦国来。栾盾对公子重耳说："公子圉杀害忠良，虐待人民。朝廷上除了吕省、却芮以外，其余的大臣像韩简、却溱……和我们一家人，全都打算起事，只等公子一到，就做内应。"秦穆公于是调派大军，叫丕豹作先锋，亲自带领着百里奚、公子絷、公孙枝等护送公子重耳回晋国去。

公元前636年（周襄王十六年、秦穆公廿四年、楚成王三十六年），他们到了黄河，打算坐船过河。秦穆公分了一半兵马护送公子重耳过河，自己留下一半在黄河西岸作为接应。他对公子重耳说："公子回到晋国，可别忘了我们夫妇俩啊！”说着眼泪夺眶而出。重耳对他更是依依不舍。

临上船的时候，那个负责管理行李的壶叔，小心翼翼地把一切东西全搬到船上。他还忘不了从前饿肚子、煮野菜的情景，连吃剩的冷饭、咸菜，穿过的旧衣破鞋，都舍不得扔弃。重耳瞧在眼里，哈哈大笑，对他说：“你也太小家子气啦！我马上就是国君了，要什么有什么，这些破破烂烂的东西留着干吗？”说着就叫手下的人把那些东西全丢到岸上去。狐偃目睹这一幕，就拿着秦穆公送给他的一块白玉，跪在重耳面前，说：“如今公子过河，对岸就是晋国。内有大臣，外有秦国，我非常放心，所以想留在这儿，做您的外臣。奉上这块白玉，聊表我一点心意。”公子重耳愣了一下，说：“我全靠你帮助，才有今天。咱们一起吃了十九年的苦，现在回去，有福同享，你怎么倒不去了呢？”狐偃说：“从前公子在患难中，我多少有点儿用处。现在您回去做国君，自然另有一批新人供您使唤。我就好比旧衣、破鞋，还带去做什么呢？”重耳毕竟是聪明人，听了这话，满脸涨得通红，马上说：“这都是我的不对！我可不是忘恩负义的人。我绝不会忘了你的功劳。我可以对天发誓！”说完，吩咐壶叔重新把破烂东西装上船，表明自己是个暖不忘寒、饱不忘饥的人。

他们渡过了黄河，接连攻取了几座城。公子絷劝吕省、却芮他们投降。吕省他们也自觉力量不够，就跟公子絷订立盟约，投降了。只有勃护卫着公子圉逃往别的国家去了。晋国的大臣们迎接了公子重耳，立他为国君，就是晋文公。晋文公 43 岁逃往狄国，55 岁抵达齐国，61 岁到了秦国，即位的时候已经 62 岁了。

后人用“饱不忘饥”比喻富贵时不忘贫困之交。

伯牙鼓琴

典出《吕氏春秋》。

伯牙鼓琴，钟子期听之。方鼓琴而志在泰山，钟子期曰：“善哉乎鼓琴，巍巍乎若泰山。”少选之间，而志在流水，钟子期又曰：“善哉乎鼓琴，汤汤乎若流水。”钟子期死，伯牙破琴，终身不复鼓琴，以为世无足复为鼓琴者。

春秋时有个叫伯牙的人极擅长弹琴，是天下闻名的高手。

伯牙善于弹琴，而他的朋友钟子期则善于听琴。一次，伯牙弹起一支曲子，意在吟咏高山。钟子期听其声抑扬铿锵、刚劲有力，就说：“好啊！这一曲气势雄壮，就像泰山一样巍峨峻拔。”伯牙又弹起另一支曲子，意在吟咏流水。钟子期听其声舒缓自如、流畅明快，就赞叹道：“妙呵！这一曲浩浩荡荡，就像江河水奔流不息！”

一天，伯牙与钟子期到泰山之北游玩，遇上了一场暴雨，他们只好到山岩下面避雨。伯牙取得琴来弹奏。开始时，弹的是山风阵阵，大雨淋淋；然后表现风声更紧，暴雨如注；最后弹出山崩石裂，惊天动地……每奏一曲，钟子期便用准确的语言将乐曲的意境描绘出来。以致伯牙也十分感叹：“你对琴声的理解力实在太奇妙了！对曲子的描绘都与我心中所想的一模一样。我无论有什么心思都逃不过你的耳朵。你真是一个难得的知音呵！”

后来，钟子期死了，伯牙拉断了琴弦，摔碎了琴。他说：“知音都没有了，我还弹什么琴呢？”于是终生不再弹琴。

后人用“伯牙鼓琴”或“高山流水”的典故形容琴曲高妙；或指朋友间心意相通。又用“知音”的典故比喻知己朋友。

驳逐客令

典出《史记·秦始皇本纪》。

长信侯作乱而觉……王知之，令相国、昌平君、昌文君发卒攻。……尽得等。卫尉竭、内史肆、佐弋竭、中大夫令齐等二十人皆枭首，车裂以徇，灭其宗。及其舍人，轻者为鬼薪。及夺爵迁蜀四千余家，家房陵。……十年，相国吕不韦免。……大索，逐客。李斯上书说，乃止逐客令。

李斯因说秦王，请先取韩以恐他国，于是使斯下韩。韩王患之，与韩非谋弱秦。

春秋时，吕不韦为了一个落难的王孙异人，真是倾家荡产，费尽心机，给他争到了太子的地位，又给他娶了赵姬，生了秦王政。赵姬本来是吕不韦介绍给异人的，如今当上了太后，当然也是吕不韦的一党。他的权势可想而知了。秦王政是中国历史上真正了不起的人物。他的聪明、智慧、见解和魄力都很突出。但年轻时候，一切事情全由吕不韦和太后做主。

一到22岁上，他就要执掌大权，自己做主，反倒觉得吕不韦是碍手碍脚的人了。

公元前238年（秦王政九年），太后赵姬跟长信反，附和他们的人也不少。

秦王政剿灭了这群乱党，杀了嫪毐，又把他私通太后所生的两个小孩子也全杀了。案子重的抄灭了20多家，比较轻一点的4000多家都被迁到巴蜀去了。

又过了一年，秦王政觉得自己已经有了实力，而且眼看着吕不韦的主张和做法跟他不对头，就拿出主子的手段来，要把吕不韦也拿来治罪。吕不韦也像孟尝君、信陵君、平原君、春申君一样，养了3000多门客，其中有学问的人也不少。吕不韦叫几个能够编书的人，根据他的意见，写了一部书，叫《吕氏春秋》，大约有20万字。这部洋洋大篇的著作在秦王政八年的时候才写成功。吕不韦看了很满意，把整部书在咸阳市城门公布，还出了一个赏格：有谁能够在这部书上增加一个字或删去一个字的，赏一千金。一来，那部书在当时也实在写得不坏；二来，谁那么大胆敢修改文信侯的文章？可是秦王政就不能同意《吕氏春秋》所提出的主张。什么“天下不是一个人的天下，天下是天下人的天下”。这种话跟秦国100多年来所奉行的商鞅的主张大不相同，不合秦王政的口味。秦政不能同意吕不韦的主张和做法，就借着之前的造反案件，旧事重提，说吕不韦与叛变有牵连。

没想到朝廷上的大臣多半都跟吕不韦有交情。大伙儿禀告说：“文信侯辅助先王，立过大功；再说他对于叛变的事也许有点嫌疑，可是没有真凭实据，哪能就办他呢？”

秦王政碰了个钉子，可是他决不后退，也不跟钉子硬碰，他会绕着弯儿走。他听了大臣们的话，把吕不韦放了，但收回了相印，叫他回到本国去。

各国诸侯一听到文信侯离开了咸阳，都打发使臣去请他当相国。秦王政怕他到了别国对秦国不利，就写了一封信给他。那信上说："太后的叛变跟你有关。我不忍治罪，让你回国，原本是宽大为怀，给你一个悔过的机会。你反倒跟各国诸侯的使臣来往，你哪对得起我的一番好意呢？请你带着家眷搬到巴蜀去吧。我划给你一座城，给你养老。"吕不韦知道秦王政决不能把他放过去。要真是信了让他养老的话，那未免太天真了。再活下去只有多受罪，他就喝毒酒自杀了。

秦王政杀了吕不韦，把他的门客都轰走了。他疑惑着：别国的人为什么跑到秦国来做官呢？一个人不能爱护本乡本土，还能爱护秦国吗？再说，秦国的事，他可以叫秦国人来办；秦国的朝政应当由他自己来管。他越想越有道理，就下了一道命令："凡是别国来的客人不许住在咸阳。凡是在秦国做官的别国的人，一概免职，3 天之内离开秦国。谁要收留别国的人一概治罪。"

这道"逐客令"一出来，所有别国的人都给轰出去，这其中就包括楚国人李斯。他本来是儒家的大师荀卿的弟子，一向在吕不韦的门下，吕不韦把他推荐给秦王政，秦王政曾经拜他为客卿。这回李斯被轰出咸阳城外，非常懊恼。一路上他还想着办法。如果因为他是吕不韦一派的人而给秦王轰出去，那他以后不提吕不韦也行啊。只要秦王能够用他，别说是吕不韦，就是他老师荀卿的主张，他也能扔了。左思右想，他决定再撞一回大运。就写了一个奏章，叫秦国人去送给秦王政。秦王政拿过来一瞧，上头写着：

从前穆公搜罗人才，在西边得到了由馀，在东边得到了百里奚，从宋国迎接了蹇叔，从晋国迎接了丕豹和公孙枝。由馀、百里奚、蹇叔、丕豹、公孙枝都不是秦国人，可是穆公用了他们，收服了 20 个小国，当了西方的霸主。孝公用了魏国人公孙鞅，改革制度，移风易俗，人民增加了生产，国家因此富强。惠王用了张仪，征服了三川、巴蜀、上郡、汉中、郢都这些地方，扩张了好几千里的土地，粉碎了六国合纵的计策。昭王用了范雎，废了穰侯，轰走了华阳，加强了国家的势力，实行远交近攻的计策，一步步地扩大了地盘。这都说明穆公、孝公、惠王、昭王都是借着外来的人，做了大事。要是这四位君王不搜罗人才，不重用外来的人，秦国哪能像今天这样富强？这么看来，外来的人并没有对不起秦国的地方，凭什么要轰走外来的人？再瞧大王所喜爱的东西吧：昆山的白玉、随县的明珠、吴国的宝剑、北狄的快马、江南的金银、西蜀的丹青、齐国的绸缎、郑国、卫国的音乐——这些大王所喜爱的东西，没有一件是秦国出产的！如果不是本国的人不用，不是土产的东西不要，那么，孔雀毛编成的旗子就不能用；鳄鱼皮蒙成的鼓就不能打；宫女们的玉簪、珠圈、绣花的衣裳、五彩的飘带，都得扔了；王宫里精美的象牙装饰品都应当改为粗糙的木器；音乐队里的丝弦乐器都得废除，一概改成秦国的瓦盆。可是大王不光是喜爱这些好看的装饰、好听的音乐，并且还把赵国的舞女、郑国和卫国的美女都收在后宫里。这是为什么呢？还不是为了享福作乐吗？凡是能够享福作乐的东西，就是别国的也要，并且比起本国的还加倍地爱；一提起人才来，就不分是非曲直，凡不是秦国的就轰出去。这么说来，大王单单看重音乐、珠子、玉器、美人，反倒看轻了有关国家兴亡的人才！我听说土地广的粮食多，国家大的人口多，军队强的勇士多。泰山不把泥土扔了，所以能够堆得那么高；大海容纳了小河流，所以能够变得那么深；王者不拒绝众百姓，所以能够发扬他的德行。如今大王轰走外来的人，天下的英雄豪杰只好跑到别的国家去了。大王轰走别国的人就是给敌国增加了力量。将来秦国的危险跟祸患那还用说吗？

秦王政一边念着，一边不断地点头。他立刻收回逐客令，派人叫回李斯，把他官复原职。

后人用“驳逐客令”比喻用花言巧语说服别人，使自己留下来。

不打不相识

典出《水浒传》。

戴宗道：“你两个今番却做个至交的兄弟，常言道：不打不相识。”

宋江、戴宗、李逵三人在江州浔阳楼上喝酒，宋江想喝鲜鱼汤。李逵跳起来说：“我去讨两尾活鱼来给哥哥吃，船上打鱼的不敢不给我。”走到江边看时，约有八九十只船都系在绿杨树下。李逵喝了一声：“船上活鱼拿两尾给我。”渔人应道：“我

们等不见渔牙主人来，不敢开舱。”李逵便跳上一只船去，把竹笆篾一拔，伸手去船板底下摸时，哪里有一条鱼。原来船尾开半截大孔放江水出入，养着活鱼，却把竹笆篾拦住，李逵一拔把鱼都放走了。那七八十渔人都奔上船，拿竹篙来打李逵。李逵大怒，两只手一架，早抢了五六条在手，一似扭葱般都扭断了。正热闹时，只见一个人从小路走来，赶上去大喝道：“你这厮要打谁？”李逵也不回答，抡过竹篙便打。那人抢上来夺了竹篙，李逵便一把揪住那人头发，直把那人头按下去，提起铁锤般拳头，去那人脊梁上擂鼓似的打，那人哪里还能挣扎？幸亏宋江来劈腰抱住李逵，戴宗喝道：“使不得！”那人一道烟走了。

宋江、戴宗正埋怨李逵时，只听背后有人骂道：“黑杀才，今番来和你见个输赢！”回头看见那人撑着只渔船只是骂。李逵大怒，吼了一声跳到船上，说时迟，那时快，那人把竹篙往岸边一点，双足一蹬，船便箭也似的投江心去了，那人口里说道：“且不和你厮打，先教你吃些水。”两只脚一晃，船底朝天，两个好汉都撞下江去。只见那人把李逵提将起来，又淹将下去，何止淹了数十遭。戴宗问众人：“这大汉是谁？”众人道：“便是本地渔牙主人，浪里白条张顺。”戴宗便叫道：“张二哥不要动手，这大汉是俺们兄弟，上岸来说话。”张顺认得戴宗，便放了李逵抓上岸来。戴宗指着李逵问张顺道：“你认得他吗？”张顺道：“小人如何不认得李大哥？只是不曾交手。”李逵道：“你也淹得我够了。”张顺道：“你也打得我好了！”戴宗道：“你俩今天做个至交的弟兄。常言说得好：‘不打不成相识。’”

后人用“不打不相识”比喻不经过冲突，相互了解不深。

不知其人，视其友

典出《荀子·性恶》。

传曰：“不知其子视其友，不知其君视其左右。”靡而已矣，靡而已矣。

冯唐很老了，还只当个中郎署长。一天，汉文帝偶然坐车经过该署，见到冯唐，问起才知冯唐是赵地的人。汉文帝非常钦佩原赵国大将李齐、李牧、廉颇，说：“如果现在有这样的大将，我还用担忧匈奴的入侵吗？”冯唐说：“依我看，您就是有廉颇、李牧也不能用啊！”汉文帝大怒，站起来就走。过了一会儿，又把冯唐找去说：“你为什么当众侮辱我？就算我有错，你不会私下避开人向我说吗？”冯唐说：“请您原谅，我不学无术，一点也不懂忌讳。”文帝问：“你怎么知道我即使有李牧等贤将也不能用呢？”冯唐说：“过去李牧守边防，所有收入都拿来治军、赏军

人，一切处分，国王从不干扰他，所以李牧才能不受牵制，北逐匈奴，破东胡，灭澹林；西抗强秦；南逐韩、魏；使赵国十分强大。现在云中太守魏尚，他也把一切收入用以治军，军队士气强盛，匈奴不敢走近云中郡。曾经有一次和匈奴作战，杀伤敌人甚多，只因为报功时把杀死的敌人数报错了6个，您便削了他的官职，让他坐牢，又处分他服劳役1年。我以为您的做法过严，赏太轻，罚太重，一个魏尚都不能用。所以我说：'您即使有李牧也不能用啊！'"汉文帝听了，当天就派冯唐带命令去赦免魏尚，并恢复他云中太守官职。升冯唐为车骑都尉。

司马迁说："谚云：'不知其人，视其友'，冯唐能够称颂魏尚，真是不偏不党的君子啊！"

"不知其人，视其友"是说如果不知道某个人的品质如何，只要看看他所交的朋友是怎样的人就行了。

不自食其言

典出《龙门子凝道记》。

昔吴起出遇故人，而止之食。故人曰："诺。"起曰："待公而食。"故人至暮不来，起不食待之。明日早，令人求故人，故人来，方与之食。起之不食以俟者，恐其自食其言也。其为信若此，宜其能服三军欤？欲服三军，非信不可也！

从前，吴起出门遇见了老朋友，便留他吃饭。老朋友答应说："好吧！"吴起说："我等着你一起来吃。"

老朋友到晚上还没有来，吴起便不吃饭等候他。到了第二天早晨，派人去找老朋友，老朋友来了，才和他一起吃饭。

吴起不吃饭等待老朋友这件事，是他怕自己说了话不当话呀。他守信用到这般程度，所以他才能够统率三军的吧？因为要三军服从他，非有信用不可！

后人用这则寓言说明言必信，行必果不仅是兵家将领必备的治军条件，同时也是常人待人接物的高尚品德。取信于民，言出法随，更是一切政治家获得民心的保证。对人对事，不食其言，看来是件小事，但它的影响却是难以估量的。

成也萧何，败也萧何

典出司马迁《史记·淮阴侯列传》。

韩信是汉初的名将，发现韩信具有将才的是萧何。

韩信原来在项羽手下当一名侍卫官，不受重用，便投奔刘邦。开始刘邦只派他做一名管军粮的小吏。可是萧何偶然与他谈了一次话，发现韩信才能出众，胸怀韬略，是难得的人才，便想举荐他。可是，韩信见刘邦长期不理睬他，感到失望，就逃走了。萧何发现韩信走了，连夜追赶，总算把韩信追了回来。

刘邦对萧何的行为不理解，问："逃跑的将士有几十个，你不去追，为什么就追韩信一人？"

萧何向刘邦解释："逃走几个将领没什么要紧，还可以招来。可是韩信是天下无双的将才，你想将来与项羽争夺天下，非此人不可呀！我劝你快下决心任用韩信吧！"

"好吧，我叫他做将军！"刘邦听信了萧何的话。

可萧何却不满意，说：“做将军？不行，不行，这样留不住他，大材小用啊！”

“那就任命他为大将军，怎样？”刘邦说，“派人把韩信叫来吧！”

“不行，不行，”萧何焦急地说，“你总是那样轻慢无礼，封大将军怎么能像招呼小孩子那样呢？你要选择一个吉利日子，带上礼物，举行盛典，郑重其事地任命人家为大将军，韩信才会心悦诚服，全军将士也会服从！”

韩信后来为刘邦出谋划策，率兵征战，屡建奇功，使刘邦统一天下，建立了汉朝。

刘邦做了皇帝以后，对韩信很不放心，担心他会谋取自己的皇位，就借故解除了他的兵权。韩信也觉得自己受人怀疑不受信任，不如反叛。韩信和陈豨秘密结为同盟，相约起事。韩信的密谋让吕后知道了。吕后找萧何商量，萧何想出一条计策，叫人去通知韩信，说有人刚从刘邦那里来，报告陈豨已被诛灭，朝廷要庆贺一下，请韩信务必到场。

韩信没有料到这是一个骗局，他刚入宫，就被武士捆绑住，拉进长乐宫的钟室，将他斩首了。

因为韩信能为汉朝建立功勋，是与萧何的举荐分不开的；韩信最后失败被杀，又是与萧何分不开的，所以人们说韩信“成也萧何，败也萧何”，指帮助他的和败坏他的是同一个人。

臭味相投

典出《吕氏春秋·孝行览·遇合》。

人有大臭者，其亲戚、兄弟、妻妾、知识无能与居者，自苦而居海上。海上人有说其臭者，昼夜随之而弗能去。

有一个浑身恶臭的人，他的父母、兄弟、妻妾、朋友没有一个能和他住在一块的，他自己感到苦恼而住到海上去了。可是海上却有喜爱他的臭气的人，日夜跟着他而离不开。

后人用“臭味相投”比喻物以类聚，人以群分。思想道德行为腐朽不堪、为社会所不齿的人，偏偏也会有欣赏他、追逐他的，这就叫臭味相投。

倒屣相迎

典出《三国志·魏志·王卫二刘傅传》。

时邕才学显著，贵重朝廷，常车骑填巷，宾客盈坐。闻粲在门，倒屣迎之。粲至，年既幼弱，容状短小，一坐皆惊。

汉献帝的时候，朝廷上有个叫蔡邕的人，当着左中郎将的大官。蔡邕是当时很有学识的人，很受皇帝的器重。他家里的客人很多，常常是宾客盈门，来往的车马挤满了街巷。一天，家人来报告蔡邕说，门前来了一位叫王粲的客人。蔡邕一听到王粲的名字，立刻丢下屋里的客人，慌忙跑出去迎接，急得他竟把鞋子穿倒了。

一会儿工夫，蔡邕将王粲请进客厅。客人们一见这位来客，不禁惊呆了。原来王粲是一个少年，身材又瘦又小。

蔡邕看到大家的惊愕神色，赶忙介绍说："这位是王粲，才能出众，我不如他呀！我家里的全部书籍和文章，都应该赠送给他。"

王粲果真是智力超群，有一次他与朋友同行，见路旁有座石碑。朋友问他："您能够把石碑上的碑文背诵下来吗？"王粲笑着说："能！"于是他从头背到尾，一字不差，那位朋友非常惊讶。

有一天，王粲看人下棋。忽然棋盘上的棋子被人碰乱了，无法再下。王粲伸手将棋子摆好，与散乱之前一模一样，周围看棋的人都被王粲的记忆力惊呆了。下棋的一个人以为这是王粲偶然碰上了，不相信是他真的记住了棋局，于是便把棋盘盖起来，让王粲另外摆一局。结果两局棋子完全相同，大家无不信服。

王粲的文章也写得好，他曾经写下60多篇诗歌、辞赋。后来他做了魏国的侍中，死的时候才41岁。

"倒屣相迎"是倒穿着鞋迎客人，形容迎客的急迫，或形容对来客的热情欢迎。有时也用来比喻对客人的尊敬。

东道主人

典出《左传·僖公三十年》。

若舍郑以为东道主，行李之往来，共其乏困，君亦无所害。

春秋时代，晋国公子重耳逃亡到郑国的时候，郑国曾把城门关起来，不让他进去。后来重耳回国做了国君，总也忘不掉这件事情，时刻想要报仇，就约会秦国出兵攻打郑国。郑文公很害怕，派烛之武去劝说秦穆公退兵。秦国将士不准他进去，他止不住在城外放声大哭起来。兵士们把他抓到秦穆公面前，问他为什么哭，他说："我为郑国哭也为秦国哭。郑国在晋国的东边，秦国在郑国的西边，郑国一亡，晋国更强，秦国就显得弱了。帮人家攻打别国的土地，反而削弱自己国家的力量，聪明人是不会做的。"

秦穆公听了，吃惊起来，连声说道："对，很对！"

烛之武又说："要是秦国现在肯撤兵解围，郑国就脱离楚国，像臣子一样服侍秦国，如果让郑国作为秦国东边道上的主人，那么，也可以供应秦国人在旅行来往中所缺乏的东西，对你毫无害处呀！"穆公听到这里，十分高兴，便同郑国订盟，派将军杞子、逢孙、扬孙三人去郑国驻防，自己带着大军秘密回国。晋国见秦国背盟，不得不撤兵，郑国之围遂解。

后来，人们根据"若舍郑为东道主"，就把"东"作为主方，"西"作为客方。因而住屋的屋主叫"房东"；人们出钱请客，称主人为"东道主人"，或叫"东道主""东道"。

风雨同舟

典出《孙子·九地篇》。

当其同舟而济，遇风，其相救也如左右手。

孙武是春秋时期的一位军事家，字长卿，著有《孙子兵法》13篇，《九地篇》是《孙子兵法》下卷的第二篇，主要论述在9种不同地区如何用兵。孙武认为，战争不外乎在散地、轻地、争地、交地、衢地、重地、圮地、围地、死地这九地进行。他从客观实际出发，既抓住地区的地理条件，又考虑了士兵的作战条件，主张在不同地区采取不同的用兵措施，适宜地利用地形，发挥士兵的战斗力。

孙武说：善于用兵的人，就像率然那样。率然是恒山（有些本子作“常山”，此据山东临沂出土的汉简）的一种蛇。这种蛇，打它的头部，尾部就来救应，打它的尾部，头部就来救应，打它的中段，头尾部都来救应。那么，用兵能像率然那样吗？回答是肯定的。吴国人和赵国人本来是仇敌，但是当他们同乘一条船渡河，遇上大风浪的时候，就像一个人的左右手那样互相救援……所以，善用兵的人，能使大军手拉手地像一个人一样，这是因为形势所迫，使全军不得不如此。

后人用“风雨同舟”这个典故比喻共同经历苦难。

割席绝交

典出《世说新语·德行》。

管宁、华歆共园中锄菜，见地有片金，管挥锄与瓦石不异，华捉而掷去了。又尝同席读书，有乘轩冕过门者，宁读书如故，歆废书出看。宁割席分坐，曰：“子非吾友也。”

东汉灵帝时有3个读书人，一个叫华歆，一个叫邴原，一个叫管宁，他们同在一个地方读书，又很要好。当时的人说他们三个人好比是一条龙：华歆是龙头，管宁是龙肚，邴原是龙尾。

有一次，管宁和华歆一起在菜圃里锄草，忽然发现一块金子。当时管宁仍然挥动锄头，他把金子看得和地上的砖瓦一样；而华歆就不禁动心了，立即拾起金子，放在一边。又有一次，管宁和华歆正一同坐在席子上读书，忽然有坐着轿子的官员从门前过去。管宁仍然照常读书，华歆却忍不住放下书本跑出去观看。管宁看他这样不专心读书，又羡慕做官的人，加之上次发现他见金子动心的事，于是马上坚决地割断坐着的席子，分开座位，对华歆说：“你不是我的朋友。”

后来的人，凡遇朋友之间因为意气不投而感情破裂，断绝往来，称为“割席绝交”。

刮目相看

典出《三国志·吴志·吕蒙传》。

初，权谓蒙及蒋钦曰：“卿今并当涂掌事，宜学问以自开益。”……蒙始就学，笃志不倦，其所览见，旧儒不胜。后鲁肃上代周瑜，过蒙言议，常欲受屈。肃拊蒙背曰：“吾谓大弟但有武略耳，至于今者，学识英博，非复吴下阿蒙。”蒙曰：“士别三日，即更刮目相待……”

三国时吴国有个将军吕蒙，从小贫穷无依，除了苦练武功，从没有读过书。有一天，孙权对吕蒙及蒋钦两人说：“你们两人现在是当朝的执政人，应该读点书增加学问才好。”吕蒙说：“我在军队里常觉得事务工作太多，恐怕没有读书的机会。”孙权说：“你以为我要你成为经学博士吗？你只要多看点前人留下的记录、经历之类的书就行了，你事务多，哪里赶得上我的事务多呢？……孔子说：‘终日不吃、终夜不饮，都没有益，最好是读书。’汉光武帝在作战时还手不释卷，曹操也自称老而好学。你们为什么不能勉励自己呢？”

于是吕蒙开始发愤苦读，他所发现的义理和见解，连旧有的专家都赶不上。后来鲁肃代替了周瑜的职位，去和吕蒙商量事情，鲁肃抚摩着吕蒙的背说：“我以为你这位老弟只有武术而已，谁知到了今天，你的学问这样广博，已经不是从前在吴下的吕蒙了。”吕蒙说：“跟一个人分别了3天，就应该对他另眼相看呢！”

后人便将吕蒙回答鲁肃的话引申为成语“刮目相看”，比喻对人另眼看待。鲁肃对吕蒙所说的“非复吴下阿蒙”一句，后来也引申为“吴下阿蒙”一句成语，比喻学识浅薄的人。

管鲍分金

典出《史记·管晏列传》。

管仲夷吾者，颍上人也。少时常与鲍叔牙游，鲍叔知其贤。管仲贫困，常欺鲍叔，鲍叔终善遇之，不以为言。

管至父的侄儿叫管仲，相貌魁梧，气宇轩昂，而且博学多识，颇有雄才大略。

管仲有个好朋友叫鲍叔牙。他们俩一起做生意，管仲的资金少，赚了钱后，管仲多拿一份利润，鲍叔牙手下的人不平，都说管仲贪心、占人家便宜。鲍叔牙却袒护他说：“话不能这么说，他家里穷困，比我缺钱，我心甘情愿多分点给他。”这就是“管鲍分金”这句成语的由来。

他们俩也一起打仗，每次出兵，管仲总是躲在后头；退兵的时候，他却跑在前头。很多人都笑他贪生怕死。

鲍叔牙又为他辩解，说：“老实说，像他这么有勇气的人，天下还少有呢！只因为他母亲年迈，又缠绵病榻，他当然得好好保命来奉养她，他哪儿是真的不敢打仗呢？”管仲听了这些话，就感叹地说：“唉！生我的是父母，了解我的，只有鲍叔牙啊！”于是他们便结为生死之交。

后人用“管鲍分金”这个典故比喻不贪恋钱财，能为别人着想。

患难之交

典出《玉堂丛语·荐举》。

仲举与文贞在武昌，因患难之交，讷黑窑匠以一文。

魏齐听说秦昭襄王向魏安僖王要他的脑袋，连夜逃到赵国投奔平原君赵胜去了。魏安僖王打发人送范雎的家眷到咸阳，还送了千两黄金、一千匹绸缎给他家眷，托他们带个话，就说“魏齐已经偷跑到赵国去了。魏国实在是没办法”。范雎把这事禀告了秦昭襄王。秦昭襄王说：“秦国跟赵国向来有交情，当初在渑池会上又结为兄弟。我还把王孙异人送了去做抵押，为的是叫赵国跟秦国不再为难捣乱。如今赵王居然敢收留丞相的仇人，丞相的仇人就是我的仇人，这回非去征伐它不可了。”他亲自统领着20万大军，带了大将王翦去攻打赵国。很快地打下了3座城。

这时候，蔺相如已经辞职了，赵孝成王拜虞卿为相国，叫大将廉颇去抵挡秦兵，又打发人到齐国去请求救兵。齐国派大将田单带领着10万大军去救赵国。廉颇和田单都是出名的大将，他们联合起来，王翦未必能占上风。

王翦禀告秦昭襄王说：“赵国重用廉颇跟平原君，短期内不容易打下来，再说又加上个齐国。咱们不如暂且先退兵，以后再说吧。”秦昭襄王说：“我捉不到魏齐，回去哪有脸见应侯呢？”他就打发使者去对平原君说：“这回我们到贵国来，就是为了魏齐。只要贵国把他交出来，我们立刻退兵。”平原君回答说：“魏齐根本就没到我这儿来，请别听外面的谣言。”

秦国的使者来回跑了三四趟，平原君说什么也不认账，弄得秦王一点法子也没有。要是开仗吧，又怕齐国和赵国联合在一起，秦国未必赢得了；退兵吧，魏齐就捉不到了。他前思后想地费了好几天工夫，最后想出个主意来。他给赵孝成王写了封信，说：“敝国和贵国原来是兄弟，多年交好。我因为听人说魏齐住在平原君家里，才到这儿来要。如今魏齐既然真没在贵国，我何必又多这份儿心呢？这回我们打下来的 3 座城，照旧归还给贵国，咱们还是照旧交好吧。”赵孝成王也打发个使者去给秦昭襄王道谢。田单听说秦国退了兵，就回齐国去了。

秦昭襄王回到函谷关就给平原君写了一封信，请他到秦国来一趟，大伙儿聚会聚会，交个朋友。平原君拿了那封信去给赵孝成王看。赵孝成王没有主意了。相国虞卿就拿从前楚怀王和孟尝君做例子，主张不去。大将廉颇拿当初蔺相如做例子，主张还是去好。赵孝成王岁数小，胆量又小，不敢得罪秦国，最后还是打发平原君去了。

平原君到了咸阳，秦昭襄王特别亲热地招待他，天天喝酒谈心。两个人很“投

缘”，交上了“朋友”。秦昭襄王给平原君斟了一杯酒说：“我有件事情跟您商量。要是您肯答应的话，就请干了这杯酒。”平原君说：“大王之令，我哪敢不听从。”他就把那杯酒干了。秦昭襄王说：“从前周文王得到了吕尚，尊他为太公；齐桓公得到了管仲，尊他为仲父。如今我这儿的范君就是我的太公，我的仲父。这样，范君的仇人就是我的仇人。如今魏齐躲在您府上，请您打发个人去把他的脑袋拿来，替范君报了仇，我必定感激您这份情义！”平原君说：“酒肉朋友不足道，患难之交才可贵。魏齐是我的朋友，他如今有了难处，正是要朋友帮忙的时候。要是他真在我那儿，我也不能做出‘卖友求荣’的事，何况他并不在我这儿。”秦昭襄王翻了脸说：“您一定不把他交出来，那我可就不能放您回去了！”平原君说：“全凭大王。大王叫我来喝酒，我就遵命来了。如今大王威胁我，我也不在乎。好在是非曲直，天下自有公论！”

秦王知道平原君决心不交出魏齐来，就把他软禁起来。一面又给赵孝成王写了封信去。那封信上说：“平原君在敝国，我的仇人魏齐在平原君家里。请把魏齐的人头送来，我就把平原君送回去。要是贵国一定要偏护魏齐，那我只好亲自带领大

军上贵国来要我的仇人。请大王原谅！”

赵孝成王接到这封信，连忙召集大臣们，对他们说：“咱们为了别国的一个亡命徒，把秦国得罪了，害得平原君扣在秦国，弄得赵国眼看就要受到兵荒马乱的祸患，这太说不过去了。”大臣们觉得这话很对，都同意派兵把平原君的家围困起来。谁知道平原君的门客早就偷偷地把魏齐放走了。

后人用“患难之交”这个成语比喻经历过灾祸、苦难考验的交情。用来形容最亲近的朋友。

黄耳寄书

典出《晋书·陆机传》。

初机有骏犬，名曰黄耳，甚爱之。既而羁于京师，久无家问，笑与犬曰：“我家绝无书信，汝能赍书取消息不？”犬摇尾作声。机乃为书以竹筩盛之而系起颈，犬寻路南走，遂至其家，得报还洛。其后因以为常。

西晋时有一个著名的文学家叫陆机。他的家乡在浙江会华亭，而自己在京城洛阳做官。由于相隔路远，通信很不容易。

陆机喜欢打猎，他养了一条快犬叫黄耳。它性情聪慧，能听懂人语。曾有人将它借出三百里外，它竟认识路自己跑回家。陆机很宠爱黄耳，让它随时跟在身边。

有一次，陆机很久没有收到家信。他对黄耳开玩笑地说：“你能带上我的书信跑回老家，替我传递消息吗？”没想到黄耳听懂他的话，表现出乐意的样子，又是摇尾巴，又是“汪汪”地叫。

陆机试着写了一封信，用竹筒装上，套在黄耳脖子上。黄耳沿着驿路，向家乡方向跑去。它饿了捉些小动物吃，遇到江河，就向过渡的人摇着尾巴表示亲近，让人带着它上渡船过河。

就这样，这条聪明的狗跑到了陆机的家。一进大门，它就用嘴衔起竹筒，向人们“汪汪”直叫。家人打开竹筒看到陆机的信，真是又惊又喜。等人们看完信，黄耳又向人直叫，像是在要求什么。陆机的亲人明白了它在要求回信，便写好信照原样装入竹筒，仍然系在黄耳脖子上。黄耳又带上它沿来路跑回洛阳，向主人复命。

黄耳送信，来回只花了 25 天。而若用人传递，则需要 50 天时间。以后陆机就常常让黄耳送信。

交浅言深

典出《战国策·赵策四》。

服子曰：“公之客独有三罪，望我而笑，是狎也；谈语而不称师，是倍也；交浅言深，是乱也。”

战国时期，赵国有个人名叫冯忌。有一次，他去见赵王，想陈述自己关于治国的意见。

当他见到赵王时却欲言又止。赵王觉得奇怪，就问他这是为什么。他回答：“听说有人给服子引荐了一个人，服子接见了那个人之后，对引荐的人说：‘你有三罪：望我而笑，是态度不庄严；在言谈中不称师，是违背了常礼；交浅而言深，是乱了常理。’那人却说：‘望人而笑，是态度和蔼；言不称师，是一般说法；交浅而言深，是对人忠实的表现。’我和大王初次相见，可否让我谈谈自己的意见？”赵王说：“那好，有意见就谈吧。”于是冯忌便说：“听说大王想买马，有此事吗？”赵王回答说：“有这回事。”“为什么还没有派人去买呢？”冯忌问。赵王说：“没有识马的人。”“为什么不派建信君去呢？”冯忌又问。赵王说：“建信君有国事，并且他不会相马。”“那为什么不派纪姬去呢？”冯忌再问。赵王说：“因为她是妇人，并且也不识马。”冯忌又故意问道：“马的好坏与国家的安危有什么关系呢？”赵王说：“没有什么关系。”冯忌说：“既然没有什么关系，那就希望大王以国事为重，多多考虑国家的安危与人民的疾苦。”赵王听了冯忌的话，默而不语。

后人用“交浅言深”表示对交情不深的人恳切地加以规劝。

见笑大方

典出《庄子·秋水》。

吾长见笑于大方之家。

秋天水涨的时候，无数小溪的水都汇集于大河，大河被灌满了，一片汪洋，景色十分美丽。这时河伯欣然自喜，以为天下的壮观完全在自己这里。他在自得之余，也想去别处看看，于是顺流东下，到了北海。河伯朝东一望，不见边际。这时他转过脸来，望着海出神，感慨叹息。他沉思片刻后叹道：“俗话有这样的说法，而且我曾经听说，有些人自以为孔丘的见闻少于他，同时又看不起伯夷的德行。开始，我还不相信有这样狂妄自大的人，现在我看到了你的博大无穷，才知道自己的狂妄可笑。我如果不到你这里来看一看，那就糟糕了。我将永远被那些有学问、有见识的人讥笑。”

后人将“吾长见笑于大方之家”压缩为“见笑大方”，表示被内行的人笑话，一般作自谦之词；也作“贻笑大方”（贻：赠给，留给。贻笑：把笑送给别人，即惹人笑）。

解衣推食

典出《史记·淮阴侯列传》。

楚已亡龙且，项王恐，使盱眙人武涉往说齐王信……韩信谢曰：“臣事项王，官不过郎中，位不过执戟，言不听，画不用，故倍楚而归汉。汉王授我上将军印，予我数万众，解衣衣我，推食食我，言听计用，故吾得以至于此。夫人深亲信我，我倍之，不祥。虽死不易！幸为信谢项王。”

秦朝末年，天下人纷纷起来反抗暴秦，韩信也带了一把刀去参军。最初投在项梁部下，项梁死后，在项羽部下做个小官，很不得志。后来投到汉王刘邦麾下，由于萧何的推荐，韩信被汉王重用了。他不但替汉王攻占了很多地方，连楚国的龙且也被他杀了。项羽听到了这消息，很为震动，便派人去劝他脱离刘邦，和自己联合，反对汉王，分全国土地自立为王。

韩信对使者说："我从前在项王部下，官员不过一个郎中，言不听，计不从，所以我才投到汉王下面来。汉王授给我上将军的印绶，拨几万军队给我指挥，还亲自脱下衣服给我穿，又将他吃的东西让给我吃。我说的话他非常信任，我订的计策他照样实行，因此我才有今天这样的成就和光荣。人家这么信任我，我宁死也不愿意背叛汉王的，请你替我答谢项王吧！"

后来的人便将韩信所说的"解衣衣我，推食食我"引申为"解衣推食"，用来形容在上位的人对待下属能够同甘共苦，穿衣吃饭都能与下属相共。现在也常用来形容以至诚待人的情形。

金石为开

典出《西京杂记·第五》。

李广……复猎于冥山之阳，又见卧虎，射之。没矢饮羽，进而视之，乃石也，其形类虎。退而更射，更镞簳折而石不伤。余尝以问扬子云，子云曰："至诚则金石为开。"

西汉名将李广善于骑马射箭，作战异常勇敢，人称"飞将军"。有一天，李广到冥山南麓打猎，突然发现草丛中伏着一只老虎。李广赶紧张弓搭箭，用足力气射去，但老虎一动也没动。等了一会儿，李广走近一看，原来草丛中不是老虎，而是一块形状很像老虎的大石头。李广再去看刚才射出的箭，只见连头带尾都嵌进了石头里。李广不相信自己会有那么大的力气，往后退了几步，把弓拉得满满的又向石头射去，但一连几箭怎么也射不进去。李广走到石头前面，拾起刚射出的几支箭，只见有的箭头破碎了，有的箭杆折断了，而石头一点也没伤着。

为了这件事，有人去请教扬雄，扬雄回答说："诚心诚意，就是像金石那样坚硬的东西也会受到感动的。"

后人用"金石为开"比喻对人真诚产生的感动力。

近朱者赤，近墨者黑

典出《北堂书钞》。

夫金木无常，方圆应形，亦有隐括，习与性成，故近朱者赤，近墨者黑。

晋朝的大臣傅玄是个品学兼优的人，为人正派，很受皇帝尊重，任为太子少傅。

皇太子府里属员很多，有宫女、太监

以及一大批为太子办事的官吏。这些人当然百般讨太子欢喜，阿谀逢迎，陪着太子玩耍，太子要怎样便怎样，在这样的环境中，是很难学好的。为此，傅玄很忧虑。有一天，他给太子讲课的时候，讲道：“想做一个好人，做一个好皇帝，那么，你一定要多接近正派人。譬如，什么事物常接近朱砂，就会被它染红；多接近墨，就会被它染黑。对自己则一定要要求很严，行为要端正，这样，周围的人才会跟你学，正派人才会围绕到你身边来。譬如声音清亮，回声就一定和美；自己站得直，影子就一定正。你如果多接近正人君子，那么符合德义的话就听得多，自己的行为就会逐渐符合规范准则。但是，倘若你多接近小人、坏人呢，那就譬如进入卖鲍鱼的店一样，时间久了，你就闻不到兰花的芳香了。”这一番话被皇帝知道了，认为非常好，就命令把它写在屏风上，放在太子的房里，让他每天读一遍。

后人用这一典故说明环境可以影响、改变人的习性。

敬而远之

典出《论语·雍也》。

敬鬼神而远之，可谓知矣。

春秋末期，以孔丘为代表的儒家提倡一种含意极广的道德规范——仁。孔子认为，仁包括恭、宽、信、敏、惠、智、勇、忠、恕、孝、悌等内容，其实行的方法是“己所不欲，勿施于人”和“己欲立而立人，己欲达而达人”。有一次，孔子的学生樊迟问怎样才算智。孔子说：“致力于老百姓应该遵从的道德，尊敬鬼神但要远离它，就可以说是智了。”樊迟又问怎样才算仁，孔子说：“仁者先做艰苦努力，而后获得结果，便可以说是仁了。”

后人从“敬鬼神而远之”一语中引申出“敬而远之”，指既不得罪，也不接近。

开诚布公

典出《三国志·蜀志·诸葛亮传》。

诸葛亮之为相国也……开诚心，布公道。

诸葛亮是三国时蜀汉的一位政治家和军事家。曹丕代汉以后，他支持刘备称帝，自任丞相。建兴元年（公元 223 年），刘备之子刘禅继位，诸葛亮被封为武乡侯，领益州牧。政事无论大小，都由他决定。诸葛亮当政期间，励精图治，赏罚分明，为当时和后人所称道。

《三国志》作者陈寿在为诸葛亮做传记以后，曾写下了一段十分赞赏的评语，说他当丞相时，爱护百姓，秉公办事，诚心待人，坦白无私。

后人把“开诚心，布公道”引申为“开诚布公”，比喻发表或交换意见时态度诚恳，坦白无私，真诚坦率地谈出自己的看法。

路遥知马力，日久见人心

典出《争报恩》。

我少不得报答姐姐之恩，可不道路遥知马力，日久见人心。

浙江淳安县锦沙村徐家三兄弟，老三徐哲早亡，留下妻颜氏和二男三女。老大徐言和老二徐召商量道："你我各只一子女，老三倒有五个，将来男婚女嫁，分起家产来，你我岂不吃亏？不如即今三股分家为是。"他们两人欺着颜氏是个寡妇，私下将田产搭配停当，只拣不好的留给侄子，牛马却归了自己，却把老仆阿寄夫妻当成牛马分给颜氏。那颜氏拗不过，只是啼哭。亲友明知分得不公，哪个肯出头说话？却说阿寄年已50多岁，心想："原来拨我在三房，一定是道我没用了。我偏要争口气，帮这孤儿寡母做个事业起来。"便和颜氏商量道："老奴年纪虽大，路还走得，苦也受得，那经商道业也都明白，三娘急急收拾些本钱，待老奴去做生意，营运数年，怕不挣起个事业？"颜氏依言，变卖得十二两银子，交付阿寄去了。

阿寄就从淳安乡里收购些生漆，放船运至苏州，正遇缺漆，不到三日卖个干净，足足赚个对本对利。返程又籴六十担籼米，运至杭州，又赚了十多两银子，如此数次往返，已赚得六七倍利息，再去收漆，已是大客人了。本大利大，一年有余，长有两千余金。于是将银两裹好，晏行早歇，非止一日，回到家中。颜氏见着许多银两，喜出望外。徐言兄弟听说阿寄归来，特来打听音讯，待见颜氏竟用一千五百两银子购下良田千亩、庄房一栋，吓得伸出了舌头，半日也缩不回去。

正是：路遥知马力，日久见人心。

颜氏得阿寄忠心经营，10年之后，家私巨万，便将家产分出一股与阿寄的儿子，两家子弟叔侄相称。

后人用"路遥知马力，日久见人心"比喻真正的友谊或情谊是经得起时间的考验的。

莫逆之交

典出《庄子·大宗师》。

子祀、子舆、子犁、子来四人相与语曰："孰能以无为首，以生为脊，以死为尻，孰知死生存亡之一体者，吾与之友矣。"四人相视而笑，莫逆于心，遂相与为友。

子祀、子舆、子犁和子来四人都主张万事万物顺应自然，认为天地间"无"是最崇高的。有一天，这四人聚在一起，热烈地讨论着"无"的崇高和伟大。最后，四人取得一致的看法："无"就像人的头一样，起着至关重要的作用。分别时，四人互相望着笑着，认为他们心心相通，友谊将天长地久。

过了一些时候，子舆害病了，子祀去探望。子舆出门迎接时，弯着腰，勾着头，高耸起两肩，背上长着5个大脓疮。由于过分地弯着腰，脸只好紧贴着小肚子，但他却坦然地牵着子祀的手。

子祀见子舆闲适平静，就随口问道："你对你的病一点也不忧虑吗？"子舆说："为什么要忧虑呢？人的生死，本来是上天安排好了的，所以，我只要顺应自然就行了。"

不久，子来又害了病，神情非常痛苦，眼看就要死去。子犁来看子来，见子来的妻子悲伤地啼哭。子犁大声地喝开子来的

妻子，坐在床边和子来说道：“唉，你的妻子真不懂事！伟大的造物主正在变化你，怎么能随便惊动呢？”

子来感激地说：“假如一个铁匠正在打铁时，火炉中的一块铁突然跳了起来，那铁匠一定认为是不祥之兆。天地是一个大熔炉，阴阳是一个伟大的铁匠。我现在正在被天地铸造着，怎么会表示出痛苦呢？”子犁紧紧握着子来的手，说：“我们真是知心朋友！”

莫：没有抵触，形容思想感情一致。“莫逆之交”指彼此情投意合，友谊深厚。

轻诺寡信

典出《老子》。

在《老子》第六十三章中，老子运用朴素的辩证观点，提出了防患于未然的主张。

老子说：有道者的作为，若无所作为。他办事情，若无事情可办。他玩味问题，若无问题可玩味。他把小事看成大事，把少事看成多事，用恩德报答仇恨。他考虑难事是在此事还是简单的时候；处理大事是在此事还是细小的时候。这是因为天下的难事一定由简单开始；天下的大事一定由细小开始。所以圣人永远不处理大事却能成就大事。人们轻易应允别人的要求，一定很少遵守信约。把事情看得容易，一定招致困难。所以圣人把一切事情均看得有难处，所以永远能克服困难。

“轻诺寡信”指轻易许下诺言的，很少守信。

穷鸟入怀，仁人所悯

典出《魏氏春秋》。

政投原曰：“穷鸟入怀。”原曰：“安知斯怀之可入邪！”

邴原是个行侠仗义的人，品格高尚，眼见汉末政治混乱，董卓和曹操等奸雄相继把持朝政，心中极为不满，和挚友管宁等相约不做官，过隐居生活。这时，有个叫刘政的人得罪了权贵，连夜逃跑，被追捕得走投无路，求郦原掩护，说道：“我就像被老鹰追得精疲力竭的小鸟，飞到你怀里躲藏，你能可怜我、保护我吗？”郦原毅然把刘政藏了起来，一藏几年，直至危险过去，才让他出来。《颜世家训》中评论这件事说：“穷鸟入怀，仁人所悯，况死士归我，当弃之乎？”意思是说走投无路的鸟儿扑入怀中来，有慈悲的人尚且怜悯它，何况遭到危难的人来求你，你能弃而不顾吗？

后人用“穷鸟入怀，仁人所悯”比喻对于境况极困难而求保护的人，不可推托不顾。

曲高和寡

典出《文选·对楚王问》。

客有歌于郢中者，其始曰《下里巴人》，国中属而和者数千人；其为《阳阿薤露》，国中属而和者数百人；其为《阳春白雪》，国中属而和者不过数十人；引商刻羽，杂以流徵，国中属而和者不过数人而已。是其曲弥高，其和弥寡。

春秋战国时代，楚国大夫宋玉文章写得深奥，许多人看不懂，所以很少人称誉他，因此楚王疑心他行为不检，就问他是不是有对不起百姓的地方。宋玉回答说：“有一个人在都市里唱歌，他起初唱的是乡下通俗的歌曲，人们容易懂，跟着他唱的有几千人；后来他唱起阳阿的挽歌来，高深了一点，跟着他唱的只有几百人；后来他唱起比较深奥的阳春白雪来，跟着唱的只有几十人；到最后他唱的歌用了商调和羽调，还夹杂着曲中最高的徵调，懂的人更少得可怜，能够跟着他唱的，只有寥寥几个人。这完全是因为曲太高，唱和的人自然就很少的缘故。所以鸟中有凤凰，鱼中有大鲲。凤凰可以飞上九千里，背朝着青天，飞翔在云端的上面，藩篱上的小麻雀，哪里会知道天有多高呢？鲲鱼早上还在昆仑山的山脚下，晚上已经在孟诸的大泽里了，溪沟中的小鱼，哪里会知道汪洋大海的深远呢？不但只有鸟中的凤凰，鱼中的大鲲有这种情况，人也是这样的。”

后人用“曲高和寡”指作品或言论的格调越是高雅，越难以被人们理解和接受，或比喻知音难得。

如鱼得水

典出《三国演义》。

刘备三顾茅庐请来了孔明，就像对待师长一样，十分尊敬他。两人感情深厚，一起吃饭，一起睡觉，整天讨论天下大事。刘备的结义兄弟关羽和张飞心里不服，对刘备说：“孔明年幼，有什么才学？兄长太厚待他了！”刘备说：“我得到孔明，好像鱼儿得到水一样。你们以后不要再这样说了。”

一天，有人送牦牛尾来，刘备亲自结在帽子上。孔明进来看见，很严肃地对他说：“您不再有远大的志向，只能做这种事吗？”刘备赶忙把帽子丢在地上说：“我只是借它来解除我的忧虑。”孔明说：“您自己考虑与曹操相比如何？”刘备说：“我不如他。”孔明说：“您的兵众不过几千人，万一曹兵来到，用什么去迎击他呢？”刘备说：“我正在忧愁这件事，还没有一条好计策。”孔明说：“赶快招募民兵，我亲自教他们操练，可以待敌而战。”

不久，曹操命夏侯惇引兵10万，杀奔新野。张飞听到消息，对关羽说：“现在就让孔明去迎敌吧。”正说着，刘备召二人。刘备问他们：“夏侯惇引兵到来，如何迎敌？”张飞说：“哥哥怎么不让‘水’去？”刘备说：“智谋要靠孔明，争斗必须二位兄弟，怎么可以推诿？”刘备授以孔明剑印，让他发令。孔明一一调派完毕。关羽问：“我们都去迎敌，不知道军师做些什么？”孔明说：“我只坐守县城。”张飞一听，大笑说：“我们都去厮杀，你却坐在家里，好不自在！”刘备见状，说：“岂不闻‘运筹帷幄之中，决胜千里之外’？三弟不可违令。”张飞冷笑而去。众将领也不知孔明的韬略，虽然听令，都怀有疑惑。结果博望坡一战，杀得曹军尸横遍野，血流成河。孔明收军，关羽、张飞都称赞说：“孔明真是一位英杰！”

“刘备遇孔明——如鱼得水”，比喻与人相处十分融洽或环境对自己很适合；也比喻得到十分需要的、不可缺少的助手。

入幕之宾

典出《晋书·郗超传》。

郗生可谓入幕之宾矣！

东晋的时候，有姓郗的父子俩，父亲叫郗愔，儿子叫郗超。郗愔很能聚敛钱财，儿子郗超却常把家中的钱拿出去施舍给穷人。

郗超还很有学识，对天下的形势分析得很准确。他结交了许多读书人，整天凑在一块畅谈天下大事。晋朝的征西大将军桓温很赏识郗超，便请他做了参军。桓温对郗超的见解常常是心悦诚服的。当时担任主簿的王珣也很有能力，与郗超一起成了桓温的左膀右臂。所以桓温手下的人都说：“长胡子的参军，短胡子的主簿，能令公喜，能令公怒。”

一天，谢安与王坦之到桓温军中商讨国事。桓温告诉郗超：“你躲在军帐幕后听听，日后也可以帮我参谋参谋。”郗超就躺在幕后床上，偷听他们谈话。谢安和桓温正谈到高兴处，忽然一阵风吹进来，将帐幕吹开一个角，暴露了郗超。桓温觉得很难为情，可谢安却开起了玩笑，说：“郗超可算是躲在幕后的宾客啊！”郗超的字叫喜宾，谢安的话是一语双关，说得大伙哄笑起来。

“入幕之宾”原指暗中参预机要的人。后用以指称幕僚。

三生有幸

典出《僧圆泽传》。

圆泽是位得道的禅师，住持惠林寺，他有一个俗家朋友姓李名源。二人知心知音，知交至深。一日，二人相约去参拜青城山、峨眉山，却在路线问题上发生了分歧。圆泽希望走陆路，取道长安斜谷入川，李源却坚持从湖北沿江而上。因为早年李源曾经捐家产改建惠林寺，二人曾经约定，以后意见一致的时候，则唯圆泽是听，意见不一致时，则都要由李源定夺。所以最终决定买舟入川。圆泽自知后果，叹道：行止固不由人。

船到南浦。扁舟泊岸。河边有位身着花缎衣裤的妇人正在取水。圆泽当时落泪，对李源说："那是我下一辈子的亲娘，她姓王。我得走了，给她做儿子去了。3天后你来王家看我，我会对你一笑作为证明。再过13年的中秋夜，请你到杭州天竺寺外，我一定来与你见面。"

李源将信将疑。到了黄昏，圆泽圆寂，王家的婴儿也呱呱落地。3天后李源去看婴儿，婴儿果然微笑。李源回到惠林寺，寺里的小和尚说圆泽早已写好了遗嘱。13年后，李源如约从洛阳到杭州西湖去赴圆泽的约会，果然又听到故人化为牧

童后的心声："三生石上旧精魂，赏月吟风不要论。惭愧情人远相访，此身虽异性常存。"

后人用"三生有幸"比喻有特别的缘分。或朋友间在一种偶然的机会里或特殊的环境中相识，成为知己，又能够帮助自己。

善搏与善噬

典出《尹文子·大道下》。

康衢长者，字僮曰"善搏"，字犬曰"善噬"。宾客不过其门者三年。长者怪而问之，乃实对。于是改之，宾客复往。

康衢给他的仆人取名叫"善搏"，给他的狗取名叫"善噬"。宾客因此整整有3年再不登门拜访。老先生觉得奇怪，去询问他们，宾客们才如实回答。于是赶紧把名字改了，宾客又往来如初。

后人用"善搏与善噬"说明名是反映实的，名实必须相符；由于名实不符，因名而害实的情况，在现实生活中也是常有的。在这种情况下，就必须"正名"。

势不两立

典出《三国志·吴志·周瑜传》。

今数雄已灭，惟孤尚存，孤与老贼势不两立。

又见《战国策·楚策一》。

楚强则秦弱，楚弱则秦强，此其势不两立。

曹操消灭了北方各大军阀势力之后，率领数十万大军进攻南方，企图一举消灭

孙权和刘备势力，统一天下。当时，刘备退守夏口，只有 2 万余人的兵力。孙权的精兵也不超过 3 万，与曹操的兵力对比，相差悬殊，形势十分危急。孙权召集文武大臣，商讨对付曹操的办法。张昭等大臣认为，曹操兵力强大，拥有水陆兵数十万，而且挟天子以令诸侯，现在又占据荆州这一长江战略要地，顺流而下，其势难挡，因此主张投降。

吴国名将、前部大都督周瑜和鲁肃等人坚决主张抵抗。周瑜指出，曹操人数虽然众多，其实并不可怕，因为他有许多弱点。曹操虽然假称汉相，其实是汉贼。曹操的后方还没有完全安定下来，马超、韩遂在关西的势力是他的后患，因此曹操很难在南方持久作战。曹操的士兵大多是北方人，他们不善于水战，不习惯南方的水土气候条件，必然生病，减弱战斗力。因此，完全可以战胜曹操，决不能投降。

孙权采纳了周瑜的意见，确立了联合刘备共同抗击曹操的方针。他激动地拔出佩剑，砍去奏案的一角，愤怒地说："我和曹操这个老贼决不能并存，有他就没有我，有我就没有他！谁再敢提出投降的主张，这个奏案就是他的下场！"

孙权、刘备联合抗击曹操的方针确定之后，周瑜率军联合刘备兵马协同作战，以后经过赤壁之战，用火攻战术，大破曹军。从此，魏、吴、蜀三国鼎立的局面开始形成。

成语"势不两立"即根据以上的记载形成，指双方矛盾尖锐，不能并存。

守望相助

典出《孟子・滕文公上》。

死徙无出乡，乡田同井，出入相友，守望相助，疾病相扶持，则百姓亲睦。

滕文公派他的使臣毕战去问孟子关于井田制度的问题。孟子对毕战说："滕君选派你来问我，是对你的信任啊，你一定要好好干。"毕战听了很高兴。他说："我们滕国也打算实行井田制。"孟子高兴地说："很好，实行仁政一定从划分并整理田界开始，田界划正确了，给人民分配田地，制定官吏的俸禄都毫不费事了。"毕战说："我们滕国太小，不用设多少官吏吧？"孟子说："滕国虽小，却得有官吏和老百姓。没有官吏，老百姓则没有人管；没有老百姓，也就没有人养活官吏。我建议：郊野用九分抽一的贡法，城池用十分抽一的贡法。公卿以下的官吏应有供祭祀的圭田，每家五十亩；如果他家还有剩余的劳力，一个劳力可再给二十五亩。无论埋葬或搬家，都不离开乡土。同住在一井田的各家，要彼此友好和睦相处，'守望相助，疾病相扶持'。其办法是：每一方里的土地为一个井田，每一井田有九百亩，当中一百亩是公田，以外八百亩分给 8 家作为私田。这 8 家共同来耕种公田。先把公田耕种完毕，再来料理私人的事务。"毕战说："您说得好，我回去一定如实地转呈我的国君。"孟子笑了笑说："我说的不过是一个大概，至于怎样去做，那就在于你的国君和你了。"毕战听了满意地告辞而去。

后人用"守望相助"表示邻近各村落之间守护、瞭望，互相帮助，以对付来犯的敌人或其他灾患。

水火不相容

典出《三国志·蜀志·魏延传》。

延既善养士卒，勇猛过人，又性矜高，当时皆避下之。唯杨仪不假借延，延以为至忿，有如水火。

魏延是三国时期蜀国的一员大将，刘备入蜀以后，派他镇守汉川，为镇远将军、汉中太守。他十分得意，对刘备说："假若曹操举天下的兵马来攻打，我为你拒敌境外；若是 10 万兵马来到，我为你把他们吞下去！"

刘备听了更加高兴，又拜他为镇北将军，封他为都亭侯，几年以后，魏延打败魏国的雍州刺史郭淮，因而升迁为前军师征西大将军，进封南郑侯。

魏延屡建战功，晋官加爵，渐渐自傲起来，连诸葛亮也不放在眼里。魏延常对部下说："诸葛亮胆子太小，不敢给我兵马去打潼关。如果我领 5000 精兵，带粮五千担，循秦岭而东，不用 10 天可到长安。敌兵听说我到了必然会逃跑，那么不出 20 天，咸阳以西一举可定……"人们看到魏延这般骄傲，都让他几分，故意躲开他。唯有长史杨仪不迁就他，经常争吵，魏延因此对杨仪忌恨在心，两人如水火不相容。有一次魏延做一个梦，觉得有些奇怪，便问占梦人赵直："我梦见头上生出角来，是吉还是凶？"

赵直骗他说："是吉相呀，麒麟有角而不用，这是预兆敌人不用打就会自败呀！"

魏延听了满心欢喜，自庆自贺，以为成功在望。赵直却偷偷告诉别人说："角字上边是'刀'，下边是'用'，头上用刀，必有凶事，大家瞧着吧！"这年秋天，诸

葛亮病危，自料难愈，便找长史杨仪、护军姜维等人作身后安排。叫他们不要为其发丧，先撤兵回蜀，免得遭敌兵追击。不过几日，诸葛亮死去。蜀军秘不发丧，杨仪按诸葛亮临终部署叫魏延领兵断后，迅速回师。可魏延一听，火冒三丈，大叫："丞相死了，我自健在，你们尽可将丧还葬，我当率诸军击贼。难道一个人死了就荒废了天下大事？我魏延何人，竟听你杨仪的指挥，做断后的将军？"

魏延拒不听从上遗命举兵击杀杨仪。杨仪早有准备，率兵迎战，最后打败魏延，将他斩首。

后来人们用"水火不相容"比喻彼此互不相容。

说人喜嗔喻

典出《百喻经》。

过去有人，共多人众坐于屋中，叹一外人德行极好，唯有二过：一者喜嗔，二者作事仓卒。尔时，此人过在门外，闻作

是语，便生嗔恚，即入其屋，擒彼道已过恶之人，以手扑打。傍人问言：“何故打也？”其人答言：“我曾何时喜嗔、仓卒？而此人者道我恒喜嗔恚、作事仓卒，是故打之。”傍人语言：“当今喜嗔仓卒之相即时现验，云何讳之？”

过去，有个人跟很多人一起坐在房子里，他赞美另一个人品德很好，只可惜有两个缺点：一是喜欢发怒，二是做事急躁。当时，被说的人恰好在门外经过，听了这话，便发脾气，马上进屋抓住那说自己有缺点的人，用手去打。旁边的人问他：“你为什么打他呢？”那人回答说：“我什么时候喜欢发怒和急躁了？这个人却说我常常喜欢发怒、做事急躁，所以要打他。”旁人说：“你现在的态度就是喜欢发怒、做事急躁的表现，为什么还要隐讳呢？”

错误是一种客观存在。对待错误的正确态度是用行动去改正它，而不能用拳头、用威压去封住别人的口。

土相扶为墙，人相扶为王

典出《北齐书·蔚景传》。

景有梁下马，文襄求之，景不与，曰：“土相扶为墙，人相扶为王，一马亦不得畜而索也。”

北魏大臣高欢被封为文襄王，大权在握，有废除魏王、自立为帝的野心。另一大将尉景看透了他的意图，有意投靠他。尉景有一匹马，能追风逐日，神骏异常。高欢十分喜欢，便向他索取。尉景故意不给他，并且说：“俗谚讲：‘土相扶为墙，人相扶为王’，你我应该互相扶助。我有一匹好马，你也放不过，你的心胸为何这么狭窄呢？”高欢听了，悚然变容，向他告罪，并深相结交。后来，他的次子高洋废魏王自立为北齐皇帝，很得尉景的帮助。

后人用“土相扶为墙，人相扶为王”比喻人们应该相互帮助才能成大事。

推心置腹

典出《后汉书·光武帝纪》。

降者更相语曰：“萧王推赤心置人腹中，安得不投死乎！”

王莽夺取政权以后，引起了天下许多人起兵反对；并且拥立刘玄做天子，刘秀在昆阳把王莽打得大败，刘玄派他做破虏大将军。后来王莽死了，刘秀又攻破邯郸，杀掉自称天子的王郎。刘玄见刘秀接连立了大功，又封他为萧王。刘秀觉得北方还有敌人，不能安享太平，就又带兵进攻铜马军，在鄡地打了一个大胜仗。正在受降的时候，高湖和重连军队从东南方前来援救铜马军，也被刘秀打败了。

这时，刘秀把这些败军改编成自己的部队，原来带兵的将官，也都派有官职。但投降的官兵觉得从前是刘秀的敌人，恐

怕将来会被刘秀消灭，心中都很不安。刘秀知道了他们有这种疑虑，就叫将官仍然各回自己的营寨照旧统率原来的部队，而自己只带着很少的随从在各营之间巡察、指挥和安排。投降的人看到刘秀对他们一点不戒备，把他们当成自己人似的，不禁欢喜地互相在私底下说：“萧王推赤心置人腹中，我们怎能不为他出力呢！”从此以后，投降的官兵再没有不心悦诚服的了。

以后，人们根据这个故事里投降官兵颂扬刘秀的话，引申出成语“推心置腹”，用来说明人们用非常诚恳和坦率的心意待人。

乌合之众

典出《后汉书·耿弇列传》。

公元23年，王莽建立的新朝败亡了，汉哀帝刘欣即位。各地将领纷纷起兵，独揽地方政权，改换郡守、县令。耿弇的父亲耿况认为自己的官职是王莽所设置，心里很不安。此时21岁的耿弇便告别父亲到哀帝那儿去，趁机带去贡品，以求地位稳固。

一天，耿弇在路上偶然遇到一王姓之人，此人诈称是汉成帝的儿子子舆，在邯郸起兵。这时跟随耿弇的官吏孙仓、卫包等都说：“刘子舆是成帝的儿子，是汉室的正统，咱们应该归顺他才有出路。失掉这个机会不归顺，我们又到哪里去呢？”

耿弇按住剑柄说：“刘子舆这小人，早晚是个降虏罢了。我到长安，参与国家组织的渔阳、上谷的军队，出入太原、代郡，往返数十日，回来领兵收拾这些乌合之众，像摧毁朽烂的木头一样。我看你们不识好歹，很快便会遭到灭族之祸。”

孙仓、卫包两人不听耿弇的话，投奔了王姓之人。

耿弇途中听说刘秀在卢奴，于是投奔了刘秀，得到刘秀的信任，多次克敌制胜，为刘秀平定天下立了汗马功劳。

“乌合之众”指像乌鸦那样暂时聚合。比喻临时拼凑起来的队伍毫无组织纪律。

息壤在彼

典出《战国策》。

武王曰：“请与子盟。”于是与之盟于息壤，果攻宜阳。五月而不能拔也，樗里疾、公孙衍二人谗争之王。王将听之，召甘茂而告之。甘茂对曰：“息壤在彼！”王曰：“有之。”因悉起兵，复使甘茂攻之，遂拔宜阳。

息壤是战国时代秦国的一个邑名。那时秦武王和甘茂在息壤缔结了一个盟约，合力出兵攻打韩国。可是，他们把韩国的宜阳城围困了5个月的时间，不断地攻城，仍然没有办法把宜阳城占领。秦王见久攻不下，因此提议暂时收兵回国，等待时机。甘茂却不同意休战，他知道秦王灰心了，将会背约罢兵，便指着息壤的方向对秦王说：“息壤在彼。”秦王知道甘茂这话的意思，就是提醒他不要忘了在息壤所签订的盟约。于是，他们再鼓起余勇，把国内的精兵都调到宜阳来作战，继续和甘茂合力猛烈攻城，不久，终于把宜阳攻陷。

“息壤在彼”是教人遵守信约，勿背诺言。

相人之友

典出《韩诗外传》。

楚有善相人者，所言无遗。美闻于国中。庄王召见而问焉，对曰："臣非能相人也，能相人之友者也。"

楚国有一个善于看相的人，他说的话没有一点差误，美好的名声传遍了全国。楚庄王于是召见他，问他看相的秘诀。他回答说："我不是真正能从相貌判断一个人的好坏吉凶，而是看一个人交什么朋友来判断他的为人。"

惺惺惜惺惺，好汉惜好汉

典出《水浒传》。

林冲道："此言差矣！古人道：'惺惺惜惺惺，好汉惜好汉。'量这一个泼男女、腌臜畜生终作何用？众豪杰且请宽心。"

山东梁山泊聚集着一群好汉，为首的是白衣秀士王伦。此人心胸狭窄，本领低微，生怕有能力的人来夺了他的权位，因此，当初武艺超群的林冲上山时，便受尽他的刁难、推挡，林冲心中早就窝了气。这一天，又有以晁盖为首的7名好汉来入伙，王伦设宴款待，饮酒中晁盖说出杀了许多官兵的阮氏三雄如何豪杰，王伦便有些颜色变了，心中好生不自在。林冲瞧在眼里。次日天明，便来拜会晁盖等，说道："今日山寨天幸得众多豪杰到此相扶，似锦上添花。王伦心怀妒贤嫉能，但恐众豪杰势力相压。小可只恐众位生退让之意，特来早早说知。今日看他如何相待。倘若有半句话参差时，尽在林冲身上。"晁盖等道："不可教头领与旧弟兄犯颜。若是可容即容；不可容时，我等登时告退。"林冲道："此言差矣！古人道：'惺惺惜惺惺，好汉惜好汉。'量这一个泼男女、腌臜畜生终作何用？众豪杰且请宽心。"自上山去了。

没多时，小喽罗到来相请。酒至数巡，食供两次，晁盖与王伦盘话，但提起聚义一事，王伦便把闲话支吾开去。饮酒至午后，王伦回头叫小喽罗："取来。"只见一人捧个大盘子里放着五锭大银。王伦便道："感蒙众豪杰到此聚义，只恨敝山小寨是一洼之水，如何安得许多真龙？聊备些薄礼，万望笑纳。烦投大寨歇马，小可亲到麾下纳降。"晁盖道："小可久闻大寨招贤纳士，一径特地来入伙。若是不能相容，只此告别。"说言未了，只见林冲双眉剔起，两眼圆睁，大喝道："前番我上山时，你也推粮少房稀，今日又发出这等话来，是何道理？"晁盖等道："头领息怒，王头领以礼发付我们下山，又不曾热赶将去，我等自去罢休。"林冲道："这是笑里藏刀、言清行浊的人，我其实今日放他不过。"王伦喝道："你看这畜生，倒把言语来伤我，却不是反失上下？"林冲把桌子只一脚，踢在一边，抢起身来，掣出把明晃晃的刀来，一把拿住王伦，去心窝里只一刀。可怜王伦做了半世强人，今日死在林冲之手。正应古人言："量大福也大，机深祸亦深。"

惺惺：聪明人的意思，"惺惺惜惺惺，好汉惜好汉"，意与"同声相应、同气相求"同。

休戚相关

典出《国语·周语下》。

晋国有忧，未尝不戚，有庆，未尝不怡。……为晋休戚，不背本也。

晋国有一个叫姬周的人，在单国襄公手下做事，他虽身处异国，但对自己祖国的情况非常关心。当他打听到晋国有可忧的事，就整日发愁；有可喜的事，就满怀高兴。单襄公对他很敬重，尤其赞美他的高尚品德。当单襄公病重时，特地嘱咐他的儿子顷公说：“姬周能够和他的祖国共享欢乐和痛苦，可说是不忘其本，他将来回到晋国去，一定会得到他的国人的爱戴，你要好好地对待他。”

后人根据这个故事中单襄公所说的话，引申出成语“休戚相关”或“休戚与共”，用来比喻彼此的忧喜祸福紧密相连，形容彼此关系密切，利害一致。

雁足捎书

典出《汉书·苏武传》。

我国汉朝的时候，有一位著名的外交官，名叫苏武。他在公元前100年，接受汉武帝的命令，作为使节到北方的匈奴去。匈奴的贵族们让苏武投降匈奴，不要再回汉朝去了。可是苏武死也不肯归顺，他正义凛然地对他们说：“我是堂堂的汉朝使者，岂有投降之理！”匈奴的君主单于就将苏武囚禁在阴山的冰窖中，不给饭吃，不给水喝，想用这个残酷的手段，逼他投降。苏武只好嚼雪吞毡、捕鼠为食，但绝不投降。单于又把他送到遥远的北海，就是现在的贝加尔湖，让他在那个寒冷而没有人烟的湖边牧羊。就这样，苏武在那里含辛茹苦地度过了19个年头，始终没有屈服。

后来，到了汉昭帝即位的时候，汉朝

同匈奴和亲友好，昭帝便要求匈奴放回苏武。可是单于欺骗昭帝说，苏武早已经死去了。有一次，汉朝的使节到了匈奴，匈奴有一个叫常惠的人，晚上偷偷地去见汉朝使者，告诉他们苏武并没有死，仍在北海牧羊。常惠又给他们想出了一条计策，说："你们这样同单于说：'我们的汉昭帝在上林动物园打猎，射中一只大雁，发现大雁的脚上拴着一封信，打开一看原来是苏武写的，说他仍在北海牧羊。'"汉朝使者听从了常惠的建议，就照样和单于说了。单于听说竟有雁足捎书的奇事，十分惊慌，以为这是有神仙在帮助苏武，于是赶紧把苏武送回汉朝。

后来人们从中概括出"雁足捎书"这个成语，用来比喻传送书信。南宋女词人李清照曾在一首《一剪梅》词中写道："红藕香残玉簟秋。轻解罗裳，独上兰舟。云中谁寄锦书来？雁字回时，月满西楼。花自飘零水自流。一种相思，两处闲愁。此情无计可消除，才下眉头，却上心头。"其实，大雁是不具有传书的本领的，它不能像鸽子那样充当信使。

"雁足捎书"有时也说成"雁足传书"。

杳如黄鹤

典出《黄鹤楼诗》。

黄鹤一去不复返，白云千载空悠悠。

在长江岸边武汉市蛇山的黄鹄矶头，曾经有过一处著名的古迹——黄鹤楼。传说古人费祎成仙升天，经常骑着黄鹤，在此楼休息，因而得名。黄鹤楼相传始建于三国吴黄武二年（公元223年），历代屡毁屡建。唐崔颢、李白及宋陆游等均有

题诗。

关于黄鹤楼，还有一个美妙的传说：从前有个名叫荀的人，有一次他在楼上游玩休息，忽然看见西南天空云朵散开，不知是什么东西由云端飘然而下，转眼就飞到楼上。原来是骑着黄鹤的仙人从天而降。荀走上前去，与仙人攀谈起来，彼此都很愉快。不久，仙人告辞，骑上黄鹤，腾空而起，一眨眼便消失在云彩之中。

这个故事在《述异记》卷上有记载，书中说："荀憩江夏黄鹤楼上，望西南有物飘然，降自霄汉，俄顷已至，乃驾鹤之宾也。宾主欢对，已而辞去，跨鹤腾空，眇然而灭。"

后来，唐朝的诗人崔颢根据这个传说，为黄鹤楼题过一首诗，著名的大诗人李白对此赞叹不已。崔颢的《黄鹤楼诗》这样写道：

昔人已乘黄鹤去，
此地空余黄鹤楼。
黄鹤一去不复返，
白云千载空悠悠。
晴川历历汉阳树，
芳草萋萋鹦鹉洲。
日暮乡关何处是？
烟波江上使人愁！

由此形成成语“杳如黄鹤”，比喻一去便无影无踪。有时也用来比喻人或物下落不明。

一饭千金

典出《史记·淮阴侯列传》。

韩信常数从其下乡南昌亭长寄食，数月，亭长妻患之，乃晨饮蓐食。食时信往，不为具食。……信钓于城下，诸母漂，有一母见信饥，饭信，竟漂数十日。信喜，谓漂母曰：“吾必有以重报母。”母怒曰：“大丈夫不能自食，吾哀王孙而进食，岂望报乎！”后来韩信帮助刘邦取得天下，被封为楚王，信至国，召所从食漂母，赐千金。及下乡南昌亭长，赐百钱，曰：“公，小人也，为德不卒。”

帮助汉高祖打平天下的大将韩信，在未得志时境况很是困苦。那时候，他时常去城下钓鱼，希望碰着好运气，便可以维持生活。但是，这毕竟不是可靠的办法，因此，时常要饿肚子。幸而在他钓鱼的地方有很多清洗衣物的老婆婆，其中有一位很同情他的遭遇，不断地救济他，给他饭吃。韩信在艰难困苦中，得到那位仅能以双手勉强糊口的老婆婆的恩惠，很是感激她，便对她说，将来必定要重重的报答她。那老婆婆听了韩信的话，很不高兴，表示并不希望韩信将来报答她。后来，韩信替汉王立下不少功劳，被封为楚王。他想起从前曾受过老婆婆的恩惠，便命从人送酒菜给她吃，更送给她黄金一千两答谢。

成语“一饭千金”就出于这个故事。后人用它喻指知恩图报。

一钱不值

典出《史记·魏其武安侯列传》。

夫无所发怒，乃骂临汝侯曰：“生平毁程不识不直一钱，今日长者为寿，乃效女儿呫耳语！”

灌夫字仲孺，西汉时人。他性情刚直，讲究信义，说出的话一定做到。他常侮慢地位比他高的官员；而对地位比他低的，越是贫贱，他越敬重。因此，当时很多有才能而无地位的人都喜欢接近他。

灌夫喜欢喝酒，并且常因喝醉了使性子。有一天，丞相田蚡结婚，他喝了不少酒。一会儿，他走到田蚡的面前敬酒，田蚡说：“我不能喝满杯。”灌夫见他不肯痛快喝酒，便语带讽刺地说：“你虽是一个贵人，但也应喝完我敬的这杯酒。”田蚡还是没有干杯。灌夫讨了一顿没趣，就走到临汝侯灌贤面前敬酒。这时，灌贤正对程不识（曾任边境太守，后改任大中大夫）的耳朵说话，没有对他表示出欢迎的样子。灌夫心里本来有气，看见这情形，再也忍不住了，立即骂灌贤说：“我一向说程不识不值一钱，今天在这里你竟和他学妇人们的样子咬耳朵根子！……”

自此以后，人们对于别人有轻视鄙弃的意思，说这人一无长处，就说“一钱不值”或“不值一钱”，即毫无价值之意。

一衣带水

典出《资治通鉴·陈纪》。

隋文帝杨坚独霸中原后，想消灭长江中下游以南地区的陈国，统一中国。

他秘密派遣兵士装扮成行路人，来到

陈国，偷偷顺风放火。江南多是茅屋竹舍，一处着火，便会成片烧光；储积在房屋里的粮食也随之全部烧成灰烬。等陈国人重新修建好后，他们又去烧。几年时间过去了，陈国财力损失巨大。同时，在南方农作物收获的时节，杨坚又派遣一些人马南下，佯装要袭击他们。陈国恐惧万分，迅速召集全部军队，兵分六路，沿长江南岸各个战略要地一线铺开，准备决一死战。这时隋文帝却又把自己的部队召回，从而使陈国成熟的农作物全部烂在田里。

公元 587 年，后梁尚书令萧岩等人投降陈国。隋文帝非常气愤，对众官说："陈国人生活在水深火热之中，我作为百姓的父母官，怎么能被一条衣带那样宽的江水阻隔而坐视不管呢？"于是下令大造战船，把造船余下的木片都投到江里去。

陈国知道了这些情况，想想当时又是农作物即将成熟的季节，一定是杨坚故技重演，也不做什么准备。结果隋军压境，陈国被打得措手不及，终于灭亡了。

"一衣带水"指相邻很近，仅一水间隔。比喻江流狭窄，彼此之间极其邻近，不足为阻。

一语为重百金轻

典出《商鞅》。

自古驱民在信诚，一语为重百金轻。今人未可非商鞅，商鞅能令政必行。

商鞅是战国时期的一位政治家，卫国人，公孙氏，名鞅所以也叫卫鞅。他先为魏相公叔痤的家臣，后来来到秦国。秦孝公六年（公元前 356 年，有的说在秦孝公三年），他被任为左庶长，开始了历史上

著名的商鞅变法。新法公布后，为了让人们相信制定的革新措施，商鞅下令在国都南门外立了一根三丈高的木柱，声言谁能将此柱搬到北门，赏十金。起初，人们感到疑惑和奇怪，没人敢搬。后来，商鞅又宣布，能将此柱搬到北门的，赏五十金。有个人抱着试试看的态度将木柱搬到了北门，商鞅果然赏给他五十金。这件事轰动了国都，广大群众都相信商鞅的话，认为他推行新法，说话算数。

宋代的王安石也是一位力主革新的政治家。他针对当时一些人非难和指责商鞅的行为写下了这首诗，对商鞅表示了高度的赞扬。全诗的大意是：自古以来管治、驱使百姓在于信诚，说话算数；商鞅就言行一致，以实现诺言为重，以百金为轻。今天的一伙人，不要非难、指责商鞅吧，商鞅不畏权势，不怕险阻，能使自己制定的政策法令通行无阻。

后人用“一语为重百金轻”比喻言行一致，言必信，行必果。

以貌取人

典出《史记·仲尼弟子列传》。

孔子闻之，曰：“吾以言取人，失之宰予；以貌取人，失之子羽。”

子羽和宰予都是孔子的学生，但在最初时，孔子对待他们二人的态度是完全不同的。子羽的外貌长得很不好看，他第一次去拜见孔子时，孔子对他的印象就不好。孔子心中想道：“这个人生得这么丑，一定没有出息。”因此就对他冷淡，不好好地教导他；子羽没法，只得退学了。

宰予生得眉清目秀，仪表堂堂，又能说会道，孔子一见，便喜欢了他，以为他一定很有才气，所以便很用心地教导他。哪知子羽因为被孔子轻视，回去后发奋努力，刻苦求学，后来成为一个很有名的学者，很多青年都投到他门下去。而宰予呢，却读书不专心，又很懒惰，早晨人家都起身了，他还赖在床上，孔子气得称他为一块朽木。后来宰予虽然靠他的口才当上齐国的宰相，却因与人共同作乱而被处死了。孔子接受了这个教训，说：“吾以言取人，失之宰予；以貌取人，失之子羽。”意思是说：宰予的事告诉我，不能凭说话来衡量一个人；子羽的事告诉我，不能凭容貌来衡量一个人。

后来的人便将孔子的话引申为“以貌取人”，指以外貌作为衡量人的标准。

义不容辞

典出《三国演义》。

张昭曰：“可差人往鲁子敬处，教急发书到荆州，使玄德同力拒曹。……且玄德既为东吴之婿，亦义不容辞。”

东汉末年，曹操、刘备、孙权三股割据势力形成了三足鼎立的局面。由于曹操势力较大，又“挟天子以令诸侯”，所以刘备采纳了诸葛亮的建议，联孙抗曹，并将计就计，娶孙权的妹妹孙尚香为妻，加强了刘孙联盟。建安十三年（公元208年），刘孙联军在赤壁大败曹军，孙权地位更加巩固，刘备也据有了荆州大部分地区。

赤壁之战以后，曹操经过了一段时间的休整，决定再次亲率大军南征，遂发兵30万，直取江南。孙权得到消息后，急忙召集文臣武将商量对策。谋士张昭说：“刘备曾受恩于鲁肃，可以派人到鲁肃那里，让他赶快发信到荆州，请刘备出兵共同抗曹。刘备是我们东吴的女婿，让他出兵助吴，对他来说是义不容辞的。如果刘备前来援助，江南便无祸患了。”

孙权同意了张昭的建议，让鲁肃写信给刘备。刘备接到鲁肃的信以后，马上派人请来诸葛亮进行商量，并回信鲁肃，让他转告孙权，不用害怕，刘备自有退兵之计。

后人用“义不容辞”指道义上不允许推托和拒绝。

萤光之火

典出《水浒传》。

小人家下萤光之火，照不亮人，恐后误了足下，我转存足下到小苏学士处，久后也得个出身。足下意向如何？

河南开封有个浮浪子弟名叫高俅，自小不成家业，只好刺枪使棒，踢得一腿好拳脚，乱学了一些诗、书、词、赋。其人没有正当职业，每日寻花问柳，使钱赌博。有一次因帮王员外的儿子耍狂，被员外告到府尹那里，府尹责他20棍杖，刺配出界发放。开封府的人民不容他在本地居住，高俅无可奈何，便到淮西临淮州一家赌房替柳世权帮闲。后来，宋哲宗赦宥罪犯，高俅思量要回开封。柳世权有个亲戚董将士在开封府开药铺，于是写封信介绍高俅前去投奔。董将士见高俅是个浮浪子弟，没有信行，便送他一套衣服，并写封信介绍给苏学士。临行时，董将士对高俅说：“小人家下萤光之火，照不亮人，恐怕误了足下，我转荐足下到苏学士处，久后也得个出身。足下意向如何？”高俅十分高兴，便往苏学士处去了。

后人用“萤光之火”来比喻力量不足，能成之事不大。含有谦逊之意。

有缘千里能相会

明朝苏州出了个才子，名唐寅，字伯虎，聪明盖世，书画音乐无一不精绝，中了解元后，绝意功名，放浪诗酒，平日心中喜怒哀乐都寓之画中，每一画出，人均重价争购。

这一日，他坐在阊门游船上倚窗独酌，忽见有画舫从旁摇过，内有一青衣小鬟眉目秀艳，体态绰约，注视唐寅，掩口而笑。唐寅神荡魂摇，问舟人，乃知是无锡华学士府眷。自古道：“有缘千里来相会。”唐寅急命坐船尾随画舫，日夜不离，次日到了无锡，那画舫进城去了。

唐寅奋然登岸，办下旧衣旧帽，竟投身华学士府为仆。华学士见他生得文雅，况又知书习文，便欲留他为公子伴读，问他要多少身价，唐寅道：“身价不敢领，只要求些衣服穿，侍候老爷中意时，赏一房好媳妇足矣！”学士更喜，问其姓名，道叫康宣，乃改其名为华安，送至书馆。除伴读外，一应往来书札辄令代笔，繁简恰当，学士从未增减一字，宠信日深。华安从容打听，乃知青衣小鬟名叫秋香，是华夫人贴身丫鬟。内外有隔，年余竟不得一见，计无所出，常自悒闷。适学士家中主管病故，学士命华安暂代。月余，出纳谨慎，毫忽无私。学士更加喜爱，遂将许多丫鬟唤到中堂，命择一人为妻，以安其心。华安见二三十个丫鬟各盛饰装扮，独秋香依旧青衣，昔日风姿宛然在目。华安指道：“若得穿青衣小娘子为妻，足遂生平。”华学士、夫人遂择了吉日，亲自主婚，两人成婚。夜半，秋香问华安道：“与君颇面善，何处曾会来？”华安笑道：“娘子想想看。”秋香凝视久之，忽地省悟，道：“向日苏州阊门游船中见的可就是你？”华安道：“好厉害的眼睛，我苏州唐解元也，为小娘子旁舟一笑，不能忘情，故屈身为仆，一年至今。”乃将学士所赠之物一一封存，同秋香连夜回苏州去了。

后人用“有缘千里能相会”这个典故比喻真正意气相投的人，尽管原来互不相识，甚至相隔千里，一旦认识了，便能成为知己或情人。

与人为善

典出《孟子·公孙丑上》。

取诸人以为善，是与人为善者也。故君子莫大乎与人为善。

子路是孔子的学生，孟子很赞赏他。孟子说子路很好，别人指出他的错误，他就高兴。不过孟子认为子路还是不及禹、舜。他说：“禹听了好话，就给别人敬礼；舜就更不得了，常常抛弃自己的不是，学习别人的优点以为善事。他种庄稼，做陶器，当渔夫一直到天子，没有哪个优点不是从别人那学来的。吸取别人的优点来弥补自己的不足，然后去做好事，这就等于偕同别人一道行善。所以君子的最高德行，就是偕同别人一道做好事。”

后人用“与人为善”来表示与别人一道做好事。现指批评别人时要采取善意的态度，帮助他进步。

忠信得罪

典出《战国策·燕策一》。

有远为吏者，其妻私人。其夫且归，其私之者忧之。其妻曰：“公勿忧也。吾已为药酒以待之矣。”后二日，夫至，妻使妾奉卮酒进之。妾知其药酒也：进之则杀主父，言之则逐主母。乃阳僵弃酒。主父大怒而笞之。

故妾一僵而弃酒，上以活主父，下以

存主母也。忠至如此，然不免于笞。此以忠信得罪者也。

有一个人在远方当小官。他的妻子在家与人私通。丈夫快回家时，那奸夫很担忧。他妻子说：“您不要担忧，我已经做了毒酒来等他了。”两天后丈夫回来了。妻子叫侍妾捧了一杯酒献给丈夫。这侍妾知道它是毒酒。敬，就会毒死自己的主人；说，又会赶走家里的主母。她左右为难，便假装跌倒把酒泼了。那主人不知内情，大发脾气，把她打了一顿。

这侍妾假装跌倒泼了酒，既救了主人的命，又保全了主母，忠诚到这种地步，但却免不了被鞭打。这便是因为忠诚而得罪啊。

这个故事告诉人们：要善于分辨忠奸，不要为表面现象所迷惑。

忠言逆耳

典出《韩非子·外储说左上》。

夫良药苦于口，而智者劝而饮之，知其入而已己疾也；忠言拂于耳，而明王听之，知其可以致功也。

又见《史记·留侯世家》。

且忠言逆耳利于行，良药苦口利于病，愿沛公听樊哙言！

楚汉相争时，项羽和刘邦约定以鸿沟为界，东面是楚，西面是汉。订约以后，刘邦引军而去，占领了秦都咸阳。他看到秦国的宫殿里声色犬马，富丽堂皇，便想留住下来。这时，汉将樊哙劝刘邦不要贪恋这些东西，因为这些东西正是秦亡国的祸根。起初刘邦不听樊哙的劝告。谋士张良对刘邦说：“秦朝残暴无道，你才得以推翻了它而占据了咸阳。你刚入秦，就贪图享乐，这是帮助坏人做坏事呀！忠言虽然不好听但有利于行动，好药虽然很苦但有利于疾病。愿你听从樊哙的劝告。”经张良这么一说，刘邦放弃了享乐，还军灞上，最后终于消灭了项羽，建立了西汉王朝。

“忠言逆耳”这个成语意思就是忠实的劝告往往让人听起来不舒服。后人用这个典故比喻劝人听取不同意见。